*Das Buch*

Deutschland gegen Italien 1970, Bayer Uerdingen gegen Dynamo Dresden 1986, Charlton Athletic gegen Huddersfield Town 1957 – große Fußballspiele lassen die Zeit stillstehen und brennen sich ein ins kollektive Gedächtnis: Wo warst du, als Ole Gunnar Solskjær den FC Bayern 1999 in seine tiefste Depression stürzte? Wo, als Klaus Fischer das deutsche Team 1982 gegen Frankreich kurz vor Verlängerung wieder auf die Gewinnerstraße schoss? Oder Günter Netzer sich im Pokalfinale 1973 selbst einwechselte? Philipp Köster und Tim Jürgens erinnern in diesem umfassenden Nachschlagewerk an die 100 außerge-wöhnlichsten Fußballspiele in der Geschichte.

*Die Autoren*

*Tim Jürgens*, geboren 1969, ist stellvertretender Chefredakteur von *11FREUNDE*. Vor *11FREUNDE* arbeitete er als Autor für verschiedene Musik- und Männermagazine.

*Philipp Köster*, geboren 1972, ist Gründer und Chefredakteur des Fußballmagazins *11FREUNDE*. Außerdem Autor verschiedener Fußballbücher und Fan von Arminia Bielefeld.

*Lieferbare Titel*

*Eier, wir brauchen Eier*
*Ich sag nur ein Wort: Vielen Dank!*

# 11 FREUNDE

**Tim Jürgens · Philipp Köster**

# DIE 100 BESTEN SPIELE ALLER ZEITEN

Erweiterte, aktualisierte Ausgabe

WILHELM HEYNE VERLAG
MÜNCHEN

Unter www.heyne-hardcore.de finden Sie das komplette Hardcore-Programm, den monatlichen Newsletter sowie unser halbjährlich erscheinendes CORE-Magazin mit Themen rund um das Hardcore-Universum.

Weitere News unter facebook.com/heyne.hardcore

Verlagsgruppe Random House FSC® N001967
Das für dieses Buch verwendete FSC®-zertifizierte Papier
*Hello Fat Matt 1,1* liefert Condat, Le Lardin Saint-Lazare, Frankreich.

2. Auflage
Erweiterte, aktualisierte Taschenbuchausgabe 11/2014
Copyright © 2012 der Originalausgabe by Südwest Verlag, München,
in der Verlagsgruppe Random House GmbH
Copyright © 2014 dieser Ausgabe
by Wilhelm Heyne Verlag, München,
in der Verlagsgruppe Random House GmbH
Printed in Germany 2015
Umschlaggestaltung: Nele Schütz Design, München
Umschlagmotive: © Camera4/imago Sportfoto; Werek/imago Sportfoto
Satz: EDV-Fotosatz Huber/Verlagsservice G. Pfeifer, Germering
Druck und Bindung: Uhl, Radolfzell
ISBN: 978-3-453-67685-5
www.heyne-hardcore.de

# Vorwort

# DAS NÄCHSTE SPIEL IST IMMER DAS SCHÖNSTE

Es ist der 13. Juli 2014. Die deutsche Elf gewinnt im Maracanã-Stadion zu Rio de Janeiro ihren vierten WM-Titel. Nie zuvor ist ein europäisches Team auf dem südamerikanischen Kontinent Weltmeister geworden. Es ist ein ausgeglichenes, schwer umkämpftes Match, in dem das DFB-Team erst in der Verlängerung die entscheidende Nasenlänge vorn hat. Nur Tage zuvor hat die Elf von Bundestrainer Joachim Löw in Belo Horizonte im Halbfinale Gastgeber Brasilien in einem epochalen Spiel mit 7:1 besiegt. Die Seleção war vorab von vielen Experten zum Top-Favoriten ausgerufen worden, nun scheidet sie schmachvoll wie noch nie aus dem Turnier.

Als dieses Buch vor einigen Jahren in der ersten Fassung erschien, waren wir sicher, ein Ranking mit großer Nachhaltigkeit erstellt zu haben. Es gibt jeden Tag zahllose Spiele, mal wird ein unansehnliches Geschiebe geboten, mal taktisch geprägtes Rasenschach oder ein kämpferischer Fight, hin und wieder reißen die Spieler die Zuschauer auch zu Begeisterungsstürmen hin. Doch nur ganz selten wird es ein Spiel, das

## Vorwort

den Zuschauern in Erinnerung bleibt, über Jahr und Tag hinaus. Ein Match, das zu den hundert besten Fußballspielen aller Zeiten zählt.

Von diesen Spielen zu erzählen, diese Idee entstand in der Redaktion des Fußballmagazins »11FREUNDE«. Wie alle Fußballfans pflegen wir eine heiße Liebe zu Tabellen und Statistiken. Und wir stellten fest, dass sich bislang niemand daran gemacht hatte, die grundlegendste Liste überhaupt aufzustellen. Also haben wir befreundete Journalisten, Trainer, Fußballer und Fans gebeten, die hundert besten Partien der Fußballgeschichte zu wählen.

Doch moderner Tempofußball, Tiki-Taka, die Professionalisierung der Nachwuchssysteme in den großen Fußballnationen, all das hat in jüngster Zeit dazu geführt, dass die Geschichte nicht stehen bleibt. Ständig kommen neue atemberaubende Partien hinzu, die das Zeug haben, einen Platz in einer derartigen Liste zu ergattern. Spätestens nach der WM 2014 in Brasilien war es also an der Zeit, das Ranking einer grundlegenden Überarbeitung zu unterziehen.

Natürlich gibt es zeitlose Klassiker, die bis in ferne Zukunft ihren Platz in den Annalen des Fußballs haben werden: Das epische Ringen zwischen Deutschland und Italien im Halbfinale der Weltmeisterschaft 1970 etwa, dem bis heute mit einer Gedenktafel vor dem Aztekenstadion in Mexiko-Stadt gedacht wird. Das Finale der Champions League 2005 zwischen Liverpool und dem AC Mailand. Und selbstverständlich das 6:6 im Halbfinale des DFB-Pokals 1984 zwischen dem FC Schalke 04 und dem FC Bayern München mit dem jungen Schalker Helden Olaf Thon.

Aber es gibt auch neue Geschichten, die es zu erzählen lohnt: die Höhepunkte der »Goldenen Generation« des spanischen Fußballs. Das schweißtreibende Duell zwischen dem FC Bayern München und Borussia Dortmund in der »Königsklasse«. Und natürlich das Herzschlagfinale zwischen dem FC Watford und Leicester City im Kampf um den Premier-League-Aufstieg im Frühling 2013.

Doch kein Match konnte auch diesmal die Dramatik eines Spiels im Viertelfinale des Europapokals der Pokalsieger überbieten. Die unglaubliche Aufholjagd von Bayer 05 Uerdingen gegen Dynamo Dresden. Aus einem 1:3 wurde binnen einer halben Stunde ein 7:3. Die entfesselte Urgewalt des Fußballs brach sich Bahn, am Ende fragten sich die Spieler mit glühenden Gesichtern: Wie haben wir das bloß gemacht?

Natürlich darf diese Auswahl kritisch hinterfragt werden. Laut meckern dürfen etwa Anhänger des italienischen, französischen oder südamerikanischen Fußballs, der in dieser Liste mehr Beachtung hätte finden können. Aber so weit die Perspektive dieser Liste auch gespannt ist, sämtliche Aufholjagden des S.S. Lazio oder von River Plate hätten sicher unser Vorhaben gesprengt.

Dafür ist aus der Befragung eine Top 100 entstanden, in der es auch für Fachleute noch so manches zu entdecken gibt. Spiele, die sich weniger im kollektiven Gedächtnis verankert haben als WM-Endspiele und Bundesliga-Klassiker. Etwa das Finale um die Deutsche Meisterschaft 1922 zwischen dem 1. FC Nürnberg und dem Hamburger SV, das erst nach vier Stunden und bei Dunkelheit abgebrochen wurde. Auch der erste Auftritt von Manchester United 1958 nach dem verheerenden Flugzeugabsturz von München-Riem, dem die halbe Mannschaft zum Opfer fiel. Und schließlich auch die unglaubliche Aufholjagd des FC Arsenal beim 5:7 im Achtelfinale des englischen Liga-Cups 2012 gegen den FC Reading.

Die Liste war das eine, von den Spielen zu erzählen das andere. Denn nicht bei jedem Spiel war die Datenlage so ausgezeichnet wie bei den Spielen der fußballerischen Moderne. Also haben wir unzählige Jahresbände, Zeitschriften, Autobiografien und Zeitungen gewälzt und waren dankbar für die Kärrnerarbeit der damaligen Berichterstatter, die für uns wichtige Fragen klärten: Schreibt sich der wackere nordkoreanische Fußballsoldat, der 1966 Italien in eine tiefe Depression stürzte, Pak Doo Ik oder Pak Do Ik? Woher kamen die legendären weißen Bademäntel, in

### Das nächste Spiel ist immer das schönste 9

denen die Spieler des 1. FC Magdeburg nach ihrem Sensationssieg gegen den AC Mailand eine Ehrenrunde drehten? Mitunter galt es dabei auch, die Erinnerungen der Protagonisten mit den Dokumenten abzugleichen. René Müller, Keeper von Lokomotive Leipzig und Elfmetertöter im Halbfinale des Europapokals gegen Girondins Bordeaux, erinnert sich in seiner Autobiografie, beim letzten Elfmeter von Bordeaux einfach stehen geblieben zu sein. Die Fernsehaufnahmen zeigen ihn hingegen auf der Torlinie liegend. Es ist eben alles eine Frage der Perspektive.

Nun weiß jeder Fußballfan, dass auf jedes unvergessliche Spiel neun unansehnliche Partien bei Nieselregen kommen – mindestens. Eine Sammlung der hundert schlechtesten Partien der Fußballgeschichte wäre also schnell beisammen: von der temporeichen Vorrundenpartie zwischen Deutschland und Österreich bei der WM 1982 bis zu mancher Partie aus der Jugend der beiden Verfasser. Aber dieses Buch ist auch in seiner neuen, überarbeiteten Fassung eine Hommage an den schönen, aufregenden, bewegenden Fußball.

Wir wünschen viel Spaß beim Lesen!

»Im Fußball verkompliziert sich alles durch das Vorhandensein der gegnerischen Mannschaft.«

Jean-Paul Sartre

**Prominente über eine Partie, die ihr Leben veränderte**

# DAS GRÖSSTE SPIEL ALLER ZEITEN

**Sönke Wortmann, Regisseur**

SC Jülich 1910 – TSV Marl-Hüls 6:0 n. V. (2:0, 6:0), 3:5 n. E.

02.07.1972, Deutsche Fußball-Amateurmeisterschaft, Halbfinale

Stadion: Karl-Knipprath-Stadion, Jülich

Anfang Juli 1972, das Halbfinal-Rückspiel um die Deutsche Fußball-Amateurmeisterschaft. Ich bin dreizehn und stehe als großer Fan in der Kurve des TSV Marl-Hüls auswärts beim SC Jülich 1910, der dreimal in Folge den Titel gewonnen hat. Im Hinspiel ist dem TSV eine Sensation gelungen. Mit 6:0 haben wir die Rheinländer nach Hause geschickt. Das Rückspiel sollte Formsache sein, doch die Jülicher drehen das Ergebnis und liegen nach neunzig Minuten ebenfalls mit 6:0 vorn. Die Verlängerung ist atemraubender als jeder Thriller. Unser Keeper Wenglarczyk kann nur noch humpeln, hält sich mit Mühe auf den Beinen, aber es fällt kein Tor mehr. Im Elfmeterschießen zeigt Jülich Nerven, der angeschlagene Torhüter wird zum Helden. Der TSV Marl-Hüls zieht ins Finale ein. Und ich war dabei!

## Thomas Brussig, Schriftsteller

Peru – Schottland 3:1 (1:1)

03.06.1978, Weltmeisterschaft, 1. Runde

Stadion: Estadio Olímpico Chateau Carreras, Córdoba

Wegen der Zeitverschiebung liefen die meisten Spiele der Fußball-WM 1978 in Argentinien zu einer Uhrzeit, in der ein dreizehnjähriger Junge im Bett zu sein hat. Ich trank aber abends immer so viel Tee, dass ich nachts pinkeln musste. Dann setzte ich mich vor den auf ganz leise gestellten Fernseher … Eines dieser Beutestücke war das Vorrundenspiel Peru – Schottland. Die Schotten gingen in Führung, aber die Peruaner, bei denen ein sehr auffälliger Spieler namens Teofilo Cubillas mitspielte, glichen noch vor der Pause aus. In der zweiten Halbzeit hielt erst der peruanische Torhüter einen Elfer, bevor Cubillas zwei wunderschöne Tore schoss: erst einen Weitschuss in den oberen Winkel und dann einen Freistoß mit einer unglaublichen Schusstechnik (ich glaube sogar, es war mit der Pike geschossen) ins gleiche obere Eck. Das Spiel war immer spannend, zeitweise dramatisch, und es war ein schönes, schnelles Spiel mit den technisch versierten Peruanern und ihrem Ausnahmekönner hier, den robusten, kämpfenden Schotten da. Zugegeben, dass ich dieses Spiel als das schönste führe, hat auch damit zu tun, dass ich in einem Alter war, in dem ich so was wie einen Fußballgeschmack erlangen wollte. Aber ich habe noch zwei Menschen kennengelernt, die Peru – Schottland ebenfalls zum schönsten aller Spiele erklärten.

## Oliver Bierhoff, Europameister

Deutschland – Tschechien 2:1 n. V. (0:0, 1:1)

30.06.1996, Europameisterschaft, Finale

Stadion: Wembley-Stadion, London

Sicher wird es jeder von mir erwarten: Natürlich war das EM-Finale 1996 im Londoner Wembley-Stadion für mich »das Spiel meines Lebens«. Ein EM-Endspiel für mein Land mit zwei Toren zu entscheiden war ein großartiges Gefühl: kurz nach meiner Einwechslung erst den Ausgleich erzielt und dann in der Verlängerung das Golden Goal – es werden immer unvergessliche Momente bleiben. Eigentlich hatte ich vor dem Anpfiff gar nicht damit gerechnet, im Spiel eingewechselt zu werden. Denn wir waren Favorit, und wenn ein Team mal in Führung liegt, dann sind die Chancen eines Stürmers nicht so groß, zum Zug zu kommen. Zuerst war ich noch ziemlich sauer, dass der Trainer nach dem 0:1 so lange mit einer Einwechslung gewartet hatte. Dann habe ich aber nicht mehr viel nachgedacht und mich einfach vorn reingeworfen. Was sich bei mir im Unterbewusstsein bei dem Golden Goal abgespielt hat, weiß ich bis heute nicht. Es war das einzige Spiel in meiner ganzen Karriere, bei dem ich mein Trikot ausgezogen habe …

## Michael Preetz, Manager Hertha BSC Berlin

Hertha BSC Berlin – FC Barcelona 1:1 (1:1)
23.11.1999, Champions League, 2. Gruppenphase, 1. Spieltag
Stadion: Olympiastadion, Berlin

Zugegeben, unser Heimspiel gegen Barça war fußballerisch keine Partie für die Geschichtsbücher, dennoch wird es unvergesslich bleiben. Bis heute könnte ich behaupten, dass wir gegen die Katalanen mit Stars wie Figo oder Patrick Kluivert Weltklasse waren, niemand könnte das Gegenteil beweisen – denn es hat doch kein Mensch wirklich gesehen. Der Nebel stand im Stadion wie der Wasserdampf in einer Waschküche. Die Regel, dass nur angepfiffen werden darf, wenn man von einem Tor aus das andere sehen kann, war außer Kraft gesetzt. Ich stand am Mittelkreis und versuchte, im Dickicht eines der beiden Gehäuse auszumachen. Keine Chance! Meine Mitspieler schlugen Flanken auf gut Glück, die Bälle schossen im Strafraum aus dem Dunst auf mich zu. Die Zuschauer wurden später wegen der katastrophalen Sichtverhältnisse sogar entschädigt. Für mich markiert das Nebelmatch dennoch einen Höhepunkt meiner Laufbahn: Das erste Mal spielten wir mit Hertha BSC in der Champions League, wir setzten uns in der Vorrunde gegen Galatasaray Istanbul, FC Chelsea und den AC Mailand durch – und ich war amtierender Bundesliga-Torschützenkönig.

## Campino, Sänger

FC Liverpool – AC Mailand 6:5 n. E. (0:3, 3:3)
25.05.2005, Champions League, Finale
Stadion: Atatürk-Olympiastadion, Istanbul

Zur Halbzeit hatten sich 40 000 Engländer komplett von ihrem Traum verabschiedet. Es ging nur noch um unsere Würde und darum, nicht als die größten Deppen Europas nach Hause zu fahren. Doch dann kam Didi Hamann, wurde Jerzy Dudek zum Helden. So schief sich das anhört: Die Euphorie nach dem Sieg kann ich nur mit der beim Mauerfall vergleichen. Wildfremde Menschen feierten gemeinsam, alle waren wie auf Ecstasy. Ich habe mein Hotelzimmer in Istanbul nie gesehen: Vom Stadion ging es zur Mannschaftsparty und dort mit Didi über Tische und Bänke. Näher dran sein konnte man nicht. Als wir in Manchester landeten, ertönten die unvergesslichen Schlachtrufe: »Are you watchin', Manchester?« Liverpool, der Underdog, hatte über die Gestopften triumphiert. Mit der Bahn ging es weiter nach Liverpool. Als wir mit der »Red Army« am Bahnhof Lime Street eintrafen, gab es dort alles umsonst. Die Helden kehrten heim! Und ich dachte: »Ich könnte jetzt alles verlieren, ich habe alles gesehen.«

## Dr. Edmund Stoiber, Politiker

Manchester United – FC Bayern München 2:1
26. Mai 1999, Champions League, Finale
Stadion: Camp Nou, Barcelona

Als Bayernfan von Kindesbeinen an habe ich größte Triumphe erlebt. Das denkwürdigste Spiel für mich ist dennoch eine Niederlage. 23 Jahre lang hatte der Verein auf einen Sieg in der Champions League gewartet, jetzt war es endlich so weit. 90. Minute, es steht 1:0 für den FC Bayern. Jordi Pujol, der Regierungschef Kataloniens, zeigt auf die Stadionuhr und sagt zu mir: »Junger Freund, warum sind Sie denn so nervös? Es ist vorbei, Sie haben gewonnen!« UEFA-Präsident Lennart Johansson gratuliert mir ebenfalls und macht sich auf den Weg zur Siegerehrung. Er nimmt den Aufzug – und der fährt im Sinne des FC Bayern buchstäblich nach unten. Denn als er am Spielfeld ankommt, steht es 2:1 – für Manchester. Zwei Ecken in der Nachspielzeit, zwei Tore für Manchester. Matthäus und Effenberg am Boden, der FC Bayern und seine Fans in Schockstarre. Es spricht für den Charakter der damaligen Spieler, dass der Kern dieser Mannschaft zwei Jahre später doch noch den großen Erfolg in der Champions League feiern konnte. Das hat den Schmerz von 1999 deutlich gemildert. Aber er bleibt für immer Teil des FC Bayern und seiner vielen, vielen Fans.

## Peer Steinbrück, Politiker

Deutschland – England 3:2 n. V. (0:1, 2:2)

14.06.1970, Weltmeisterschaft, Viertelfinale

Stadion: Estadio Guanajuato, León

Ich sah das Spiel in einem internationalen Studentenwohnheim in Kiel, wo ich in meinem ersten Semester studierte. Es ging international zu, meine Kommilitonen stammten aus ganz Europa, Lateinamerika und Afrika, die Sympathien vor dem Schwarz-Weiß-Fernseher waren entsprechend geteilt. Ich hoffte auf eine Revanche für das WM-Finale 1966. Doch wieder schien es in die Hose zu gehen. Die Engländer führten bereits 2:0, als Alf Ramsey Bobby Charlton auswechselte. Danach kippte das Spiel sensationell. Ein Flachschuss von Beckenbauer zum 2:1, dann der Ausgleich durch das Hinterkopftor von Uwe Seeler. Ein Treffer, wie ich ihn von meinen Besuchen beim HSV am Rothenbaum und dann im Volksparkstadion schon kannte. Damals in Hamburg hieß der Flankengeber Charly Dörfel, in der Gluthitze von León war es nun Karl-Heinz Schnellinger. In der Verlängerung verdrehte dann Gerd Müller artistisch vor dem Tor den Fuß in der Luft und entschied das Spiel. So viel Dramatik riss uns Studenten mit – und nach dem Abpfiff waren alle von einem Fußballthriller begeistert. Engländer waren meiner Erinnerung nach nicht dabei.

## Jürgen Trittin, Politiker

FC Bayern München – SV Werder Bremen 5:6 n. E. (1:1, 1:1)
12.06.1999, DFB-Pokal, Finale
Stadion: Olympiastadion, Berlin

Auf der Promitribüne war ich neben dem Bremer Bürgermeister der einzige Werder-Fan. Der Rest pro Bayern – von Stoiber bis Beckenbauer. Und dann geht Werder, das in der Saison gegen den Abstieg gespielt hat, mit dem ersten Angriff in Führung. Carsten Jancker gleicht für die Bayern aus. Es kommt zum Elfmeterschießen. Frank Rost ist fast an jedem Bayern-Elfer dran – aber nur fast. Der große Olli Kahn hält gegen Jens Todt. Dann kommt Effenberg. Er hat den Sieg auf dem Fuß, arrogant nimmt er fast keinen Anlauf – und hebt den Ball über das Tor. Auf der Promitribüne Schweigen. Bei den Bayern-Spielerfrauen blankes Entsetzen. Jetzt schießt Rost selbst und verwandelt sicher – Werder ist vorn. Dann tritt Lothar Matthäus an, der Rekordnationalspieler. Rost hält. Werder ist Pokalsieger. Bei den Spielerfrauen Tränen. Schlechte Stimmung beim DFB und bei Bayern, die sich noch steigert, als Karin Stoiber alle Werder-Spieler abbusselt.

**20** **Prominente über eine Partie, die ihr Leben veränderte**

## Oliver Welke, TV-Moderator und Comedian

Borussia Dortmund – Hamburger SV 2:0 (2:0)

17.06.1995, Bundesliga, 34. Spieltag

Stadion: Westfalenstadion, Dortmund

Dortmunds letztes Spiel in der Meistersaison 1994/95. Ich stand als Student mit einigen Freunden auf der Südtribüne. Sogenannte »Weltempfänger« – selbst 1995 nicht wirklich Hightech – informierten parallel über die Bemühungen des SV Werder im Fernduell um den Titel. Was mich anfangs noch verwirrte, weil das Raunen auf den Rängen oft gar nicht zum Spiel passen wollte. Irgendwann hatte ich das Prinzip dann verstanden.

Nach dem 2:0 war sowieso nur noch Lärm. Meine Kommilitonen hatte ich längst verloren, dafür schluchzte mir ein fremder, bärtiger Mann minutenlang ins Ohr. Bis heute hoffe ich, dass das, was auf seinem Parka klebte, nur Erbsensuppe war. Mit dem Schlusspfiff wurden alle von der Tribüne auf den Platz gedrückt – zum gemeinsamen Meisterrasenpflücken. Ein paar Fans versuchten sogar, eins der Tore als Andenken rauszutragen, was aber von überkorrekten Ordnern verhindert wurde. Ein unvergesslicher Nachmittag. Und ich war noch früh genug wieder in Münster, um Werner Hansch in »ran« sagen zu hören: »Dat is so wichtig für die Region.«

## Matthias Brandt, Schauspieler

Borussia Mönchengladbach – 1. FC Köln 2:1 n.V. (1:1, 1:1)

23. Juni 1973, DFB Pokal 1972/73, Finale

Stadion: Rheinstadion, Düsseldorf

Ich war elf Jahre alt und sah im Rheinstadion in Düsseldorf ein Fußball-spiel, das mein Leben veränderte. Es war das letzte Spiel des größten Helden meiner Kindheit – Günter Netzer – für die Gladbacher, danach würde er zu Real Madrid wechseln. Damals wurden Spieler, die ins Ausland gingen, noch geächtet, es wurde von Vaterlandsverrat und ähnlichem Blödsinn schwadroniert, das Kasernenhofdenken war noch sehr präsent, nicht nur im deutschen Fußball. In dem heute legendären Spiel stand es nach 90 Minuten 1:1, der Spielmacher war vom gekränkten Trainer Weisweiler (der zwei Jahre später, wie schön, kein Problem mehr damit hatte, zum FC Barcelona zu gehen) nicht von Beginn an aufgestellt worden. Eine von Weisweiler in der Pause angebotene Einwechselung hatte der jetzt ebenfalls gekränkte Netzer abgelehnt. Zu Beginn der Verlängerung konnte man allerdings beobachten, wie Netzer von der Ersatzbank aufstand, die Trainingsjacke auszog, zum Trainer ging und kurz mit ihm sprach, der Überlieferung nach fiel der schlicht-schöne Satz »Ich spiel dann jetzt.« Das tat er dann auch, der große Günter Netzer, und er schoss mit seiner zweiten Ballberührung das spielentscheidende 2:1 für die Gladbacher.

Warum das mein Leben veränderte? Weil mich mein Held in diesem Moment lehrte, dass es Momente gibt, in denen nur noch die Selbsteinwechselung hilft. Und dass die nicht mit großem Trara passieren muss, sondern dass ein kurzer, geflüsterter Satz reicht: »Ich spiel dann jetzt.«

# »Und nun lasset die Spiele beginnen!«

# DAS SPIEL

19.03.1986, Europapokal der Pokalsieger, Viertelfinale, Rückspiel

## FC Bayer 05 Uerdingen – Dynamo Dresden

 **7:3** (1:3)

|  |  |  |
|---|---|---|
|  | 0:1 | Minge (1.) |
| W. Funkel (13.) | 1:1 |  |
|  | 1:2 | Lippmann (35.) |
|  | 1:3 | Bommer (42., ET) |
| W. Funkel (58., FE) | 2:3 |  |
| Gudmundsson (63.) | 3:3 |  |
| Schäfer (65.) | 4:3 |  |
| Klinger (78.) | 5:3 |  |
| W. Funkel (79., HE) | 6:3 |  |
| Schäfer (86.) | 7:3 |  |

### Stadion
Grotenburg-Kampfbahn, Krefeld

### Zuschauer
19 000

### FC Bayer 05 Uerdingen
Vollack, Herget, Dämgen, W. Funkel, Bommer, Feilzer, F. Funkel, Raschid (Klinger, 52.), Buttgereit, Schäfer, Gudmundsson (Loontiens, 72.)

### Dynamo Dresden
Jakubowski (Ramme, 46.), Dörner, Trautmann, Döschner, Häfner, Minge, Kirsten (Gütschow, 28.), Pilz, Stübner, Sammer, Lippmann

**19.03.1986**   **PLATZ 1**

## FC Bayer 05 Uerdingen – Dynamo Dresden 7:3

# DAS WUNDER VON UERDINGEN

Der nackte Wahnsinn: Wolfgang Funkel nach der Aufholjagd des Jahrhunderts gegen Dynamo Dresden.

## PLATZ 1

Am Ende kommen Wolfgang Funkel die Tränen. »Das ist wie ein Wunder«, ruft der Verteidiger von Bayer 05 Uerdingen und vermag so doch nur unzureichend zu beschreiben, was sich an diesem 19. März 1986 in der Krefelder Grotenburg-Kampfbahn abspielte. Es war eine Aufholjagd der Extraklasse. Ein Bruderduell voller Dramatik. Ein Abend für die europäische Fußballgeschichte.

Dabei ist das Spiel in der Halbzeit streng genommen schon zu Ende. Das Hinspiel im Viertelfinale des Europapokals der Pokalsieger hat Bayer 05 bei Dynamo Dresden völlig verdient 0:2 verloren, und nun steht es bereits nach 45 Minuten abermals 1:3, weil die Uerdinger zwar ungestüm angerannt sind, aber die Gäste aus Dresden getroffen haben. Tief deprimiert gibt Keeper Werner Vollack auf dem Weg in die Kabine Auskunft: »Wir sind am Boden.« Die Delegation aus dem Osten wähnt sich hingegen bereits im Halbfinale, auf der Tribüne jubiliert Dresdens Präsident Horst Arlt: »Das läuft fantastisch.« ZDF-Kommentator Rolf Kramer gratuliert den DDR-Kickern voreilig zum Erreichen des Halbfinales. Und Falko Götz, der Republikflüchtling in Diensten der Werkskollegen aus Leverkusen, rechnet richtig und doch falsch: »6:3 müssten sie gewinnen, das scheint mir illusorisch.«

Was dann passiert, widerspricht aller Wahrscheinlichkeit jeder Erfahrung. Wolfgang Funkel verwandelt in der 58. Minute einen Foulelfmeter, nur fünf Minuten später rutscht ein von Gudmundsson getretener und von Ralf Minge unglücklich abgefälschter Freistoß in die Maschen. Weitere zwei Minuten später lupft Wolfgang Schäfer den Ball aus spitzem Winkel ins Netz. Plötzlich steht es 4:3. Natürlich werden die Tore durch das Pech der Dresdner auch noch begünstigt.

In der Halbzeitpause ist das nervlich überforderte Greenhorn Jens Ramme für den verletzten Stammkeeper Jakubowski gekommen. Spätestens nach den drei Toren binnen einer Viertelstunde mag sich manch ein Dresdner auch an das Europapokal-Aus im Vorjahr erinnern. Da ist Dynamo nämlich von Rapid Wien mit 0:5 der Hintern versohlt worden.

Die Dresdner stolpern nun über den Platz, ganz so, als hätte man ihnen Ketamin, jenes Betäubungsmittel, mit dem man Schlachtvieh ruhigstellt, verabreicht. Kaum ein in Panik aus dem Strafraum gedroschener Ball schafft es noch über die Mittellinie.

»Nur noch zwei«, schreien die Zuschauer in der Grotenburg. In der 78. Minute trifft Klinger flach von der Strafraumgrenze, Ramme fällt wie eine Bahnhofschranke. 5:3! Unmittelbar darauf (die Rückeroberung des Balls nach dem Anstoß dauerte acht Sekunden) wehrt Dörner einen Kopfball von Schäfer aus der Nahdistanz mit dem Arm ab. Strafstoß, Funkel trifft flach links unten.

---

**Karl-Heinz Feldkamp** »Erwarten Sie nicht, dass ich das, was in der zweiten Halbzeit geschah, fußballerisch erklären kann.«

---

**D**ie Partie wird nun vollends surreal. Der Kommentator des DDR-Fernsehens stammelt: »Das kann doch alles nicht wahr sein«, während Dynamo die letzten Kräfte mobilisiert. Uerdingens Keeper Vollack muss in nur einer Minute drei Großchancen der Dresdner vereiteln, dann legt Schäfer einen aberwitzigen Sololauf über achtzig Meter Entfernung hin. Er schießt mit allerletzter Kraft Torwart Ramme an, bekommt den abgeprallten Ball glücklich vor die Brust und schiebt zum Endstand ein. Abpfiff, Jubel, Fassungslosigkeit.

Die Uerdinger wissen nicht, wie ihnen geschehen ist. »Wir hatten in der Halbzeit geschworen, uns mit Würde aus dem Wettbewerb zu verabschieden«, gibt Trainer Feldkamp kopfschüttelnd zu Protokoll.

Man ist so wenig auf Feierlichkeiten eingestellt, dass der Masseur der Mannschaft von einem nahe gelegenen Kiosk zwei Kisten Pils heranschleppt und Gudmundsson hektisch zusätzlich sechs Flaschen Sekt organisiert. Dennoch ahnen sie, dass an diesem Abend Fußballgeschichte geschrieben wurde. Oder wie es ZDF-Mann Rolf Kramer formuliert: »Daraus werden Legenden gestrickt.«

# DAS SPIEL

04.07.1954, Weltmeisterschaft, Finale

## Ungarn – Deutschland

 **2:3**
(2:2)

| Puskás (6.) | 1:0 | |
| Czibor (8.) | 2:0 | |
| | 2:1 | Morlock (10.) |
| | 2:2 | Rahn (18.) |
| | 2:3 | Rahn (84.) |

### Stadion
Wankdorfstadion, Bern

### Zuschauer
60 000

### Ungarn
Grosics, Buzánszky, Lantos, Bozsik, Lóránt, Zakariás, Puskás, Kocsis, Hidegkuti, Czibor, Tóth

### Deutschland
Turek, Posipal, Kohlmeyer, Eckel, Liebrich, Mai, Rahn, Morlock, O. Walter, F. Walter, Schäfer

04.07.1954  PLATZ 2

## Ungarn – Deutschland 2:3

# DER GEIST VON SPIEZ

Spalier für den Weltmeister: Kapitän Fritz Walter
empfängt in Wankdorf den Coupe Jules Rimet.

## PLATZ 2

**H**eiliger Fußballgott! Kein anderes Spiel einer deutschen Nationalmannschaft ächzte derart unter seiner mythologischen Überfrachtung
wie das Finale der Weltmeisterschaft 1954 im Berner Wankdorfstadion.
Was wurde an diesem regnerischen Julitag nicht alles geboren: der Mythos der elf Freunde, der vermeintlich belebende Geist der Mannschafts-
herberge im beschaulichen Spiez am Thunersee, die Legende vom nie
aufsteckenden Teutonenkicker, die Mär vom »Fritz sei' Wedder«.

Historiker glauben heute sogar, die westdeutsche Bundesrepublik sei
faktisch zwar im Mai 1949, mental aber erst im Jahr 1954 in Bern ge-
gründet worden – als Erweckungserlebnis einer durch Nazizeit und
Weltkrieg niedergeschlagenen Nation sozusagen. Ein 3:2-Sieg – wichti-
ger als das Grundgesetz. Dabei hätte es der politischen und kulturellen
Projektionen gar nicht bedurft, um im WM-Finale 1954 eines der bewegendsten Fußballspiele der Geschichte zu erkennen. Denn die Aufholjagd gegen die ungarische »Wunderelf«, die seit vier Jahren und 31 Spielen nicht verloren hatte, war eine taktische Meisterleistung und in ihrer
Dramatik, empathisch im Radio moderiert von Herbert Zimmermann,
kaum zu überbieten.

Schon nach acht Minuten liegt das Team um Oldie Fritz Walter mit
zwei Toren im Rückstand, was den allgemeinen Erwartungen entspricht,
haben die Ungarn doch in der Vorrunde eine chancenlose deutsche Elf
mit 8:3 filetiert. Dass Herbergers Mannen mit ihrem B-Anzug angetreten sind und die Höhe der Niederlage keine Rolle spielt, fällt da nicht
sonderlich ins Gewicht. Zudem gelten die Ungarn ohnehin seit ihrem
triumphalen Sieg 1953 in Wembley gegen die bis dato auf heimischem
Grund unbesiegten Engländer als Maß aller Dinge und mit ihrem technisch feinen und zugleich ungemein dynamischen Angriffsfußball als
logischer Weltmeister.

Doch bis zur Halbzeit gleichen überraschend Max Morlock mit dem
großen Zeh und Helmut Rahn, der vom Ehrgeiz gepeitscht wird, weil
ihn Herberger im Turnier lange auf die Ersatzbank verbannt hat, aus.

Den Ansturm der Magyaren nach der Pause wehrt das disziplinierte DFB-Kollektiv ab. Zimmermann schildert die Abwehrschlacht den Zuhörern daheim in der Bundesrepublik als Kampf des tapferen Davids gegen einen schier übermächtigen Goliath: »Ich glaube, auch Fußballlaien sollten ein Herz haben, sollten sich an der Begeisterung unserer Mannschaft und an unserer eigenen Begeisterung mit freuen«, barmt er und schickt dann jenen legendären Torschrei über den Äther, der noch heute als Inbegriff der Fußballekstase gilt. Denn in der 84. Minute schießt der Essener Phlegmatiker Rahn aus dem Hintergrund. Das 3:2 bedeutet die Entscheidung. Sechs, vielleicht sieben Minuten später pfeift Schiedsrichter Ling aus England die Partie ab.

---

**Gyula Lóránt** »Wir kamen wie die Sieger auf den Platz und hatten doch schon verloren.«

---

Ein völlig erschöpfter Kapitän Fritz Walter nimmt den Coupe Jules Rimet in Empfang, später heben die Spieler dann den Coach Sepp Herberger in seinem regennassen Trenchcoat auf ihre Schultern.

Währenddessen und später immer wieder suchen die unterlegenen Ungarn nach Erklärungen: Hätte das deutsche Raubein Jupp Posipal im Vorrundenspiel Ferenc Puskás nicht derart übel umgetreten, sodass der Major erst wieder im Finale spielen konnte, hätte am Abend vor dem Finale in Solothurn, wo die Magyaren residierten, nicht ein Volksfest den Spielern den Schlaf geraubt und wäre ein Tor von Puskás kurz vor Schluss doch gegeben worden, es wäre der Ausgleich gewesen. All das vermochte das später viel zitierte »Wunder von Bern« viel weniger zu erklären als die schlichten Sinnsprüche Sepp Herbergers, wonach ein Fußballspiel eben neunzig Minuten dauere und es vor allem deshalb so faszinierend sei, »weil die Leute nicht wissen, wie es ausgeht«.

Außerdem gewinnt am Ende immer Deutschland. Aber das hat jemand anders gesagt.

# DAS SPIEL

25.05.2005, Champions League, Finale

## FC Liverpool – AC Mailand

**6:5**
(n. V., n. E.)
(0:3, 3:3, 3:3)

|  |  |  |
|---|---|---|
|  | 0:1 | Maldini (1.) |
|  | 0:2 | Crespo (39.) |
|  | 0:3 | Crespo (43.) |
| Gerrard (54.) | 1:3 |  |
| Šmicer (56.) | 2:3 |  |
| Xabi Alonso (60.) | 3:3 |  |
|  | -:- | Serginho (ES) |
| Hamann (ES) | 4:3 |  |
|  | -:- | Pirlo (ES) |
| Cissé (ES) | 5:3 |  |
|  | 5:4 | Tomasson (ES) |
| Riise (ES) | -:- |  |
|  | 5:5 | Kaká (ES) |
| Šmicer (ES) | 6:5 |  |
|  | -:- | Schewtschenko (ES) |

**Stadion**   Atatürk-Olympiastadion, Istanbul

**Zuschauer**   60 000

### FC Liverpool
Dudek, Finnan (Hamann, 46.), Traore, Hyypiä, Carragher, Riise, Gerrard, Luis García, Xabi Alonso, Kewell (Šmicer, 23.), Baroš (Cissé, 85.)

### AC Mailand
Dida, Cafu, Maldini, Stam, Nesta, Gattuso (Rui Costa, 112.), Seedorf (Serginho, 86.), Pirlo, Kaká, Schewtschenko, Crespo (Tomasson, 85.)

25.05.2005  **PLATZ 3**

## FC Liverpool – AC Mailand 6:5 (n. V., n. E.)

# GÖTTER-DÄMMERUNG IN ISTANBUL

Da ist das Ding: Steven Gerrard reißt den bereits verloren geglaubten Pokal in den Nachthimmel von Istanbul.

**34    PLATZ 3**

Hätte es noch eines Belegs für die Dramatik, die außergewöhnliche Schönheit und Spannung dieses Spiels gebraucht, Jerzy Dudek, Torwart des FC Liverpools, liefert ihn in der 104. Minute des Champions-League-Finales 2005.

Im Fünfmeterraum hat Mailands Stürmer Andrej Schewtschenko trocken abgezogen. Dudek wehrt den Ball zunächst mit einem Reflex ab und lenkt auch den Nachschuss aus höchstens einem Meter Entfernung über die Latte. Dass es anschließend immer noch 3:3 steht, können weder der fassungslose Schewtschenko noch Dudek selbst fassen, der eher verwundert als stolz die Glückwünsche seiner Mannschaftskameraden entgegennimmt.

Doch es ist schon zuvor ein besonderes, episches, historisches Spiel mit zwei auf spezielle Weise unvergesslichen Halbzeiten. Die erste Hälfte dominiert ein brillanter AC Mailand, der drei Tore schießt und den Gegner nach allen Regeln der Kunst auseinandernimmt, woran wiederum Rafael Benítez, Liverpools Coach, nicht ganz unschuldig ist. Denn er hat die bewährte Ordnung der Mannschaft aufgelöst, Dietmar Hamann und Igor Biščán draußen gelassen und dafür den deutlich offensiveren Australier Harry Kewell aufgeboten. Das geht grausam schief. Bei allen drei Toren steht die Abwehr der Engländer freundlich Spalier.

Dietmar Hamann sagt rückblickend: »Besser als die Mailänder in der ersten Halbzeit kann man eigentlich gar nicht spielen. Sie waren unheimlich ballsicher, ließen den Ball laufen und haben fast jede Chance genutzt.«

In der Halbzeit ist man sich auf italienischer Seite des Sieges so sicher, dass die Spieler bereits die Gewinner-T-Shirts unter die Trikots gezogen haben. Jedenfalls erzählen sich das die Spieler in der Liverpool-Kabine, wo ein trotziger Plan geschmiedet wird. Hamann: »Wenn wir eins schießen, schießen wir auch zwei. Und wenn wir zwei schießen, kriegen wir schon noch eine Chance.« Und so geschieht es dann auch: Steven Gerrard trifft mit dem Kopf in die lange Ecke, Vladimir Šmicer haltbar aus der Distanz und Alonso im Nachschuss eines Strafstoßes. Jeder herkömmlichen Mannschaft hätten drei Tore binnen sechs Minuten das Genick gebrochen, Mailand hingegen richtet sich noch einmal auf, mehrfach liegt den italienischen Anhängern im Atatürk-Olympiastadion bereits der Torschrei auf den Lippen – vor allem in jener 104. Minute, als Dudek binnen Sekunden zweimal über sich hinauswächst.

**Carlo Ancelotti** »Unfassbar! Das waren sechs Minuten des Wahnsinns.«

Das Spiel endet mit jener grausamen Entscheidungsfindung vom Elfmeterpunkt, die mitleidslos Versager und Helden kürt. Mailands Serginho verschießt gleich zu Beginn, anschließend zermürbt Derwisch Dudek die italienischen Schützen durch wildes Gezappel auf der Torlinie. »Er hat sich das von Bruce Grobbelaar abgeschaut, der zwanzig Jahre vor ihm für Liverpool gespielt hat«, weiß Dietmar Hamann.

Nach Serginho verschießen so auch noch Andrea Pirlo und Andrej Schewtschenko, dem Dudek wie entfesselt entgegenhechtet und nach erfolgreicher Abwehr sogleich unter seinen Mitspielern begraben wird, während der englische Fernsehkommentator ruft: »Der Europapokal ist zurück in Anfield.«

Nach 21 Jahren und ein paar Minuten, um genau zu sein, denn so lange dauert es noch, bis Steven Gerrard den Pokal über seinen Kopf wuchtet und die Mannschaft in rot-weißem Konfetti versinkt. »Es war das schönste Gefühl meines Lebens«, sagt Gerrard später. Die Fußballwelt kann das nachempfinden.

# DAS SPIEL

30.07.1966, Weltmeisterschaft, Finale

## England – Deutschland

   **4:2**
(n. V.)
(1:1, 2:2)

|              |      |              |
|--------------|------|--------------|
|              | 0:1  | Haller (12.) |
| Hurst (17.)  | 1:1  |              |
| Peters (78.) | 2:1  |              |
|              | 2:2  | Weber (90.)  |
| Hurst (101.) | 3:2  |              |
| Hurst (120.) | 4:2  |              |

### Stadion
Wembley-Stadion, London

### Zuschauer
97 000

### England
Banks, Cohen, Wilson, Stiles, Jack Charlton, Moore, Ball, Hurst, Bobby Charlton, Hunt, Peters

### Deutschland
Tilkowski, Höttges, Schulz, Weber, Schnellinger, Beckenbauer, Overath, Haller, Seeler, Held, Emmerich

**30.07.1966**  **PLATZ 4**

## England – Deutschland 4:2 (n. V.)

# DRIN ODER LINIE?

It's coming home: Gastgeber England gewinnt das Endspiel
seiner WM mit viel Kampf und viel Glück.

## PLATZ 4

Die letzten Worte dieses epochalen Dramas spricht Kenneth Wolstenholme, der altgediente BBC-Reporter. Als der Schweizer Schiedsrichter Gottfried Dienst nach seiner Pfeife greift, um das WM-Finale 1966 im Londoner Wembley-Stadion zu beenden, laufen bereits die ersten Menschen auf den Platz. Wolstenholme ruft, halb begeistert und halb entsetzt, in sein Mikrofon: »Some people are on the pitch. They think, it's all over!« Dann pfeift Dienst endlich mit großer Geste ab und der Reporter darf erleichtert stöhnen: »It is now!« Nun ist es tatsächlich vorbei, England ist zum ersten Mal Fußballweltmeister.

Hinter beiden Mannschaften liegen 120 Minuten, in denen der Fußball seine ganze Schönheit, aber auch seine Grausamkeit gezeigt hat. In der regulären Spielzeit haben sich beide Mannschaften nichts geschenkt, es ist ein Kampf mit offenem Visier gewesen.

Während sich die Regisseure beider Teams, hier Bobby Charlton, dort Franz Beckenbauer, gegenseitig an die Kette legen, zählt die Presse schier unglaubliche 48 Torschüsse in neunzig Minuten.

Kurz vor Schluss scheint alles entschieden, denn nach 89 Minuten führt Gastgeber England nach Toren von Geoff Hurst und Martin Peters und dem Gegentreffer von Helmut Haller für die Deutschen nicht unverdient mit 2:1. Auf der Haupttribüne haben längst die Vorbereitungen für die Pokalübergabe durch Königin Elisabeth II. begonnen, da rennt das deutsche Team ein letztes Mal an und der Kölner Wolfgang Weber wirft sich mit dem Mut der Verzweiflung in eine abgefälschte Flanke von Siegfried Held – der Ausgleich. Statt in der königlichen Loge hockt die englische Mannschaft plötzlich mit hängenden Köpfen auf dem Rasen des Wembley-Stadions und muss vom bedächtigen Trainer Alf Ramsey erst wieder aufgemuntert werden: »Ihr hattet sie bereits geschlagen. Nun besiegt ihr sie eben noch einmal.« Was einfach klingt, entpuppt sich als schwieriges Unterfangen, auch weil die Deutschen, beflügelt durch die Rettung in letzter Minute, auf die Entscheidung drängen. Es ist nun ein offener Schlagabtausch. Der junge Alan Ball hämmert einen wuchtigen

Distanzschuss gegen den Pfosten, auf der Gegenseite verpasst Seeler knapp. Dann bricht die 101. Minute an, die der Fußballwelt ihr berühmtestes Tor bescheren wird. Abermals schlägt Ball eine Flanke, Geoff Hurst dreht sich, und der Ball knallt von der Torlatte – ja, wohin? Ins Tor oder auf die Linie?

**Uwe Seeler** »Das war kein Tor. Ganz sicher. Der Ball der Engländer war nicht hinter der Linie. Aber das ist heute ja fast schon egal.«

Die englischen Spieler reißen die Arme nach oben, ohrenbetäubender Jubel auf den Rängen, wilde Proteste der Deutschen. Referee Dienst ist sich nicht sicher, läuft, von beiden Teams bestürmt, zu seinem sowjetischen Linienrichter Tofik Bachramow. Der zeigt, bar jeden Zweifels, entschieden mit der Fahne in Richtung Mittellinie. Tor! Es steht 3:2 für England. Es ist zugleich der Genickbruch für die deutsche Elf. Das 4:2, abermals durch den jungen Hurst, ist nur noch eine Formalität.

In den Tagen nach dem Spiel schlagen die Emotionen hoch. Während in England, dem selbst ernannten Mutterland des Fußballs, Millionen Menschen auf den Straßen Londons den neuen Weltmeister feiern, werden in Deutschland die Wunden geleckt. »Wir haben 2:2 verloren«, titelt die »Bild«-Zeitung missgünstig. Andere Zeitungen wittern im sowjetischen Linienrichter den Schurken in diesem Spiel. Am Ende meint sogar Bundespräsident Heinrich Lübke, schlichten zu müssen. Er habe deutlich gesehen, »wie der Ball im Netz gezappelt hat«. Letztgültig geklärt ist die Frage »Drin oder Linie?« bis heute nicht, auch wenn Computerexperten inzwischen den Ball auf statt hinter der Linie verorten. Das dritte Tor von Wembley bleibt ein Geheimnis, ein ewiger Mythos des Fußballs.

# DAS SPIEL

17.06.1970, Weltmeisterschaft, Halbfinale

## Italien – Deutschland

**4:3**
(n. V.)
(1:0, 1:1)

| | | |
|---|---|---|
| Boninsegna (8.) | 1:0 | |
| | 1:1 | Schnellinger (90.) |
| | 1:2 | Müller (94.) |
| Burgnich (98.) | 2:2 | |
| Riva (104.) | 3:2 | |
| | 3:3 | Müller (110.) |
| Rivera (111.) | 4:3 | |

### Stadion
Aztekenstadion, Mexiko-Stadt

### Zuschauer
102 444

### Italien
Albertosi, Cera, Burgnich, Bertini, Rosato (Poletti, 91.), Facchetti, Mazzola (Rivera, 46.), De Sisti, Domenghini, Boninsegna, Riva

### Deutschland
Maier, Vogts, Patzke (Held, 66.), Beckenbauer, Schnellinger, Schulz, Grabowski, Seeler, Müller, Overath, Löhr (Libuda, 52.)

17.06.1970  **PLATZ 5**

## Italien – Deutschland 4:3 (n. V.)

# DAS JAHRHUNDERT- SPIEL

Historisches Händeschütteln: Uwe Seeler und Giacinto Facchetti schreiben Fußballgeschichte.

## 42    PLATZ 5

Zur Erinnerungskultur des Fußballs gehört es, dass große Spieler, Trainer und Funktionäre mit Büsten, Statuen und Gedenktafeln in den Stadien geehrt werden. Dass hingegen ein einzelnes Spiel derart geehrt wird, kommt nur sehr selten vor. Insofern deutet schon die Gedenktafel im Aztekenstadion in Mexiko-Stadt an, dass sich am 17. Juni 1970 etwas Bedeutendes, Bewegendes, vielleicht Einmaliges auf dem Rasen zutrug. »Das Aztekenstadion erweist den Nationalmannschaften Italiens (4) und Deutschlands (3), Hauptdarstellern des Jahrhundertspiels vom 17. Juni 1970, bei der Weltmeisterschaft 1970 die Ehre«, heißt es da. Ehre, wem Ehre gebührt.

Denn es war, auch jenseits jeder nostalgischen Verklärung, ein wahrhaftiges Jahrhundertspiel mit Szenen, die sich tief in das kollektive Fußballgedächtnis eingegraben haben: Unvergesslich ist der spontane Ausruf »Ausgerechnet Schnellinger« des Reporters Ernst Huberty als Kommentar zum rettenden 1:1-Ausgleich in der 90. Minute, weil sich der späte Torschütze ja gerade als Legionär in Italien verdingt, dann folgt vier Minuten später in der Verlängerung das typischste aller Gerd-Müller-Tore, aus der Lende heraus ins italienische Tor gewuchtet. Beckenbauers bandagierte Schulter macht aus dem jungen Libero einen verwundeten Helden in einer verlorenen Schlacht, und dann ist da auch noch Uwe Seelers letztes Hurra, das letzte große Spiel einer legendären Karriere. All diese Momente und Details finden umgehend ihren Ehrenplatz im fußballerischen Mythenschatz.

Und wie schon 1966 in Wembley ist es ein Heldenepos mit tragischem Ausgang, ein Untergang mit vollendeter Grandezza, ein begeisternder Kampf auf verlorenem Posten, was nicht zuletzt am Unparteiischen liegt. Arturo Yamasaki, ein mexikanischer Referee mit peruanischem Pass und japanischen Wurzeln, verweigert der deutschen Mannschaft gleich reihenweise Strafstöße und bleibt auch tatenlos, als immer wieder italienische Abwehrspieler wie von Zauberhand getroffen niedersinken. Andererseits wird auf beiden Seiten tapfer geholzt.

Dabei spricht die Ausgangslage vor dem Anpfiff eindeutig für Deutschland. Man ist nach dem skurrilen, tragischen Finale von Wembley als Titelverteidiger der Herzen angereist, die Italiener gelten lediglich als Fußballgroßmacht auf Klubebene. Den letzten Titel errang die Squadra Azzurra 1934 in der Frühzeit des Fußballs. Genutzt haben der Elf von Helmut Schön jedoch alle Vorschusslorbeeren nichts. Deutsche Beteiligte (Franz Beckenbauer vorneweg, aber auch Gerd Müller) reden heute die Qualität dieser Ausnahmebegegnung gern klein, Stichwort: Zeitlupenfußball. Lassen wir sie. Sie waren ja dabei und konnten nicht zuschauen. Dabei war es wirklich so gigantisch, wie immer behauptet wird.

---

**Kurt Brumme** »Mein Gott, ist das ein Fußballspiel hier. Das ist ja entsetzlich, das ist ja widerlich. Burgnich ist soeben verstorben, sehe ich. Nein, da kommt er wieder.«

---

Allein die Torfolge des Halbfinales erfüllt alle Anforderungen an Spannung und Dramatik. Dem späten Treffer Schnellingers folgt sogleich Müllers mehr mit dem Körper gedrücktes als geschossenes Führungstor, das die Italiener allerdings sofort kontern und ihrerseits durch Riva vorlegen. Dass wiederum Müller trifft und nahezu im direkten Gegenzug Rivera mit dem 4:3 einen donnernden Schlusspunkt setzt, macht dann aus einem hochdramatischen Kick eben jenes Jahrhundertspiel, in dem zwei Mannschaften, befreit von taktischen Fesseln und voller Spielfreude, in der sengenden Hitze Mexiko-Stadts miteinander ringen.

Es ist ein episches Duell für die Fußballgeschichte, ein Quantensprung im Höhenrausch, zu dem die deutsche Mannschaft viel beigetragen hat, eine Nationalelf, mit der man sich identifizieren kann und die zugleich bereits ein großes Versprechen ist.

Zwei Jahre später wird sie bei der Europameisterschaft in Belgien unerreicht schönen Kombinationsfußball spielen.

# DAS SPIEL

16.05.2001, UEFA-Cup, Finale

## FC Liverpool – Deportivo Alavés

  **5:4**
(n. V.)
(3:1, 4:4)

| | | |
|---|---|---|
| Babbel (3.) | 1:0 | |
| Gerrard (16.) | 2:0 | |
| | 2:1 | Alonso (27.) |
| McAllister (41.) | 3:1 | |
| | 3:2 | Moreno (48.) |
| | 3:3 | Moreno (51.) |
| Fowler (73.) | 4:3 | |
| | 4:4 | Cruyff (89.) |
| Geli (117., ET) | 5:4 | |

### Stadion
Westfalenstadion, Dortmund

### Zuschauer
65 000

### FC Liverpool
Westerveld, Babbel, Henchoz (Šmicer, 56.), Hyypiä, Carragher, Gerrard, Hamann, McAllister, Murphy, Heskey (Fowler, 65.), Owen (Berger, 79.)

### Deportivo Alavés
Herrera, Eggen (Alonso, 23.), Karmona, Tellez, Contra, Desio, Geli, Tomic, Cruyff, Astudillo (Magno, 46.), Moreno (Pablo, 65.)

16.05.2001     PLATZ 6

## FC Liverpool – Deportivo Alavés
## 5:4 (n. V.)

# GOLDEN GOAL INS EIGENE NETZ

Kiss me quick: Patrick Berger und Vladimir Šmicer
knutschen mit dem UEFA-Pokal.

**46    PLATZ 6**

Die Anhänger britischer Klubs haben seit jeher ein Faible dafür, aktuelle Popsongs auf ihre Klubs und Spieler umzudichten. Und bisweilen kommt sogar ein Trainer zu Ehren. An diesem sonnigen Finalabend im Dortmunder Westfalenstadion dichten die Fans des FC Liverpool einen Hit der Baha Men um:»Who let the reds out?«, fragen sie und geben die Antwort gleich selbst:»Hou-Hou-Houllier!« Dass der spröde Franzose Gérard Houllier von den Liverpudlians derart verehrt wird, war noch Mitte der Saison nicht abzusehen, zu defensiv die Ausrichtung, zu mühsam der Spielaufbau. Aber nun steht der FC Liverpool im Finale des UEFA-Cups und hat zum ersten Mal seit 1984 wieder die Hand an einem europäischen Silberpokal.

---

**Gérard Houllier** »Wir hätten zeitweise den Kopf hängen lassen können, aber wir haben Charakter bewiesen. Ich weiß nicht, woher meine Mannschaft diese Energie geholt hat.«

---

Nach einem beruhigenden 2:0 und später 3:1 zur Pause wähnt sich der englische Renommierklub auf der sicheren Seite. »Da haben wir die Spanier wohl unterschätzt und uns zu sicher gefühlt«, erinnert sich der deutsche Legionär, Dietmar Hamann. »Es ist aber auch schwierig, in derselben Intensität weiterzumachen, wenn man so schnell 2:0 führt.«

Jedenfalls stürmt nun nur noch der spanische Außenseiter. Ein sechsköpfiger Riegel im Mittelfeld schnürt den Engländern die Luft ab, Owen und Heskey rennen ein ums andere Mal in die Abseitsfalle, auf der Gegenseite sorgt vor allem der wuchtige Stürmer Javi Moreno für Panik und für zwei Tore binnen Minuten, erst per Kopf und dann als Freistoß, raffiniert unter der springenden Mauer hinweg. Erst jetzt, da Alavés schon seit einer halben Stunde das Spiel dominiert, reagiert Liverpools Coach Houllier und nimmt den indisponierten Abwehrmann Stéphane Henchoz, maßgeblich verantwortlich für das Chaos, aus der Partie. Die Abwehr wird neu sortiert, sodass sich Steven Gerrard nun um seine offensiven Aufgaben kümmern kann und der eingewechselte Šmicer dafür sorgt, dass Alavés' Rechtsverteidiger Delfí Geli nicht mehr so bedenkenlos in Liverpools Hälfte herumspuken kann.

Alavés verliert wieder die Kontrolle über das Spiel. Fowler, der für Heskey gekommen war, zieht von der Strafraumgrenze flach und wuchtig ab. Es ist das 4:3 in der 73. Minute und nach den ewigen Gesetzen des Fußballs auch die Entscheidung. Denn der Außenseiter hat sich aufgerieben. Die letzte Offensive, zu der sich die Spanier aufraffen, ist eigentlich keine, weil für ein Powerplay Kraft und Genauigkeit fehlen. Und doch wird der Ball in allerletzter Minute noch einmal in den Strafraum der Engländer geschlagen. Jordi Cruyff, der Sohn des großen Johan, köpft den Ball über den unkonzentrierten Sander Westerveld hinweg ins Netz. Es ist der Ausgleich, nicht mehr für möglich gehalten und zugleich die schönste Pointe eines Spiels, das schon längst alle taktischen Fesseln abgelegt hat. Die Verlängerung ist dann eher ein Nachspiel als das erhoffte große Finale, vor allem, weil sich Alavés nun selbst ein Bein stellt. Erst fliegt der Brasilianer Magno nach einem spektakulären Tritt gegen Babbel mit der Ampelkarte vom Platz, dann holt Spielführer Antonio Karmona den durchgebrochenen Šmicer an der Kante des Strafraums von den Beinen und sieht dafür Rot. So dezimiert, wird das Spiel auf unwürdige Weise entschieden. Denn es gibt 2001 noch immer das Golden Goal, jenes erste Tor, das in der Verlängerung jedes Spiel sofort beendet. Gary McAllister, der nimmermüde Regisseur, schlägt noch einmal einen Freistoß herein und Alavés' Abwehrmann Geli verlängert den scharf geschnittenen Ball unglücklich ins lange Eck. Eine englische Gazette nennt das ein »heartbreaking own-goal«. Es ist auf jeden Fall ein schnödes Ende eines unvergesslichen Spiels.

# DAS SPIEL

20.10.1971, Europapokal der Landesmeister, Achtelfinale

## VfL Borussia Mönchengladbach – Inter Mailand

 **7:1**
**(5:1)**

| | | |
|---|---|---|
| Heynckes (7.) | 1:0 | |
| | 1:1 | Boninsegna (19.) |
| le Fevre (21.) | 2:1 | |
| le Fevre (34.) | 3:1 | |
| Netzer (42.) | 4:1 | |
| Heynckes (44.) | 5:1 | |
| Netzer (52.) | 6:1 | |
| Sieloff (83.) | 7:1 | |

**Stadion**
Bökelberg, Mönchengladbach

**Zuschauer**
34 000

**VfL Borussia Mönchengladbach**
Kleff, Vogts, Müller, Sieloff, Bleidick, Bonhof, Netzer (Wittkamp, 83.), Kulik, Wimmer, Heynckes, le Fevre

**Inter Mailand**
Vieri (Bordon, 46.), Oriali, Giubertoni, Burgnich, Facchetti, Fabbian, Bedin, Corso, Mazzola, Jair, Boninsegna (Ghio, 29.)

20.10.1971  **PLATZ 7**

# VfL Borussia Mönchengladbach – Inter Mailand 7:1

# DIE BÜCHSE DES BONINSEGNA

Büchsenwurf: hitzige Diskussionen, weil Roberto Boninsegna
von einer Getränkebüchse getroffen wurde.

**50    PLATZ 7**

Deutschland liegt Borussia Mönchengladbach im Oktober 1971 zu Füßen. Wunderschön anzuschauenden Angriffsfußball spielt die Elf von Hennes Weisweiler. Auf internationalem Parkett hingegen hat den Gladbachern stets ein Restzweifel angehaftet. Der Vorwurf: es fehle ihnen mitunter der Killerinstinkt. Doch an diesem Abend kombiniert sich die Mannschaft in einen Rausch mit sieben Toren gegen den italienischen Titelträger – und keines davon ist unverdient, zumal gegen eine Mannschaft, die die Kunst des Toreverhinderns perfektioniert hat.

Aus Mailand reisen die Könige des Catenaccios an. Mit schier unglaublichen 25 Gegentoren ist Inter Mailand in der Vorsaison Meister geworden, und nun schenken ihnen Ulrik le Fevre, Jupp Heynckes und Günter Netzer mit einem seiner irrsten Freistöße in nur 45 Minuten gleich fünf Dinger ein. Inter reagiert hektisch, tauscht den Torwart aus – und kassiert durch Netzer und Sieloff noch mal zwei weitere Buden. Es hätte also ein deutsches Ausrufezeichen sein können inmitten des tobenden Bundesligaskandals.

---

**Jef Dorpmans** »Bei den Italienern konnte man seinerzeit fast generell davon ausgehen, dass es sich bei der Aktion um Schauspielerei handelte.«

---

Stattdessen wird es ein Aktenzeichen in der Kriminalgeschichte des Fußballs bei ungeklärtem Tatgeschehen: vorsätzliche Körperverletzung oder Vortäuschung einer Straftat? Mailands Roberto Boninsegna ist in der 29. Minute gefallen, beim Stand von 2:1. Es wird wohl nicht mehr zu klären sein, was den Mittelfeldspieler von Inter Mailand tatsächlich zu Boden gezwungen hat. War es eine Getränkedose, geworfen von einem Zuschauer auf dem Gladbacher Bökelberg? Oder war es die Einsicht, dass gegen eine entfesselte Borussia nicht allzu viel zu holen sein würde und es deshalb taktisch klüger wäre, außersportliche Gründe für ein Wiederholungsspiel zu sammeln? So oder so, Boninsegna ist nicht mehr zum Aufstehen zu bewegen, er muss beim Stand von 2:1 für Mönchengladbach vom Platz getragen werden.

Sieben Minuten lang bleibt das Spiel unterbrochen. Dann aber weist die polizeiliche Einsatzleitung dezent auf die 7000 ungeduldigen italienischen Fans im Stadion am Bökelberg hin, denen ein Abbruch nach so langer Anreise nicht sonderlich gefallen würde. Zur allgemeinen Beruhigung wird zudem der angebliche Werfer der Büchse über den Seitenstreifen abgeführt, verurteilt wird er jedoch nie, auch weil unklar bleibt, wie eine leere Getränkebüchse, aus stattlicher Entfernung geworfen, einen kräftigen Spieler wie Boninsegna niederstrecken kann. Fernsehbilder können das Geschehen leider auch nicht aufklären, denn Gladbachs Manager Helmut Grashoff und die öffentlich-rechtlichen Rechtehändler haben sich nicht auf einen Preis für eine Liveübertragung verständigen können. Erst in den Tagen nach dem Spiel schwant den Gladbachern das nahende Unheil. Es entspinnt sich in den folgenden Wochen ein schmutziges Theater, an dessen Ende die Annullierung des Spiels steht. Gladbach scheidet aus, Inter kommt bis ins Finale. Tröstlich für die Borussen: Keine zweite Begegnung trägt so zu den astronomisch hohen Sympathiewerten des Klubs bei wie diese. Die vermeintliche Tatwaffe, die Getränkebüchse, wandert derweil nicht in die Asservatenkammer der Mönchengladbacher Polizei, sondern wird ausgerechnet dem niederländischen Schiedsrichter Dorpmans überreicht – als eine Art Souvenir. Der nimmt die Büchse mit nach Hause und vermacht sie später seinem Heimatverein Vitesse Arnheim. Dort, im Vereinsmuseum, ist sie heute ausgestellt.

# DAS SPIEL

02.05.1984, DFB-Pokal, Halbfinale

## FC Schalke 04 – FC Bayern München

**6:6**
(n. V.)
(2:3, 4:4)

|  |  |  |
|---|---|---|
|  | 0:1 | K.-H. Rummenigge (3.) |
|  | 0:2 | Mathy (12.) |
| Kruse (13.) | 1:2 |  |
| Thon (19.) | 2:2 |  |
|  | 2:3 | M. Rummenigge (20.) |
| Thon (61.) | 3:3 |  |
| Stichler (72.) | 4:3 |  |
|  | 4:4 | M. Rummenigge (80.) |
|  | 4:5 | D. Hoeneß (112.) |
| Dietz (115.) | 5:5 |  |
|  | 5:6 | D. Hoeneß (118.) |
| Thon (122.) | 6:6 |  |

### Stadion
Parkstadion, Gelsenkirchen

### Zuschauer
71 000

### FC Schalke 04
Junghans, Kruse, Dietz, M. Jakobs, Schipper, Opitz (Berge, 105.), Dierßen, Stichler, Abramczik (Clute-Simon, 73.), Thon, Täuber

### FC Bayern München
Pfaff, Nachtweih, Augenthaler, Beierlorzer, Dürnberger (D. Hoeneß, 77.), Grobe (Kraus, 109.), Lerby, Pflügler, M. Rummenigge, K.-H. Rummenigge, Mathy

**02.05.1984**  **PLATZ 8**

## FC Schalke 04 – FC Bayern München 6:6 (n. V.)

# EINE STUNDE EHRENRUNDE

Tore gegen Idole: Olaf Thon schläft in Bayern-Bettwäsche und schießt Schalke im Halbfinale zum 6:6.

## 54   PLATZ 8

Heute würde solch eine Spielvorbereitung Schlagzeilen machen, im Jahr 1984 kommt hingegen sogar der Manager auf ein Bierchen vorbei. Zwei Tage vor dem Pokalschlager gegen Bayern München feiert der achtzehnjährige Schalker Jungspund Olaf Thon in einer Imbissstube im Gelsenkirchener Stadtteil Beckhausen mit kühlen Getränken in seinen Geburtstag hinein. Achtzig Freunde und Bekannte und auch Manager Rudi Assauer heben fröhlich die Pilsgläser. Sie alle ahnen zu diesem Zeitpunkt noch nicht, dass am 3. Mai ganz Fußballdeutschland vom gerade volljährigen Gastgeber sprechen wird. Weil der nämlich beinahe im Alleingang für das wohl denkwürdigste Spiel des deutschen Vereinspokals sorgen wird. Am Ende der 120 Minuten steht es 6:6, davon hat drei Tore Thon gemacht, das letzte wenige Sekunden vor dem Abpfiff der Verlängerung. Dabei hätten die Bayern-Fans nach zwölf Minuten im Prinzip schon den Fernseher ausschalten können, wenn das Spiel denn live übertragen worden wäre. Aber bei ARD und ZDF schnarcht man in der ersten Viertelstunde in der ersten Reihe. So werden den Fernsehzuschauern die ersten beiden Bayern-Tore nachgereicht. Dann nimmt die Partie Fahrt auf. Innerhalb von sechs Minuten gleichen Kruse und der junge Olaf Thon aus, der die Abwehr mit einer einfachen Finte ins Leere laufen lässt. Draußen jubelt Schalke-Coach Diethelm Ferner, dessen beeindruckender Scheitel an diesem Abend noch aus den Fugen geraten wird.

Im Gegenzug bringt Michael Rummenigge die Bayern abermals in Front. Thon egalisiert mit dem Kopf, durchaus eine Leistung bei einer überschaubaren Körpergröße von 1,70 Meter. Stichler stellt elf Minuten später Schalkes einzige Führung her. Der kleine Rummenigge beschert den 71 000 Zuschauern, die im völlig überfüllten Parkstadion längst der Raserei nahe sind, die Verlängerung. Es fallen weitere vier Tore.

In der 112. Minute nutzt Hoeneß einen kapitalen Bock von Keeper Junghans, drei Minuten später trifft Altmeister Dietz mit letzter Kraft. Dieter Hoeneß' Tor zum 6:5 ist für den entfesselten ZDF-Reporter Figgemeier insgesamt schon zum dritten Mal die »endgültige Entscheidung«. Doch sie ist es – nicht.

Schiedsrichter Wolf-Günter Wiesel wendet sich der Legende nach an die Schalker: »Noch ein Angriff, dann pfeife ich ab.« Olaf Thons Sturmpartner Klaus Täuber: »Und dann zimmerte der Junge den Ball von halb links unter die Latte. Unfassbar! Es gab kein Halten mehr.« Schalke dreht nun kollektiv durch, Spieler brabbeln etwas vom Höhepunkt ihrer Karriere ins ZDF-Mikro und Figgemeier bilanziert: »Was dieses fantastische Spiel an Werbung für den Fußball gebracht hat, ist nicht wiedergutzumachen.«

---

**Klaus Täuber** »Nach dem 5:6 durch Dieter Hoeneß blickte ich auf die Tribüne und sah die Leute zu den Ausgängen eilen. Dabei waren noch zwei oder drei Minuten zu spielen.«

---

Die schwerste Übung jedoch hat in den Minuten nach dem Spiel Olaf Thon durchzustehen. Denn natürlich will ihn jeder der 71 000 Zuschauer im Parkstadion drücken, herzen, beglückwünschen. ZDF-Mann Klaus Töpperwien (»Bitte Ruhe, Interview!«) kämpft sich zu dem von den Anhängern umringten Thon durch und ringt ihm das Geständnis ab, früher in Bayern-Bettwäsche geschlafen zu haben. Doch solche Indiskretionen spielen an diesem Abend keine Rolle mehr, seine Treue zu Schalke hat der junge Olaf gerade erst bewiesen. Also lassen ihn die Anhänger wieder hochleben. »Ich drehte fast eine Stunde lang Ehrenrunden im Parkstadion. Die Bayern-Spieler standen derweil konsterniert und ratlos an der Linie oder verschwanden in den Katakomben«, erinnert sich Thon später. Udo Lattek, der Bayern-Trainer, ist derweil schon mitten in Transferverhandlungen. Für den Jungen, so gibt er zu Protokoll, würde er doch sofort zehn Millionen D-Mark hinlegen. Darüber schmunzelt Thon heute noch. »Als ich 1988 nach München ging, bezahlten sie nur vier Millionen. Ich war also ein richtiges Schnäppchen.«

# DAS SPIEL

**18.06.1922, Deutsche Meisterschaft, Finale**

## 1. FC Nürnberg – Hamburger SV

**2:2**
(n. V.)
(2:1, 2:2)

|  | 0:1 | Rave (19.) |
| --- | --- | --- |
| Träg (20.) | 1:1 |  |
| Popp (30.) | 2:1 |  |
|  | 2:2 | Flohr (86.) |

### Stadion
Deutsches Stadion, Berlin

### Zuschauer
19 000

### 1. FC Nürnberg
Stuhlfauth, Grünerwald, Riegel, Bark, Sutor, Strobel, Kugler, Köpplinger, Träg, Popp, Böß

### Hamburger SV
Martens, Beier, Schmerbach, Flohr, Halvorsen, Krohn, Kolzen, Breuel, Harder, Schneider, Rave

18.06.1922  **PLATZ 9**

## 1. FC Nürnberg – Hamburger SV 2:2 (n. V.)

# DAS SPIEL OHNE ENDE

Endloses Endspiel: Hamburg und Nürnberg kicken
bis zum Sonnenuntergang und darüber hinaus.

## PLATZ 9

Es ist der 18. Juni 1922 und es herrscht Endspielstimmung in Berlin. Sonderzüge aus Nürnberg und Hamburg bringen mehrere Tausend Anhänger in die Stadt. Es findet das Duell des amtierenden Meisters 1. FC Nürnberg und des Norddeutschen Meisters Hamburger SV statt, das an diesem Tag zu einem denkwürdigen Spiel werden wird, weil es kein Ende findet.

Schon die ersten neunzig Minuten sind dabei hochdramatisch. Die Nürnberger mit Torhüter Stuhlfauth und den kleinen Stürmern Träg, Böß und Popp sind für die technischen Feinheiten zuständig, robust und kämpferisch hingegen sind die Hamburger mit ihrem wuchtigen Stürmer Tull Harder und den Läufern Halvorsen und Krohn.

Die Hamburger sind zunächst vorn. Rave steht plötzlich mutterseelenallein vor Stuhlfauth und trifft aus acht Metern Entfernung ins Eck. Dann schlägt Nürnberg zurück, erst durch Heiner Träg, dann in der 30. Minute, als Luitpold Popp aus zwanzig Metern Entfernung trocken abzieht. Im Gefühl der eigenen Überlegenheit lassen sich die Nürnberger zurückdrängen, bis der Journalist F. Richards für die Fachzeitschrift »Fußball« im Stadion notiert: »Die Schlussminuten nahen: Ganz Nürnberg verteidigt, und damit naht das Verhängnis.« Denn ein letztes Mal rafft sich nun der HSV auf, bedrängt massiv die Nürnberger, bringt eine Flanke in den Strafraum, plötzlich ist Läufer Hans Flohr frei und schießt ein. Es ist der Ausgleich in fast allerletzter Minute.

---

**Peco Bauwens** »Träg stieß Beier mit aller Kraft in den oberen Rücken, sodass Beier nach vorn überkugelte. Die Handlung war derart gemein, dass ich nahe daran war, das ganze Spiel jetzt schon abzubrechen.«

---

Die erste Hälfte der Verlängerung verstreicht torlos, ebenso die zweite Hälfte. Als Bauwens abpfeift, fallen die Spieler erschöpft auf den Rasen, greifen gierig nach den Seltersflaschen, die ihnen die Betreuer reichen.

Und schon bittet der Schiedsrichter die Mannschaften erneut auf den Platz. Weitere zwanzig Minuten werden nun gespielt und danach immer weiter bis zur Entscheidung, ein Elfmeterschießen ist nicht vorgesehen.

So geschwächt die Spieler auch sind, es wartet auf das Publikum »der schönste Augenblick des Spiels«, wie der »Fußball« schwärmerisch schreibt: »Eine jagende Flanke vor Nürnbergs Tor. Von der Mitte direkt mit Blitzschuss aus drei Metern Entfernung aufs Tor geknallt, hält Stuhlfauth magnetisch mit den Händen.« Es wird ein Kampf gegen die Dunkelheit. »Der Ring des Stadions wird immer schwärzer. Die Sonne wird wächsern und bleich. Immer schwächer werden die Schläge und Stöße der Spieler«, beschreibt der »Fußball« das Schauspiel. Schon sind 160 Minuten gespielt, und von Minute zu Minute schwindet die Kraft der Spieler, aber auch die des Schiedsrichters. In der 162. Minute – die Uhr zeigt inzwischen 20.48 Uhr – schrillt ein Doppelpfiff durch das Stadion. Peco Bauwens stürzt entkräftet zu Boden, ein Wadenkrampf plagt den Unparteiischen. Sanitäter bemühen sich um den wachsbleichen Referee. Richards notiert entsetzt: »Berlin lacht! Gemütsverrohung!« Und da steht Bauwens schon wieder und pfeift das Spiel erneut an. Das Publikum kann nur noch schemenhaft erkennen, wer gerade den Ball führt. Witzeleien machen die Runde: »Nur weiterspielen, es wird gleich wieder hell!« 226 Minuten sind seit seinem ersten Pfiff verstrichen, als Schiedsrichter Bauwens zum letzten Mal in seine Pfeife bläst. Das Stadion leert sich nun ziemlich schnell.

»Autobusse rasen mit Spielern und Reisebegleitern der Stadt zu. Der Untergrundbahnhof ist schwarz vor Menschen. Auto auf Auto faucht durch die Allee.« Es wird ein weiteres Spiel geben und dann, endlich, auch einen deutschen Meister. Bereits am 6. August treffen sich die Mannschaften in Leipzig zum erneuten Duell. Ein Spiel, das als die »zweite Nervengewaltprobe« in die Fußballgeschichte eingeht – weil es nach drei Stunden wieder keinen Sieger gibt.

# DAS SPIEL

26.05.1999, Champions League, Finale

## Manchester United FC – FC Bayern München

**2:1**
**(0:1)**

|  |  |  |
|---|---|---|
|  | 0:1 | Basler (6.) |
| Sheringham (90. + 1) | 1:1 |  |
| Solskjær (90. + 3) | 2:1 |  |

### Stadion
Camp Nou, Barcelona

### Zuschauer
91 000

### Manchester United FC
Schmeichel, G. Neville, Johnson, Stam, Irvin, Beckham, Butt, Blomquist (Sheringham, 67.), Giggs, Yorke, Cole (Solskjær, 81.)

### FC Bayern München
Kahn, Babbel, Matthäus (Fink, 80.), Linke, Kuffour, Basler (Salihamidžić, 89.), Effenberg, Jancker, Jeremies, Tarnat, Zickler (Scholl, 71.)

26.05.1999  **PLATZ 10**

## Manchester United FC – FC Bayern München 2:1

# ZWEI MINUTEN NOCH

Horror in der Schlussminute: Sheringham und Solskjær drehen das Spiel für Manchester gegen den FC Bayern.

## PLATZ 10

**E**r ist 73,5 Zentimeter groß und wiegt 8,5 Kilogramm, und um 22.36 Uhr trennen den FC Bayern München nur noch zwei Minuten von ihm. Der silberne Champions-League-Pokal, die höchste Trophäe des europäischen Vereinsfußballs, ist an der Mittellinie aufgestellt worden, und in wenigen Sekunden werden Helfer rot-weiße Bänder an seinen Henkeln befestigen – zu Ehren des FC Bayern. Denn der führt seit der sechsten Minute hochverdient mit 1:0, weil Mario Basler einen Freistoß an der schlecht gestellten Mauer und an Keeper Peter Schmeichel vorbei ins Netz geschlenzt hat.

Das frühe Tor hat dem Spiel nicht gutgetan. Manchester hat sich verunsichern lassen. Die schnellen Kombinationen, für die United gefürchtet wird, finden in der ersten Hälfte nicht statt, auch weil sich David Beckham in der Zentrale in Zweikämpfen aufreibt und die Spitzen Dwight Yorke und Andy Cole über weite Strecken stumpf bleiben. Erst in der letzten Viertelstunde wagt United-Coach Alex Ferguson mehr und wird beinahe für seinen Mut bestraft.

Ein herrlicher Sololauf Mario Baslers bringt Mehmet Scholl in Position, doch dessen Heber trifft nur den Pfosten. Noch einmal hallt der Klang des Aluminiums durch das Camp Nou, Carsten Jancker hat mit einem Fallrückzieher nur die Latte getroffen. So viel Pech ist kaum zu glauben, und dennoch festigt all das nur den Glauben der Bayern, endlich wieder einmal dran zu sein.

Als die 90. Minute anbricht, machen sich die Bayern bereit für das große Fest. Pressechef Markus Hörwick wird nach dem Abpfiff eine SMS verschicken, an die Presse, an Freunde, an Fans: »Barcelona, 26. Mai 1999. Bayern am Ziel. Der FC Bayern ist Champions-League-Sieger 1999!«

Ein letzter Angriff, Thorsten Fink bekommt den Ball nicht weg, ein Querschläger in den Strafraum, Teddy Sheringham mit der Fußspitze – der Ausgleich, in vermeintlich letzter Minute. Binnen Sekunden weicht aller Optimismus aus den Gesichtern der Münchner. Fast apathisch nehmen sie hin, dass Manchester noch einmal angreift, noch einmal einen Eckball zugesprochen bekommt. Der fliegt hinein, Chaos im Strafraum, Solskjær ist da, Tor! 2:1! Das Spiel ist gedreht, binnen 120 Sekunden. Der englische Kommentator brüllt: »Manchester United have reached the Promised Land!«

---

**Alex Ferguson** »So ist Fußball. Ein Spiel ist erst ganz zum Schluss zu Ende.«

---

**W**ährend die Spieler von Manchester United den Pokal in den Nachthimmel von Barcelona recken, bröckelt bei den Bayern der Firnis der Zivilisation. »Wenn es eng wird, geht der immer raus«, giftet Mehmet Scholl. Gemeint ist Lothar Matthäus, durch dessen Auswechslung in der 80. Minute in der Bayern-Abwehr das Chaos ausgebrochen ist. Matthäus gibt die Schuld an den Trainer weiter: »Die paar Minuten hätte ich auch noch geschafft.«

Als sich beim Bankett schließlich die Gemüter beruhigen, greifen Zickler, Scholl und Basler zum Mikrofon und intonieren Wolfgang Petry: »Wahnsinn, warum schickst du mich in die Hölle?« Tatsächlich, Bayern ist in der Fußballhölle. Vor dem Finale spricht Franz Beckenbauer noch von der besten Bayern-Elf aller Zeiten, hinterher bilanziert er: »Die grausamste Niederlage meines Lebens.«

# DAS SPIEL

18.05.1960, Europapokal der Landesmeister, Finale

## SG Eintracht Frankfurt – Real Madrid CF

 **3:7**
**(1:2)**

| | | |
|---|---|---|
| Kreß (18.) | 1:0 | |
| | 1:1 | Di Stéfano (27.) |
| | 1:2 | Di Stéfano (30.) |
| | 1:3 | Puskás (46.) |
| | 1:4 | Puskás (56., FE) |
| | 1:5 | Puskás (60.) |
| | 1:6 | Puskás (71.) |
| Stein (72.) | 2:6 | |
| | 2:7 | Di Stéfano (73.) |
| Stein (75.) | 3:7 | |

### Stadion
Hampden Park, Glasgow

### Zuschauer
135 000

### SG Eintracht Frankfurt
Loy, Lutz, Höfer, Weilbächer, Eigenbrodt, Stinka, Kreß, Lindner, Stein, Pfaff, Meier

### Real Madrid CF
Dominguez, Marquitos, Pachin, Vidal, Santamaria, Zarrago, Canario, del Sol, Di Stéfano, Puskás, Gent

**18.05.1960** **PLATZ 11**

## SG Eintracht Frankfurt – Real Madrid CF 3:7

# FUSSBALL DER ZUKUNFT

Da war noch Hoffnung: Richard Kreß schießt Frankfurt in Führung, nachher wird die Eintracht überrollt.

## PLATZ 11

**E**in Spiel hat neunzig Minuten. Das weiß die Fußballwelt spätestens seit Altbundestrainer Sepp Herberger. Und doch gibt es Spiele, die bereits nach zwanzig Minuten entschieden sind. Das Endspiel um den Europapokal der Landesmeister im völlig überfüllten Hampden Park zu Glasgow ist solch eine Partie. Eben jene zwanzig Minuten lang spielt an diesem frühlingshaften Mittwoch vor allem der deutsche Meister Eintracht Frankfurt berückend schönen Fußball, der Zweckmäßigkeit mit tollkühnen Passläufen verbindet.

Meier trifft nur die Querlatte, zwei kühne Sololäufe des Außenstürmers Richard Kreß finden keinen Vollstrecker, schließlich fällt das verdiente Führungstor für die Eintracht dann doch durch Kreß in der 18. Minute – Real Madrid, das als hoher Favorit und Titelverteidiger in dieses Endspiel eingezogen ist, hätte sich zu diesem Zeitpunkt über einen höheren Rückstand nicht beklagen dürfen. »Wir bezweifeln, ob sich dann dieses gewiss einmalige Real in diesen überwältigenden Fußballrausch steigern hätte können«, notiert das deutsche »Sportmagazin« im Konjunktiv. Dieser Rausch wird in den folgenden siebzig Minuten dafür sorgen, dass 135 000 Zuschauer – die größte Besucherzahl, die je einem europäischen Cupfinale beigewohnt hat – auch lange nach dem Abpfiff noch nicht nach Hause gehen wollen, so fassungslos sind sie angesichts des Dargebotenen. Sie haben eine Mannschaft gesehen, die gänzlich neue Maßstäbe gesetzt hat: mit dem ungarischen Spielmacher Ferenc Puskás, dem trickreichen Stürmer Alfredo Di Stéfano und mit dessen Kompagnon Francisco Gento, »der verschlagene, wortkarge Linksaußen mit dem fliegenden Start«, wie das »Sportmagazin« in einer merkwürdigen Mischung aus Faszination und Unbehagen schreibt. Sie alle präsentieren Fußball in einer Dynamik und technischen Versiertheit, die selbst den Gegner staunen lassen. Der schottische Internationale Billy Bremner, im Hampden Park auf der Tribüne dabei, war sich auch in den 1990er-Jahren sicher: »Die Perfektion und das Tempo würden die Mannschaft bis heute zu einem Weltklasseteam machen.«

## SG Eintracht Frankfurt – Real Madrid CF    67

Dass dieses Finale jedoch zu einem Fußballfest wird, daran haben beide Mannschaften ihren Anteil. Denn Frankfurt denkt nicht daran, die Führung zu verwalten, dafür hat das Team in den Spielen zuvor zu viel Selbstbewusstsein getankt. Vor allem das Halbfinale mit zwei triumphalen Siegen über die Glasgow Rangers hat die Mannschaft wachsen lassen, die bis auf wenige Ausnahmen eine bessere Regionalauswahl ist, deren Spieler tagsüber arbeiten und nur abends trainieren können. Doch der Sturmwirbel, den Real entfacht, ist an diesem Tag zu viel für die braven Verteidiger Lutz und Höfer.

**Ebbe Schwartz** »Das beste der bisherigen fünf Endspiele! Dazu gehören ja zwei, was der Eintracht zur Ehre gereicht.«

**A**uf der Tribüne staunt Bobby Charlton: »Mein erster Gedanke war: Dieses Spiel ist ein Schwindel, geschnitten, ein Film, weil diese Spieler Dinge taten, die nicht möglich sind, nicht real, nicht menschlich!« Vor allem in der zweiten Halbzeit wandert der Ball in nie zuvor gesehener Geschwindigkeit von Mann zu Mann, ein technisches Kabinettstück folgt dem anderen, drei Tore von Alfredo Di Stéfano und vier Treffer von Ferenc Puskás sichern Real den fünften Landesmeister-Cup in Folge, sechs davon herausgeschossen zwischen der 27. und 71. Minute. Aber es ist weniger die Höhe des Sieges, die an diesem Tag die Zuschauer fassungslos zurücklässt, sondern die Gewissheit, einen kurzen Blick in die fußballerische Moderne geworfen zu haben.

Als am Donnerstag nach dem Finale die Sondermaschine aus Glasgow auf dem Frankfurter Rhein-Main-Flughafen landet, werden die Eintracht-Spieler von einer begeisterten Menschenmenge empfangen, mehrere Hunderttausend Anhänger säumen den Weg bis zum Römerberg – um eine Mannschaft zu feiern, die zwar das Finale verloren hat, ohne die aber eines der größten Spiele der Fußballgeschichte nicht möglich gewesen wäre.

# DAS SPIEL

25.11.1953, Freundschaftsspiel

## England – Ungarn

**3:6**
**(2:4)**

|  |  |  |
|---|---|---|
|  | 0:1 | Hidegkuti (1.) |
| Sewell (14.) | 1:1 |  |
|  | 1:2 | Hidegkuti (22.) |
|  | 1:3 | Puskás (24.) |
|  | 1:4 | Puskás (29.) |
| Mortensen (38.) | 2:4 |  |
|  | 2:5 | Bozsik (50.) |
|  | 2:6 | Hidegkuti (53.) |
| Ramsey (57., FE) | 3:6 |  |

### Stadion
Wembley-Stadion, London

### Zuschauer
105 000

### England
Merrick, Ramsey, Johnston, Eckersley, Wright, Dickinson, Matthews, E. Taylor, Mortensen, Sewell, Robb

### Ungarn
Grosics, Buzánszky, Lóránt, Lantos, Bozsik, Zakariás, Budai, Kocsis, Hidegkuti, Puskás, Czibor

**25.11.1953**  **PLATZ 12**

## England – Ungarn 3:6

# ES GEHT NUR UM DIE WELTHERRSCHAFT

Schock in Wembley: England wird von Ungarn vorgeführt, auch wenn Stan Mortensen hier für den Gastgeber trifft.

## PLATZ 12

**E**s ist nur ein Freundschaftsspiel, und doch geht es um nichts Geringeres als die Weltherrschaft. Als die ungarische »Aranycsapat«, die Wunderelf um Ferenc Puskás, Ende November 1953 in London eintrifft, gilt das anstehende Match gegen den Gastgeber England als eine Art inoffizielles WM-Endspiel, 222 Tage vor dem wirklichen Finale im schweizerischen Bern. Hier das Mutterland des Fußballs, daheim in Wembley noch nie geschlagen. Dort die famose ungarische Auswahl auf dem Gipfel ihrer Schaffenskraft. Das Ausbildungssystem, das der Coach der Magyaren Gusztáv Sebes mit staatlicher Unterstützung 1950 ins Leben gerufen hatte, hat eine Elf geformt, die zumindest in Europa keine Konkurrenz zu fürchten braucht. Klangvolle Namen wie József Bozsik, Sándor Kocsis, Nándor Hidegkuti und vor allem Ferenc Puskás, den sie den »Major« nennen – ihnen allen eilt ein Ruf wie Donnerhall voraus. Seit drei Jahren sind sie unbesiegt, 1952 wurden sie in Helsinki Olympiasieger. Nun zahlt sich aus, dass man in Ungarn die alten Zöpfe des hehren Amateursports früher als anderswo abgeschnitten und den Ligabetrieb professionalisiert hat.

Mindestens ebenso wichtig für den Erfolg der Magyaren ist aber Trainer Sebes. Er hat das starre WM-System, das nur schwerfällig auf Rochaden und Positionswechsel beim Gegner reagieren kann, modernisiert. Vor allem die Position des Mittelstürmers ist über die Jahre revolutioniert worden. Nándor Hidegkuti lungert nicht, wie es die taktische Orthodoxie vorsieht, wie ein klassischer Stoßstürmer am Strafraum herum, sondern lässt sich immer wieder zurück ins Mittelfeld fallen.

Wie wenig die englische Abwehr, die zur Positionstreue erzogen wurde, darauf vorbereitet ist, sehen die 105 000 Zuschauer im ausverkauften Wembley-Stadion erstmals schon nach 45 Sekunden, da hat Hidegkuti nämlich bereits zum ersten Mal getroffen, mit einem Flachschuss aus zwanzig Metern Entfernung. Dem Mittelstürmer gelingen an diesem Tag allein drei Treffer. Als Ferenc Puskás Billy Wright in der 24. Minute in Manier eines Brasilianers per elegantem Hackentrick aussteigen lässt und mit links verwandelt, steht es schon 1:3. Alf Ramsey sorgt per Elfmeter in der 57. Minute für den aus der Perspektive der Engländer schmeichelhaften Endstand. »Da spielten Rennpferde gegen Zugpferde«, erinnert sich Englands Alt-Internationaler Tom Finney später. Die Londoner »Times« titelt einen Tag danach: »Nun heißt es für England zurück auf die Schulbank – mit Ungarn, dem neuen Fußballlehrer.«

---

**Billy Wright** »Wir haben völlig unterschätzt, welche Fortschritte die Ungarn gemacht haben – und das waren keinesfalls nur taktische Fortschritte.«

---

Auch aus der heiß ersehnten Revanche der Briten am 23. Mai 1954 im Budapester Népstadion wird nichts. Im Gegenteil, Ungarn deklassiert das Team von Walter Winterbottom mit 7:1. Zum Bonmot gerinnt dabei die Klage des Verteidigers Broadis, er habe »Sonnenbrand auf der Zunge«, so sehr war der tapfere Defensivmann den ungarischen Stürmern hinterhergerannt. Das heimliche Endspiel gewinnen die Ungarn also und zerstören en passant den Mythos vom vermeintlich unschlagbaren England. Der ganz große Triumph hingegen bleibt ihnen verwehrt, weil unter den 105 000 Zuschauern im Wembley-Stadion auch der deutsche Bundestrainer Sepp Herberger sitzt, der sich zwar von den Ungarn beeindrucken lässt, zugleich aber auch die Schwächen der »goldenen Mannschaft« notiert und sie am 4. Juli 1954 im Wankdorfstadion zu Bern ausnutzen wird.

# Das Spiel

8. Juli 2014, Weltmeisterschaft, Halbfinale

## Brasilien – Deutschland

 **1:7** (0:5)

|  |  |  |
|---|---|---|
|  | 0:1 | Müller (11.) |
|  | 0:2 | Klose (23.) |
|  | 0:3 | Kroos (25.) |
|  | 0:4 | Kroos (26.) |
|  | 0:5 | Khedira (29.) |
|  | 0:6 | Schürrle (69.) |
|  | 0:7 | Schürrle (79.) |
| Oscar (90.) | 1:7 |  |

### Stadion
Estadio Mineirão, Belo Horizonte

### Zuschauer
58 170

### Brasilien
Julio Cesar, Maicon, David Luiz, Dante, Marcelo, Luiz Gustavo, Fernandinho (Paulinho, 46.), Hulk (Ramires, 46.), Oscar, Bernard, Fred (Willian, 69.)

### Deutschland
Neuer, Lahm, Hummels (Mertesacker, 46.), Boateng, Höwedes, Schweinsteiger, Khedira (Draxler, 76.), Müller, Kroos, Özil, Klose (Schürrle, 58.)

08.07.2014  PLATZ 13

## Brasilien – Deutschland 1:7
# DANTES TRAGÖDIE

Ein nationales Drama: Bastian Schweinsteiger und Thomas Müller spenden ihrem Münchner Kollegen Dante Trost nach dem Fiasko.

**74    Platz 13**

Es war einer der Tage, an denen jeder noch in Jahrzehnten weiß, wo er sich aufhielt, als es passierte. Die Antwort des brasilianischen Verteidigers Dante lautet: »Ich war in der Hölle.« Eine schicksalhafte Fügung hatte dem Spieler des FC Bayern München zum WM-Debüt verholfen. Bis dato hat der Wuschelkopf wacker auf der Auswechselbank ausgeharrt. An Kapitän Thiago Silva kommt der Mann aus Salvador de Bahia mit Wohnsitz in Grünwald nicht vorbei.

Doch im Viertelfinale gegen Kolumbien haben sich die Spieler des WM-Gastgebers, entgegen sonstiger Gepflogenheiten als Fußballästheten, eine offene Feldschlacht geliefert. Tragisches Opfer der Auseinandersetzungen ist Superstar Neymar, der sich einen Lendenwirbel bricht und für den Rest des Turniers ausfällt. In den Wirren des Konflikts lässt sich auch Thiago Silva zu einer Rempelei hinreißen – und fehlt gegen Deutschland wegen einer Gelbsperre.

---

**Felipe Scolari** »Der schrecklichste Moment in meiner Karriere, der schlimmste Tag in meinem Fussballleben.«

---

Es schlägt also die Stunde von Dante Bonfim Costa Santos. Wie sehr hat sich der 30-Jährige auf diesen Moment gefreut. Ausgerechnet im Spiel gegen sechs seiner Münchner Kollegen darf er sein Können unter Beweis stellen. Es kann eine dieser wunderbaren Geschichten werden, die der Fußball mitunter schreibt. Doch es wird ein Albtraum.

Nach 29 Minuten führt Deutschland bereits mit 5:0. Viele Experten haben Brasilien vorab als sicheren Weltmeister getippt. Die Begeisterung im Land und die hohe Qualität der Mannschaft lassen wenig Zweifel zu, dass ein europäisches Team der Seleção Konkurrenz machen könnte. Doch der Gastgeber zeigt seit Beginn des Turniers, dass ihm die hohen Erwartungen im fußballbesessenen Land zu schaffen machen.

Das Fehlen der Leistungsträger raubt der Elf von Felipe Scolari nun aber jegliche Ordnung. Auch die deutsche Elf hat sich nicht in jedem

## Brasilien – Deutschland

Match mit Ruhm bekleckert. Doch nach fordernden Spielen in der K.-o.-Runde gegen Algerien und Frankreich präsentiert sich die Mannschaft gereift und erstmals in Topform.

Gegen den deutschen Siegeswillen hat die ersatzgeschwächte Seleção keine Chance. Neymar-Ersatz Oscar entwickelt keine zündende Idee, Dante fehlt die Aura von Thiago Silva, um in der Kürze die Abwehr zu organisieren. Die Folge: ein Schützenfest. Die fröhliche Hymne der Fans – »Eu, sou Brasileiro, com muito orgulho, cum muito amor« (»Ich bin Brasilianer, mit großem Stolz, mit viel Liebe«) – verstummt nach wenigen Minuten. Tausende weinen bitterlich. Einige rufen bei ihren Familien an, um die Angehörigen nach Hause zu schicken. Niemand kann sagen, wie sich der Frust über diese Katastrophe in der Bevölkerung auswirken wird. Bald skandieren die ersten Fans »Hey, Dilma, vai tomar no culo« (»Hey, Dilma, steck's dir in den Arsch«), den Schmähruf der Protestbewegung in Richtung der Präsidentin Dilma Rousseff.

Doch die deutschen Spieler sind derart auf ihren Plan programmiert, dass die Elf kein Pardon kennt. Es dauert bis zur Schlussminute, ehe Jerome Boateng großzügig vergisst, dem Laufweg seines Gegners Oscar zu folgen und ihm den Ehrentreffer gönnt. Als Referee Marco Rodríguez abpfeift, müssen Teile der WM-Geschichte umgeschrieben werden. 1:7 – die höchste Niederlage einer Seleção in der Historie. Noch nie hat ein Team in einem WM-Halbfinale höher gewonnen/verloren. Und: Miroslav Klose ist durch seinen Treffer zum 0:2 zum alleinigen WM-Rekordtorschützen aufgestiegen. Er überholt ausgerechnet Brasiliens Denkmal Ronaldo, das oben auf der Tribüne für einen TV-Sender kommentiert.

Als Dante nach dem Schlusspfiff von allen Münchner Kollegen die Kondolenzen empfangen hat, stehen seine Mitspieler am Anstoßkreis und sprechen sich Mut zu. Er schafft es nicht mehr rechtzeitig, in den Kreis aufgenommen zu werden. Er hat sich so sehr gewünscht, Teil dieses Teams zu sein. Nun geht er allein in die Kabine. Dantes Tragödie kennt kein Happy End.

# DAS SPIEL

19.06.2004, Europameisterschaft, Vorrunde, Gruppe D

## Niederlande – Tschechien

 **2:3** (2:1)

| Bouma (4.) | 1:0 | |
| Nistelrooy (19.) | 2:0 | |
| | 2:1 | Koller (21.) |
| | 2:2 | Baroš (71.) |
| | 2:3 | Šmicer (88.) |

### Stadion
Estádio Aveiro Municipal, Aveiro

### Zuschauer
29 935

### Niederlande
van der Sar, Bouma, Heitinga, Stam, van Brockhorst, van der Meyde (Reiziger, 77.), Seedorf (van der Vaart, 85.), Davids, Cocu, Robben (Bosvelt, 58.), van Nistelrooy

### Tschechien
Čech, Jankulovski, Ujfaluši, Jiránek, Grygera (Šmicer, 25.), Poborský, Galásek (Heinz, 62.), Rosiský, Nedvéd, Koller (Rozehnal, 75.), Baroš

19.06.2004   PLATZ 14

## Niederlande – Tschechien 2:3

# ANGRIFF GEGEN ANGRIFF

Oranje trauert: Tschechiens Šmicer versetzt mit seinem 3:2 den Holländern den Todesstoß.

**78    PLATZ 14**

Dick Advocaat wird manche Entscheidung seines Trainerlebens bitter bereut haben, zum Beispiel, dass er einmal Trainer bei Borussia Mönchengladbach wurde. Noch viel mehr jedoch muss ihn bis heute eine rätselhafte Auswechslung wurmen, die er am 19. Juni 2004 im EM-Vorrundenspiel gegen Tschechien vorgenommen hat. In der 58. Minute der Partie tauscht der Bondscoach beim Stand von 2:1 für die Niederlande seinen Stürmer Arjen Robben gegen Paul Bosvelt aus und beendet damit unfreiwillig die holländische Hegemonie in einem Spiel zweier Ausnahmemannschaften.

Aber der Reihe nach. Das Spiel, als Vorrundenpartie zuvor nicht unbedingt als Klassiker zu erkennen, entwickelt sich schnell und vor allem dank des niederländischen Teams zu einem rasanten Schlagabtausch auf höchstem Niveau. Angriff auf Angriff rollt auf das tschechische Tor, mit infernalischer Wucht stoßen Robben und sein Kollege van Nistelrooy in die löchrige Abwehr. Der Druck ist so immens, dass die Tore beinahe zwangsläufig fallen. Zunächst hechtet Abwehrmann Bouma in eine Flanke und trifft per Kopf, dann wird Robben mit einem vertikalen Pass durch die Viererkette bedient, seine präzise Flanke verwertet van Nistelrooy zur beruhigenden 2:0-Führung. Dass der schlaksige Jan Koller schon in der 21. Minute nach einem beeindruckenden Solo von Milan Baroš zum Anschluss trifft, muss Oranje zunächst nicht betrüben. Denn das klassische holländische 4-3-3, gepaart mit schier irrwitziger Spiellaune, hält Tschechien, vor allem aber Spielmacher Pavel Nedvěd in Schach. Und ist doch einmal Koller durch, wie mehrfach in der ersten Hälfte, steht im Tor immer noch der kühle Edwin van der Sar, 2004 unbestritten weltbester Keeper.

Auf der anderen Seite hätte Edgar Davids Distanzschuss längst das 3:1 bedeuten können, doch sein wuchtiger Ball knallt nur gegen den Pfosten. Robbens Herausnahme zugunsten des rechtschaffenen Defensivmannes Bosvelt markiert dann aber die Zäsur dieses Spiels. Ohne seinen Konterpart auf dem linken Flügel hängt van Nistelrooy in der Luft, das

## Niederlande – Tschechien

traditionelle 4-3-3 verliert seine innere Balance und bekommt Schlagseite, die Partie kippt. Zumal die Tschechen, einmal mutig geworden, ihre Chance entschlossen nutzen und angeführt durch Nedvěd die zunehmend verunsicherten Holländer in ihrer Hälfte jetzt gnadenlos einschnüren. Das Team von Karel Brückner bekämpft die Offensive noch radikaler mit Offensive. Bis zu sechs Angreifer berennen nun der van der Sars Tor.

---

**Milan Baroš** »Wir haben nicht aufgehört, an unsere Chance zu glauben. Das hat uns gerettet.«

---

In der 71. Minute serviert Jan Koller, eigentlich technischer Fertigkeiten nicht verdächtig, seinem Kollegen Milan Baroš den Ball mit der Brust, der jagt ihn ins linke Kreuzeck, van der Sar kommt zwar mit den Fingerspitzen an den Ball, das Tempo des Schusses reißt ihm jedoch die Hände zurück. Der Ausgleich entscheidet bereits das Spiel, denn anstatt auf Nummer sicher zu gehen, drücken die Tschechen weiter aufs Tempo. Den Holländern schwinden nun die Kräfte, fünf Minuten nach dem Ausgleich kann Heitinga nach wiederholtem Foulspiel unter die Dusche, die Ordnung im niederländischen Spiel ist nun endgültig dahin.

Zwei Minuten vor Schluss fällt dann, nahezu zwangsläufig, die Entscheidung. Heinz schießt aus der Halbdistanz, van der Sar streckt sich, kann den Ball aber nur seitwärts abklatschen. Poborský sprintet entschlossen heran, in der Mitte schiebt Vladimir Šmicer routiniert ein.

Zwar wirft Oranje anschließend noch einmal alles nach vorn, doch die Fernsehkameras schwenken bereits vor dem Abpfiff über die Tribünen und zeigen in den holländischen Blöcken lustig kostümierte Anhänger mit versteinerten Gesichtern. Sie ahnen schon, was Schiedsrichter Mejuto Gonzalez wenige Sekunden später mit einem durchdringenden Pfiff besiegelt. Die Elftal hat verloren. Geschlagen mit den eigenen Waffen.

# DAS SPIEL

01.05.1984, DFB-Pokal, Halbfinale

## VfL Borussia Mönchengladbach – SV Werder Bremen

**5:4**
(n. V.)
(2:1, 4:4)

| | | |
|---|---|---|
| Matthäus (40.) | 1:0 | |
| | 1:1 | Meier (42.) |
| Ringels (44.) | 2:1 | |
| Rahn (76.) | 3:1 | |
| | 3:2 | Möhlmann (77.) |
| | 3:3 | Sidka (80.) |
| | 3:4 | Reinders (82.) |
| Criens (90.) | 4:4 | |
| Criens (107.) | 5:4 | |

**Stadion**
Bökelberg, Mönchengladbach

**Zuschauer**
34 500

**VfL Borussia Mönchengladbach**
Sude, Ringels, Bruns, Hannes, Frontzeck, Herlovsen, Matthäus, Rahn, Schäfer (Borowka, 82.), Mill, Lienen (Criens, 82.)

**SV Werder Bremen**
Burdenski, Schaaf, Fichtel, Siegmann, Otten, Gruber (Kamp, 17.; Ordenewitz, 77.), Sidka, Möhlmann, Meier, Reinders, Neubarth

01.05.1984  PLATZ 15

# VfL Borussia Mönchengladbach – SV Werder Bremen 5:4 (n. V.)

## DIE SCHLACHT VOM BÖKELBERG

Viel Rauch um viel: Das Pokalhalbfinale zwischen Gladbach und Bremen wird zum packenden Schlagabtausch.

**82    PLATZ 15**

Der blutgetränkte Turban von Dieter Hoeneß im Pokalfinale gegen Nürnberg, der hängende Kopf Uwe Seelers nach dem Finale von Wembley 1966, Oliver Kahn mit der Eckfahne in den Fäusten 2001 – bisweilen verdichten sich neunzig Minuten eines Fußballspiels in wenigen Sekunden.

Das Halbfinale zwischen Borussia Mönchengladbach und Werder Bremen ist ein Spiel voller Dramatik und Leidenschaft, das über neunzig Minuten unbeirrt seinem Höhepunkt entgegensteuert, der 107. Minute. Da holt sich Hans-Jörg Criens, der Joker der Gladbacher, den Ball artistisch mit der Fußspitze aus der Luft, bändigt ihn mit Kopf und Brust, schlängelt sich durch die Bremer Reihen und hämmert die Kugel an Keeper Dieter Burdenski vorbei ins Netz – es ist das 5:4 für Mönchengladbach und die Entscheidung. Der ausverkaufte Bökelberg explodiert, und die Zuschauer an den Fernsehgeräten sehen den Torschützen Criens mit seinem schwarzen Haarschopf, wie er vor dem Gladbacher Fanblock seine unbändige Freude herausschreit. Es ist die entscheidende Szene eines hochdramatischen Spiels, dessen Höhepunkte auch in der Retrospektive kaum aufzuzählen sind. Uwe Kamps gerät noch heute ins Schwärmen, obwohl er am Maitag 1984 nur den Ersatz für Stammkeeper Uli Sude gibt: »Es war alles dabei, was den Fußball dramatisch macht: Rauchbomben auf den Rängen, kurz vor Schluss ein Tor, das uns aberkannt wurde. Und trotz alledem schafft Hans-Jörg Criens Sekunden vor dem Schlusspfiff noch den Ausgleich für uns. Es war solch eine Dramatik in dem Spiel, der absolute Wahnsinn.«

Dass es eine ungewöhnliche Partie werden wird, haben die Anhänger schon zum Ende der ersten Halbzeit ahnen können. Da hat beide Teams, die sich zuvor weitgehend belauert und neutralisiert haben, kurz der Wahnsinn gepackt, binnen vier Minuten steht es statt 0:0 plötzlich 2:1, Lothar Matthäus und Norbert Ringels auf der Gladbacher und Norbert Meier auf der Bremer Seite haben getroffen. Das gleiche Schauspiel wird den Zuschauern ab der 76. Minute geboten. Erst trifft Uwe Rahn zum

Gladbacher 3:1 und zur vermeintlichen Entscheidung, dann drehen Benno Möhlmann, Wolfgang Sidka und Uwe Reinders die Partie kaltschnäuzig binnen fünf Minuten zugunsten Werders, um kurz vor dem Abpfiff mit ansehen zu müssen, wie Gladbachs Edeljoker Hans-Jörg Criens doch noch mit entschlossenem Antritt den Ausgleich erzielt. 4:4 steht es zwischen zwei Mannschaften, die nun endgültig alle Vorsicht, alle Zurückhaltung abgelegt haben. Und dann, nachdem die Mannschaften in der ersten Hälfte der Verlängerung kräftig durchgeschnauft haben, hat Criens in der 107. Minute seinen zweiten großen Auftritt an diesem Abend.

**Hans-Jörg Criens** »Dieses Spiel war der Wahnsinn.«

Dass die Borussia auch nach dem letzten Pfiff von Schiedsrichter Hontheim noch um den Sieg und den Einzug ins Pokalfinale zittern muss, liegt an einer Tränengasbombe, die ein Anhänger in der 64. Minute auf das Spielfeld geworfen hat. Sidka, Rahn und Sude können plötzlich nichts mehr sehen, das Spiel ruht für Minuten, und lange ist nicht klar, ob wieder angepfiffen werden wird. Dass Werder-Manager Willi Lemke den zunächst schnell eingelegten Protest alsbald wieder zurückzieht, zeugt von Größe und Einsicht.

# DAS SPIEL

20.10.1973, Bundesliga, 12. Spieltag

## 1. FC Kaiserslautern – FC Bayern München

 **7:4**
**(1:3)**

|  |  |  |
|---|---|---|
|  | 0:1 | Gersdorff (3.) |
|  | 0:2 | Gersdorff (12.) |
|  | 0:3 | Müller (36.) |
| Pirrung (43.) | 1:3 |  |
|  | 1:4 | Müller (57.) |
| Toppmöller (58.) | 2:4 |  |
| Pirrung (61.) | 3:4 |  |
| Pirrung (73.) | 4:4 |  |
| Diehl (84.) | 5:4 |  |
| Laumen (87.) | 6:4 |  |
| Laumen (89.) | 7:4 |  |

### Stadion
Betzenberg, Kaiserslautern

### Zuschauer
34 000

### 1. FC Kaiserslautern
Elting, Huber, Diehl, Schwager, Fuchs, Sandberg, Toppmöller, Ackermann, Laumen, Pirrung, Bitz

### FC Bayern München
Maier, Hansen, Schwarzenbeck, Beckenbauer, Dürnberger, Hoffmann, Zobel, Müller, Roth, U. Hoeneß, Gersdorff

**20.10.1973** **PLATZ 16**

## 1. FC Kaiserslautern – FC Bayern München 7:4

# AUF DER SUCHE NACH DER MITTELLINIE

Freistoß für Lautern: Die Pfälzer führen den Meister am Nasenring
über den Betzenberg und gewinnen 7:4.

## PLATZ 16

Hoch oben über der Stadt Kaiserslautern steht der Betzenberg, die Trutzburg des 1. FC Kaiserslautern. Dass ihm bis heute der Ruf einer schwer einzunehmenden Festung anhängt, dazu haben viele legendäre Spiele beigetragen. Die Demontage Real Madrids mit 5:0 im Jahr 1982, aber auch jenes traumwandlerische 3:1 gegen den FC Barcelona, das nur deshalb nicht zum Weiterkommen im Europapokal verhalf, weil Bakero in letzter Minute für die Katalanen traf. Das größte Spiel jedoch war auf dem Papier eine ganz normale Bundesligapartie am zwölften Spieltag der Saison 1973/74.

Als Schiedsrichter Horst Bonacker vor 34 000 Zuschauern anpfeift, scheint der Gast relativ schnell für klare Verhältnisse zu sorgen, was niemanden wundert, schließlich ist mit dem FC Bayern München der Meister der letzten beiden Jahre angereist, voller Selbstbewusstsein auf dem Weg zum dritten Titel in Folge.

**Klaus Toppmöller** »Und dann ging's ab, Schlag auf Schlag, jeder Schuss ein Tor.«

Es ist der inoffizielle Saisonhöhepunkt des FCK, und doch scheint die Mannschaft alles vergessen zu haben, was ihr Coach Erich Ribbeck mit auf den Weg gegeben hat. Ehrfurchtsvoll stehen die Spieler Spalier, als der aus Braunschweig gekommene Bernd Gersdorff und Gerd Müller binnen 36 Minuten einen 3:0-Vorsprung für die Bayern herausschießen. Dass Stürmer Josef Pirrung, ein begnadeter Dribbler, den sie in der Pfalz »Seppl« rufen, kurz vor der Pause nach einer Unkonzentriertheit Maiers auf 1:3 verkürzt, gilt da nur als schnöde Ergebniskosmetik.

In der Pause lichten sich deshalb die Reihen und in der Kabine der Heimmannschaft wird gar diskutiert, sich in der zweiten Hälfte in der Defensive zu verschanzen, um die Blamage nicht noch größer werden zu lassen. Und das wird sie zunächst, weil Gerd Müller in der 57. Minute zum 1:4 trifft. Doch geradezu im Gegenzug beginnt das, was Anhängern des FCK noch Jahrzehnte später eine Gänsehaut auf den Rücken treibt. Dem jungen Stürmer Klaus Toppmöller gelingt per Kopf der Anschluss zum 2:4. Die bayerische Kombinationsmaschine gerät ins Stocken, auf dem holprigen, von Sandflecken übersäten Rasen spielt nun nur noch der Gastgeber: Pirrung nach einem missglückten Torabschlag zum 3:4 und siebzehn Minuten vor dem Ende mit einem Freistoß von der Strafraumgrenze zum Ausgleich – der Betzenberg tobt. Aber es ist ja noch nicht zu Ende. Toppmöller trifft per Kopf und wird von begeisterten Zuschauern gar nicht mehr losgelassen, die erst überhaupt nicht begreifen wollen, dass Referee Bonacker das Tor wegen Abseits nicht anerkannt hat. Doch Angriff um Angriff rollt nun auf das Münchner Tor zu, auf den Rängen brüllt das Volk: »Hi-ha-ho, Bayern ist k. o.« Was zunächst nur Optimismus der Zuschauer ist, wird sechs Minuten vor Schluss Realität auf dem Rasen. Kapitän Ernst Diehl, das alte Schlachtross, macht das 5:4, in der 84. Minute liegt der FCK erstmals in Führung und hat noch nicht genug. In den letzten Minuten trifft Herbert Laumen noch zweimal zum Endstand von 7:4. Selten ist dem Kaiser und seinen Fußtruppen derart eingeschenkt worden wie an diesem Nachmittag. »Wäre es zehn Minuten länger gegangen, hätten wir den Bayern zehn Stück reingemacht. Beckenbauer wusste gar nicht mehr, wo die Mittellinie ist«, sagt Seppl Pirrung hinterher süffisant. Bayerns Präsident Willi Neudecker hingegen ist stinksauer und nutzt die Pleite zum großen Rundumschlag: »Wer glaubt, nicht mehr volle Leistung bringen zu können, soll die Hand heben. Der bekommt die Freigabe.«

Nach dem Spiel macht FCB-Manager Robert Schwan dem Matchwinner Pirrung ein spontanes Angebot. Der aber erweist sich als weniger spontan, lehnt aus Rücksicht auf seine Frau ab – und verbringt den Rest seiner Karriere in der Pfalz.

Für die Bayern jedoch hat das Spiel kathartische Wirkung: Am Saisonende holen sie nämlich erneut die Meisterschaft und auch erstmals den Landesmeister-Cup.

# DAS SPIEL

08.07.1982, Weltmeisterschaft, Halbfinale

## Deutschland – Frankreich

 **8:7**
(n. V., n. E.) (1:1, 1:1, 3:3)

| | | |
|---|---|---|
| Littbarski (17.) | 1:0 | |
| | 1:1 | Platini (26., FE) |
| | 1:2 | Trésor (92.) |
| | 1:3 | Giresse (98.) |
| K.-H. Rummenigge (103.) | 2:3 | |
| Fischer (108.) | 3:3 | |
| | 3:4 | Giresse (ES) |
| Kaltz (ES) | 4:4 | |
| | 4:5 | Amoros (ES) |
| Breitner (ES) | 5:5 | |
| | 5:6 | Rocheteau (ES) |
| Stielike (ES) | -:- | |
| | -:- | Six (ES) |
| Littbarski (ES) | 6:6 | |
| | 6:7 | Platini (ES) |
| K.-H. Rummenigge (ES) | 7:7 | |
| | -:- | Bossis (ES) |
| Hrubesch (ES) | 8:7 | |

**Stadion**   Estadio Ramón Sánchez Pizjuán, Sevilla

**Zuschauer**   63 000

**Deutschland**   Schumacher, Kaltz, Stielike, K. Förster, B. Förster, Dremmler, Breitner, Magath (Hrubesch, 73.), Briegel (K.-H. Rummenigge, 96.), Fischer, Littbarski

**Frankreich**   Ettori, Amoros, Trésor, Janvion, Bossis, Tigana, Genghini (Battiston, 50.; Lopez, 60.), Giresse, Platini, Rocheteau, Six

08.07.1982     **PLATZ 17**

## Deutschland – Frankreich 8:7
## (n. V., n. E.)

# DAS GESICHT ZUM HIMMEL

Waagerecht in der Luft: Klaus Fischer erzielt per Fallrückzieher den Ausgleich zum 3:3.

**90    PLATZ 17**

Eine Sekunde zwischen Himmel und Erde. Alles ist möglich, in diesem Moment Held zu werden oder seine Mannschaft um die womöglich letzte Chance zu bringen. Alle blicken gebannt auf den Ball, der sich aus dem gleißenden Flutlicht heruntersenkt, gefährlich nahe am französischen Tor. Nur weg mit dem Ball, denken die Abwehrspieler Trésor und Rocheteau. Schließlich führen sie mit 3:2 in der Verlängerung und haben bislang großartig gespielt in diesem Halbfinale der Weltmeisterschaft 1982. Sie haben sich nicht irremachen lassen vom frühen Führungstor der Deutschen durch Pierre Littbarski, sondern schnell zurückgeschlagen. Sie haben ertragen, dass einer der ihren, Battiston, bewusstlos vom Feld getragen werden musste, weil ihn der deutsche Keeper Harald Schumacher brutal über den Haufen gerannt hat. Und sie haben die entscheidenden Tore gemacht. Gleich zwei zu Beginn der Verlängerung. Das muss doch reichen, denken sie, gegen eine Mannschaft, deren Beine schwer sind von hundert Minuten Kampf und deren Köpfe schmerzen von den Nackenschlägen der beiden Tore. Zumal Klaus Fischer später bekannte: »Die Franzosen waren an diesem Abend eigentlich nicht zu schlagen, sie waren ballsicher und kombinationsstark. Eine tolle Mannschaft!«

---

**Harald Schumacher** »Dann zahl ich ihm halt die Jacketkronen.«

---

Doch dann verschieben sich die Gewichte unmerklich. Denn während 63 000 Zuschauer in Sevilla bereits den vermeintlichen Finalisten feiern, ist Karl-Heinz Rummenigge, der angeschlagene Kapitän, für den erschöpften Briegel ins Spiel gekommen. »Als Rummenigge kam, war das für uns das Signal: Da ist noch was drin!« Nun kommen plötzlich die langen Pässe aus der Abwehr an, endlich reißt Littbarski auf dem Flügel die nötigen Löcher in die Abwehr der Franzosen, besinnt sich Breitner seiner offensiven Aufgaben. Am Strafraum lauert Klaus Fischer. Und dann – welch eine glückliche Fügung – gelingt dem eingewechselten

Rummenigge in der 103. Minute der Anschlusstreffer. Beim Lauf zurück in die eigene Hälfte ballt er wild entschlossen die Fäuste. »Nun bekamen wir die zweite Luft«, sagt Fischer heute. »Plötzlich hat alles geklappt.« Littbarski setzt sich am linken Flügel durch, schlägt einen für ihn so typischen Haken, flankt hinein in den Strafraum, gar nicht einmal besonders hart, aber platziert fliegt der Ball so weit, dass Torwart Ettori besser im Kasten bleibt und Bossis sich vergeblich nach dem Ball streckt. Manfred Kaltz köpft den Ball überlegt zurück an den Fünfmeterraum. Dort hebt Klaus Fischer ab. Er liegt waagerecht in der Luft, mit dem Gesicht zum Himmel, die Beine zum Scherenschlag gereckt. Er trifft den Ball mit dem Vollspann. Er ist der König der Fallrückzieher, aber nie hat er dieses artistische Kunststück so formvollendet gezeigt wie an diesem Abend in Sevilla.

Die Franzosen spielen nun ein verlorenes Spiel, auch wenn es später am Abend noch ein Elfmeterschießen gibt, um zu erfahren, wer zum Finale nach Madrid fährt. Uli Stielike scheitert zwar tatsächlich an Ettori, doch noch während er sich die spärlichen Haare rauft, hat Keeper Schumacher bereits den nächsten Elfer der Franzosen pariert. »Nach dem Ausgleich hatte ich keinen Zweifel mehr, dass wir das Spiel gewinnen«, sagt Fischer rückblickend. Er schaut sich das Spiel vom Mittelkreis aus an. Er hat sich nicht als Schütze gemeldet. Sein Job ist bereits getan.

# DAS SPIEL

**21.12.1957, Second Division (ab 1993 First Division)**

## Charlton Athletic FC – Huddersfield Town AFC

     **7:6**
            **(0:2)**

|  |  |  |
|---|---|---|
|  | 0:1 | Massie (27.) |
|  | 0:2 | Bain (35.) |
| Summers (47.) | 1:2 |  |
|  | 1:3 | Bain (49.) |
|  | 1:4 | McGarry (51., FE) |
|  | 1:5 | Ledger (62.) |
| Ryan (63.) | 2:5 |  |
| Summers (64.) | 3:5 |  |
| Summers (73.) | 4:5 |  |
| Summers (78.) | 5:5 |  |
| Summers (81.) | 6:5 |  |
|  | 6:6 | Howard (86.) |
| Ryan (89.) | 7:6 |  |

### Stadion
The Valley, Charlton/London

### Zuschauer
12 535

### Charlton Athletic FC
Duff, Edwards, Townsend, Hewie, Ufton, Kiernan, White, Lucas, Ryan, Leary, Summers

### Huddersfield Town AFC
Kennon, Conwell, Wilson, Taylor, Connor, McGarry, Ledger, Howard, Bain, Massie, Simpson

21.12.1957   **PLATZ 18**

## Charlton Athletic FC – Huddersfield Town AFC 7:6

# ACHT MINUTEN, DREI TORE

Torfestival im »The Valley«: Charlton Athletic besiegt Huddersfield Town mit 7:6.

**94    PLATZ 18**

**A**ls im Jahr 1966 Auswechslungen im Fußball eingeführt werden, ist das der Gesundheit der Spieler durchaus zuträglich. Zuvor hat Manchester Citys Keeper Bert Trautmann mal mit gebrochenem Halswirbel durchgespielt, und es ist so mancher verletzte Kicker bis zum Schlusspfiff über den Rasen gehumpelt. Doch der Fußball büßt dadurch auch ein Stück seines archaischen Charakters ein. Neun Jahre zuvor ahnt ebendieser Fußball noch nichts von derlei humanistischen Anwandlungen. Wer sich verletzt, beißt die Zähne zusammen oder wird vom Feld getragen.

---

**Ken Taylor** »In vielerlei Hinsicht ist der Fußball von früher dem heutigen unterlegen – aber bisweilen war er viel spannender.«

---

**A**m 21. Dezember 1957, kurz vor Weihnachten, ist es Kapitän Derek Ufton von Charlton Athletic, der in der 15. Minute des Ligaspiels gegen Huddersfield mit einem Schlüsselbeinbruch schmerzverzerrt den Dienst quittiert. Das Spiel von Charlton Athletic im lausig kalten »The Valley« zu London gegen das Team aus West Yorkshire scheint unter einem schlechten Stern zu stehen. Und in der Tat kickt die dezimierte Truppe einer Katastrophe entgegen. Huddersfield ist an diesem Tag die bessere Mannschaft. Vor dem Spiel ist Trainer Bill Shankly, der sich vom Juniorentrainer zum Chefcoach hochgearbeitet hat, um den Tisch in der Kabine gelaufen und hat jedem einzelnen Spieler versichert, wie gut er sei und dass Charlton keine Chance haben werde. »Er war ein großartiger Motivator. Das war seine größte Kunst«, erinnert sich Verteidiger Ken Taylor später. Und so wie von Shankly vorhergesagt, entwickelt sich auch das Spiel. Zur Halbzeit steht es 2:0 für den Gast, bis zur 62. Minute erzielt Huddersfield drei weitere Tore. 28 Minuten vor Schluss liegen die Addicks aus Charlton aussichtslos mit 1:5 hinten. Tausende verlassen enttäuscht »The Valley«, um nicht Zeuge einer Demontage zu werden.

## Charlton Athletic FC – Huddersfield Town AFC    95

Doch in der Halbzeitpause passiert etwas, das nach dem Spiel rasch Eingang in den Mythenschatz des englischen Fußballs finden wird. Charltons Linksaußen Johnny Summers wechselt die Schuhe. Die alten drückten, die neuen sitzen nun wie angegossen. Das zwischenzeitliche 1:2 durch ebendiesen Summers wirkt zunächst nur wie ein Ehrentreffer, doch ab der 64. Minute schreibt der 29-Jährige in neuem Schuhwerk Fußballgeschichte. Vier weitere Tore gelingen ihm, darunter ein lupenreiner Hattrick in nur acht Minuten. Die Tore erzielt der Linksfüßer allesamt mit rechts. Beim letzten Tor, der Führung zum 6:5, bedankt er sich für die gütige Mithilfe bei Huddersfield-Keeper Sandy Kennon. »Sandy war ein Showman«, erinnert sich sein Mannschaftskamerad Ken Taylor später. »Selbst bei einfachen Bällen bevorzugte er spektakuläre Paraden.« Das geht diesmal jedoch spektakulär schief. Plötzlich liegen die dezimierten Addicks vorn, »The Valley« kocht, und auch der Umstand, dass Howard vier Minuten vor Schluss noch einmal für den Gast ausgleichen kann, kann die Stimmung nicht mehr trüben. Im Bewusstsein, ein unvergessliches Spiel erlebt zu haben, fordern die Zuschauer den Abpfiff. »Blas endlich in deine Pfeife«, brüllt ein Zuschauer zum Referee hinunter aufs Spielfeld. Doch das Spiel wartet noch mit einer letzten Pointe auf: Eine Minute vor Schluss schlägt Charltons Verteidigung den Ball in die Spitze, auf dem morastigen Untergrund springt der Ball zu Ryan, der trifft, diesmal zum Sieg: 7:6 für den Klub aus der Londoner Vorstadt. Das Stadion rast vor Begeisterung, skandiert den Namen des fünffachen Torschützen, auch als der Schiedsrichter schon längst abgepfiffen hat.

Bill Shankly, den Trainer der Gastmannschaft, trifft die unerwartete Niederlage ins Mark. Auf der Rückreise nach Huddersfield sehen ihn seine verstörten Spieler rastlos auf dem Gang des Zuges hin und her wandern. Für ihn, den späteren Meistertrainer des FC Liverpool, ist das Spiel nur ein Kuriosum, für Summers hingegen ist es das Spiel seines Lebens. Und, wenn man so will, sind die fünf Treffer sein sportliches Vermächtnis: Er starb vier Jahre nach dem Spiel an Krebs.

# DAS SPIEL

**16.05.1979, Europapokal der Pokalsieger, Finale**

## FC Barcelona – Fortuna Düsseldorf

   **4:3**
(n. V.)
(2:2, 2:2)

| | | |
|---|---|---|
| Sánchez (5.) | 1:0 | |
| | 1:1 | Allofs (8.) |
| Asensi (34.) | 2:1 | |
| | 2:2 | Seel (41.) |
| Rexach (103.) | 3:2 | |
| Krankl (111.) | 4:2 | |
| | 4:3 | Seel (114.) |

**Stadion**
St. Jakob-Park, Basel

**Zuschauer**
58 000

**FC Barcelona**
Artola, Zuviria, Costas (Martinez, 66.), Migueli, Albaladejo (de la Cruz, 57.), Neeskens, Asensi, Sánchez, Rexach, Krankl, Carrasco

**Fortuna Düsseldorf**
Daniel, Baltes, Zewe, Zimmermann (Lund, 84.), Köhnen, Schmitz, Bommer, Brei (Weikl, 25.), T. Allofs, K. Allofs, Seel

16.05.1979    **PLATZ 19**

## FC Barcelona – Fortuna Düsseldorf 4:3 (n. V.)

# UNGLÜCK IM GLÜCK

Vergebliche Liebesmüh: Zimmermann überspringt Albaladejo und Migueli, Barça gewinnt dennoch 4:3.

## PLATZ 19

Dass die Fortuna aus Düsseldorf im Endspiel des Europapokals der Pokalsieger steht, ist einer glücklichen Fügung zu verdanken. Weil nämlich der eigentliche Pokalsieger des Jahres 1978, der 1. FC Köln, im Landesmeisterpokal angetreten ist, ist die Fortuna nachgerückt und hat obendrein auch noch viel Losglück gehabt. Denn statt der Großen der Branche schauen im Laufe des Turniers die eher unspektakulären Mannschaften aus Craiova, Aberdeen, Genf und schließlich Banik Ostrau vorbei – was jedoch die Zuschauer in Düsseldorf wenig erwärmt. Alle Heimspiele zusammen werden am Ende von nur 40 000 Zuschauern gesehen. Aber das ist vergessen, als nach dem 1:0-Sieg in Beveren der große FC Barcelona als Finalgegner feststeht mit dem spielstarken Vorstopper Migueli, dem Spielmacher Johan Neeskens und dem Österreicher Hans Krankl im Sturm.

Der Respekt vor dem katalanischen Großklub ist gewaltig. So reisen über 10 000 Fortuna-Anhänger nach Basel im Bewusstsein, nur Außenseiter zu sein. Währenddessen brütet Trainer Hans-Dieter Tippenhauer im Düsseldorfer Quartier in Bad Säckingen über Möglichkeiten, wie wohl Hans Krankl, der gefährlichste Torjäger Europas, auszuschalten sei.

Doch kaum ist das Spiel angepfiffen, zeigt sich, dass eine disziplinierte, selbstbewusste Mannschaft an diesem Abend gegen den FC Barcelona bestehen kann. Zwar gehen die Spanier schon nach fünf Minuten nach einem Flankenlauf von Rexach und einem Schuss von Sánchez in Führung, aber Düsseldorf schlägt rasch zurück. Drei Minuten später kann Barcelonas Keeper Artola nur abklatschen, Klaus Allofs sprintet heran und schiebt überlegt ein. Nicht genug der Dramatik in der Anfangsphase. Nahezu im Gegenzug senst Gerd Zewe den durchgebrochenen Linksaußen Carrasco um, den anschließenden Strafstoß schießt Neeskens allerdings so schwach, als führe Barcelona schon mit drei oder vier Toren.

Dass Barcelona in der 34. Minute tatsächlich wieder in Führung geht, ist nicht dem eigenen Spielwitz zu verdanken, sondern abermals Gerd

Zewe. Der vertändelt den Ball im Clinch mit dem schnellen Rexach. Dessen Flanke kann Keeper Jörg Daniel nicht festhalten, Asensi spritzt heran, das 2:1. Doch der ungarische Schiedsrichter Palotai hat noch nicht einmal zur Pause gepfiffen, da schlägt die Fortuna wieder zurück. Verteidiger Zimmermann wird rechts viel zu viel Platz gelassen, seine weite Flanke über gut fünfzig Meter Entfernung nimmt Wolfgang Seel zehn Meter vor dem Tor kunstfertig mit dem Außenrist, Torwart Artola sinkt behäbig wie eine Bahnschranke danieder, der Ausgleich.

---

**Johan Neeskens** »Die Fortuna-Spieler tun mir leid. Sie haben groß gekämpft und waren stellenweise besser als wir.«

---

Das dritte Tor für Barcelona fällt erst in der Verlängerung, in der 103. Minute, durch Rexach. Doch die spielentscheidende Szene hat sich kurz vor dem Abpfiff der regulären Spielzeit in der spanischen Hälfte abgespielt. Gerd Zimmermann, das Herz der Fortuna-Abwehr, ist zu Boden gegangen und muss mit Verdacht auf Bänderdehnung ausgewechselt werden. Von der Bank aus muss er machtlos zusehen, wie die Düsseldorfer Defensive ihre Ordnung verliert, wie ein spanischer Angriff nach dem anderen für Gefahr sorgt und Rexach schließlich nahezu zwangsläufig trifft. Anschließend macht Fortuna auf und läuft geradewegs ins offene Messer, ein schulbuchmäßiger Konter über Carrasco findet schließlich in Krankl einen kaltblütigen Vollstrecker. Dass Wolfgang Seel mit seinem zweiten Treffer in der 114. Minute die Fortuna noch einmal heranbringt, ist letztlich nur noch Kosmetik.

Gerd Zewe kommentiert hinterher: »Es war ein großartiges Spiel. Schade, dass wir es durch eigene Fehler verloren haben.«

Der Kommentator des spanischen Fernsehens schließlich findet die richtigen Worte. Es sei ein Sieg in einem großartigen Finale gewesen. Das sei auch dem Gegner zu verdanken, »un gran equipo«, einer großartigen Mannschaft: einer wie der Fortuna aus Düsseldorf.

# DAS SPIEL

27.06.2010, Weltmeisterschaft, Achtelfinale

## Deutschland – England

**4:1**
(2:1)

| Klose (20.) | 1:0 | |
| Podolski (32.) | 2:0 | |
| | 2:1 | Upson (37.) |
| Müller (67.) | 3:1 | |
| Müller (70.) | 4:1 | |

### Stadion
Free State Stadium, Bloemfontein

### Zuschauer
40 150

### Deutschland
Neuer, Boateng, Friedrich, Lahm, Mertesacker, Khedira, Müller (Trochowski, 72.), Özil (Kießling, 83.), Podolski, Schweinsteiger, Klose (Gomez, 72.)

### England
James, A. Cole, Johnson (Wright-Phillips, 87.), Terry, Upson, Barry, Gerrard, Lampard, Milner, (J. Cole, 64.), Defoe (Heskey, 71.), Rooney

27.06.2010    PLATZ 20

## Deutschland – England 4:1

# DER TRIUMPH DER UNTERSCHÄTZTEN

Es »müllert« wieder: Thomas Müller springt nach dem 4:1 über Englands Keeper David James.

## 102    PLATZ 20

Es ist vielleicht der europäische Klassiker schlechthin. Mehr noch als mit Italien hat sich Deutschland mit England große Fußballschlachten geliefert. Natürlich in Wembley 1966, unter mexikanischer Sonne 1970, im Halbfinale der Europameisterschaft 1996 und nun im Viertelfinale der WM 2010. Es ist nach einer durchzitterten Vorrunde die erste Bewährungsprobe für eine deutsche Mannschaft, der ohnehin nicht allzu viel zugetraut wird, weil Kapitän Michael Ballack nicht dabei ist. Der ist nur zur moralischen Unterstützung mit nach Südafrika gereist, nachdem ihn ein böser Tritt von Kevin-Prince Boateng außer Gefecht gesetzt hat. Seinem Nachfolger Sami Khedira vom VfB Stuttgart wird nur bedingt zugetraut, die entstandene Lücke im Mittelfeld zu schließen. Doch die Mannschaft zerstreut diese Befürchtungen schon in den Anfangsminuten, weil sie beherzt angreift. Und sie schießt Tore.

In der 20. Minute nimmt Klose einen weiten Abstoß von Keeper Manuel Neuer auf, setzt sich mit großer Entschlossenheit gegen Abwehrmann Matthew Upson durch und grätscht den Ball an Keeper David James vorbei ins Netz. Noch schöner ist das 2:0 anzuschauen, dem eine traumwandlerisch sichere Ballstafette auf dem rechten Flügel vorausgeht. An ihrem Ende steht Thomas Müller im Strafraum und hat den Blick für Nebenmann Lukas Podolski. Der wiederum lässt sich nur scheinbar zu weit abdrängen. Er zieht aus spitzem Winkel ab und überrascht damit den englischen Schlussmann David James.

Das 2:0 sollte der deutschen Elf Sicherheit bringen, doch nun wehrt sich England. Das Team wittert Morgenluft, und plötzlich herrscht Unordnung in der eben noch so sattelfesten Verteidigung. Manuel Neuer fliegt prompt im Strafraum am Ball vorbei, Upson nickt zum Anschlusstreffer ein. Die Engländer erhöhen den Druck. In der 38. Minute zieht Frank Lampard zentral von der Strafraumgrenze ab, Neuer fliegt vergeblich, der Ball prallt von der Unterkante der Latte – aber diesmal nicht auf die Linie wie damals 1966, sondern ins Tor. Einen halben Meter hinter der Torlinie kommt der Ball auf. Viele Millionen an den Bildschirmen sehen das, aber nicht Schiedsrichter Jorge Larrionda aus Uruguay und seine Assistenten. Trotz wütender Proteste der Engländer lässt er weiterspielen. Es ist so, als wolle Larrionda jenen alten Satz der Historiker bestätigen, dass sich Geschichte nicht wiederholt – es sei denn als Farce.

---

**Philipp Lahm** »Wir haben Musik gehört und das eine oder andere Bier getrunken. Aber wir werden nicht zu viel feiern, denn es geht ja weiter.«

---

Dass die Engländer nach dem Spiel nur kurz über das nicht gegebene Tor lamentieren, hat damit zu tun, was anschließend passiert. Denn die zweite Hälfte wird zu einer deprimierenden Erfahrung für die Three Lions. Zwar haben sie den Schwung der letzten Viertelstunde über die Pause gerettet, ein Gewaltschuss von Lampard lässt in der 52. Minute gar die Latte des deutschen Tors erzittern. Doch mit zunehmender Spielzeit dringt England nur noch selten durch die dicht gestaffelte Abwehr, während die deutsche Elf mit beeindruckender Cleverness die Konter ausspielt.

In der 67. Minute tankt sich Bastian Schweinsteiger diagonal durch die englische Abwehr, sein Zuspiel münzt Müller mit einem strammen Schuss zum 3:1 um. Als die Engländer alles auf eine Karte setzen, sprintet der blendend aufgelegte Mesut Özil in der 70. Minute auf und davon und spielt auf Höhe des Fünfmeterraums den letzten Pass. Wieder ist Müller da und vollendet locker zum 4:1. Der Rest ist englische Trauer und deutscher Jubel. Es ist zugleich jener Moment, der der fußballinteressierten Weltöffentlichkeit klarmacht, dass mit diesem Team in Zukunft zu rechnen sein wird.

Stellvertretend für viele fasst die französische Sportzeitung »L'Équipe« zusammen: »Was für eine Geschichte! Noch ein legendäres Deutschland – England! Die Engländer wurden von einem unglaublichen Schiedsrichterirrtum um den Ausgleich zum 2:2 gebracht. In der zweiten Hälfte hielten sie der Qualität des deutschen Kollektivspiels nicht stand.«

# DAS SPIEL

05.05.1973, FA Cup, Finale

## AFC Sunderland – Leeds United AFC

  **1:0**
(1:0)

Porterfield (31.)          1:0

### Stadion
Wembley-Stadion, London

### Zuschauer
100 000

### AFC Sunderland
Montgomery, Malone, Guthrie, Horswill, Watson, Pitt, Kerr, Hughes, Halom, Porterfield, Tueart

### Leeds United AFC
Harvey, Reaney, Cherry, Bremner, Madeley, Hunter, Lorimer, Clarke, Jones, Giles, Gray (Yorath, 75.)

**05.05.1973**  **PLATZ 21**

## AFC Sunderland – Leeds United AFC 1:0

# DIE WASSER-SCHLACHT VON WEMBLEY

Against all odds: Sunderlands Trainer Bob Stokoe lässt sich nach dem Sensationssieg gegen Leeds feiern.

# 106     PLATZ 21

Selten sind einem Außenseiter weniger Chancen eingeräumt worden als dem biederen Zweitligisten Sunderland im 92. Finale des FA Cups gegen Leeds United. Jenes Leeds United wohlgemerkt, das die englische Meisterschaft 1969, den FA Cup und den Messepokal gewonnen hat, das zudem in den letzten sechs Jahren in der Liga stets mindestens auf dem dritten Platz gelandet ist und elf Nationalspieler in seinem Kader versammelt, Größen wie Billy Bremner, Eddie Gray und Norman Hunter. Und das im Jahr darauf – aber davon ahnen die Protagonisten dieses merkwürdigen Spiels zu diesem Zeitpunkt noch nichts – abermals Meister werden wird.

Doch vor 100 000 Zuschauern in Wembley ist es bei strömendem Regen Sunderland, das überraschend den Ton angibt. Der Zweitligist hat auf dem Weg ins Finale Manchester City und Arsenal geschlagen und weiß nun um die Chance, dass zum ersten Mal seit 42 Jahren wieder ein unterklassiger Klub den FA Cup gewinnen kann.

---

**Ian Porterfield** »Jeder, der irgendwie an diesem Pokalsieg beteiligt war, hat einen Platz im Herzen jedes Sunderland-Fans.«

---

Auf dem regennassen Boden grätschen Sunderlands Kicker nach jedem Ball und kaufen so United, selbst als Truppe gewissenloser Raubeine verschrien, den Schneid ab. Insbesondere Ian Porterfield, Stürmer mit beeindruckendem Backenbart, stößt ein ums andere Mal durch Leeds Deckung. Am Spielfeldrand wird der legendäre Donald »Don« Revie von Minute zu Minute mürrischer. Er hat United in den vergangenen Jahren mit Akribie und neuen Methoden an die Spitze des englischen Fußballs geführt. Anders als seine Vorgänger hört er nicht auf seine Instinkte, sondern bereitet sich auf jedes Spiel ausführlich vor und verfasst Dossiers über den Gegner – natürlich auch über Sunderland.

Doch Theorie ist an diesem Tag ungleich Praxis. In der 31. Minute herrscht wieder einmal reges Getümmel im Strafraum von Leeds, der

## AFC Sunderland – Leeds United AFC 107

Ball irrlichtert vor dem Tor von David Harvey, dem schottischen Nationaltorhüter. Schließlich fasst sich Ian Porterfield ein Herz und drischt den Ball volley halbhoch in die Maschen. 20 000 Anhänger, die aus Sunderland nach London angereist sind, toben jetzt vor Begeisterung.

Es sind aber noch lange sechzig Minuten, die der Zweitligist zu überstehen hat, zumal gegen eine Mannschaft, die nun endlich im Finale angekommen ist. Immer stärker wird nun der Druck auf das Tor des Zweitligisten, dessen Abwehr sich vornehmlich darauf beschränkt, den Ball hoch und weit aus der Gefahrenzone zu befördern. Am Spielfeldrand betrachtet Don Revies Gegenspieler, Sunderlands Coach Bob Stokoe, mit Sorge, wie sein Team kaum noch aus der eigenen Hälfte herauskommt. Er hat die Mannschaft bis ins Finale geführt und ihr vor dem Anpfiff immer wieder eingetrichtert, Spaß zu haben, das Spiel zu genießen. Nun waten seine Spieler mit letzter Kraft durch das tiefe Geläuf, das bei jedem Aufprall des Balls eine Wasserfontäne hochschießen lässt.

Kurz vor Schluss jedoch scheint aller Kampf vergebens. Leeds-Stürmer Trevor Cherry hat eine Flanke von Paul Reaney erlaufen und köpft wuchtig auf das Tor. Sunderlands Keeper Jimmy Montgomery pariert zwar, doch der Ball fällt wenige Meter vor dem Tor vor die Füße Peter Lorimers. Der schießt, und Montgomery, eben noch am Boden liegend, wirft sich in die Schussbahn und pariert erneut. Eine unglaublich spektakuläre Doppelparade, die noch heute mit Gordon Banks' legendärem Flug aus dem WM-Spiel 1970 gegen Brasilien verglichen wird.

Es ist der grandiose Schlussakkord dieses Spiels. Leeds United resigniert, Coach Don Revie steht graugesichtig am Spielfeldrand, während Sunderlands Trainer Stokoe – kaum hat Schiedsrichter Ken Burns abgepfiffen – im völlig durchnässten Regenmantel auf das Spielfeld rennt und Keeper Montgomery voller Dankbarkeit herzt. Es ist eine Umarmung zweier Außenseiter, die keine Chance hatten – und sie dennoch genutzt haben.

# DAS SPIEL

**16.05.1973, DFB-Pokal, Finale**

## VfL Borussia Mönchengladbach – 1. FC Köln

**2:1**
(n. V.)
(1:1, 1:1)

| Wimmer (24.) | 1:0 | |
| | 1:1 | Neumann (40.) |
| Netzer (94.) | 2:1 | |

### Stadion
Rheinstadion, Düsseldorf

### Zuschauer
69 600

### VfL Borussia Mönchengladbach
Kleff, Vogts, Sieloff, Michallik, Wimmer, Kulik (Netzer, 91.), Danner, Bonhof, Rupp (Stielike, 117.), Jensen, Heynckes

### 1. FC Köln
Welz, Weber, Hein, Cullmann, Simmet, Overath (Konopka, 71.), Neumann, Kapellmann, Glowacz (Gebauer, 71.), Flohe, Löhr

16.05.1973  **PLATZ 22**

## VfL Borussia Mönchengladbach – 1. FC Köln 2:1 (n. V.)

# DIE GNADE DER SPÄTEN EINWECHSLUNG

»Ich spiel dann mal!«: Günter Netzer schmort auf der Bank, wechselt sich selbst ein, schießt das 2:1 und holt den Pokal.

## PLATZ 22

**D**ie Rebellion kommt lakonisch daher. »Ich spiel dann jetzt«, sagt Günter Netzer zu Hennes Weisweiler, zieht seine Jacke aus und marschiert anstelle des erschöpften Christian Kulik zur Verlängerung des Pokalfinales auf den Platz. Ein Akt der Usurpation – nie zuvor hat im deutschen Fußball ein Spieler die bestehenden Machtverhältnisse zwischen Trainern und Spielern derart angezweifelt, der aufbegehrende Geist von 1968 scheint fünf Jahre später endlich auch auf dem Fußballplatz angekommen zu sein.

Vom mythologischen Überbau befreit, hat sich Gladbachs Trainer Weisweiler selbst in diese missliche Situation gebracht. Er lässt seinen Star neunzig Minuten lang auf der Bank schmoren. Offiziell wegen Formschwäche, inoffiziell jedoch, weil der langmähnige Netzer nach der Saison zu Real Madrid nach Spanien wechseln wird. Also ignoriert Weisweiler Netzers finstere Miene und ebenso die Zuschauer, die lautstark Netzers Einwechslung fordern. So wichtig ist dem Coach die Strafaktion, dass er den Mittelfeldmotor selbst dann nicht bringt, als bei brütender Hitze im Düsseldorfer Rheinstadion die Kräfte beider Mannschaften zusehends schwinden.

---

**Günter Netzer** »Kaum bin ich im Spiel und bange noch darum, dass mir keine Aktion misslingt, da bin ich plötzlich auch schon König!«

**Z**uvor allerdings haben die Zuschauer eines der wohl ansprechendsten Pokalendspiele der jüngeren Fußballgeschichte gesehen: Weniger mit wüsten Grätschen als mit Spielwitz und Tempo befehden sich beide Mannschaften. Herbert Wimmer bringt Gladbach mit einem Flachschuss in Führung, Herbert Neumann gleicht zeitig für die Kölner aus. Auch nach diesem Ausgleich dominiert nicht, wie sonst so oft in Endspielen, die Angst vor dem nächsten Fehler, sondern die pure Spielfreude. Beinahe im Minutentakt werden die beiden Keeper Gerd Welz und Wolfgang Kleff geprüft, jeweils zweimal auf beiden Seiten knallt der Ball gegen Pfosten oder Latte. Welz hält einen Foulelfmeter von Jupp Heynckes, Kleff rettet mehrfach bravourös und sorgt schließlich dafür, dass es überhaupt zur Verlängerung und damit zu einem legendären Moment der deutschen Fußballgeschichte kommt.

Dass Netzer in seinem letzten Spiel vor dem Wechsel in den Süden noch einmal die Autorität des Trainers anzweifelt, überrascht niemanden, der Netzer in den Jahren zuvor in Gladbach erlebt hat. Sein Selbstbewusstsein ist legendär und findet seinen Ausdruck in einer Anekdote, wonach Manager Helmut Grashoff ein Vertragsangebot an Netzer mit den Worten kommentiert hat, nun könne der Herr Netzer aber eine Flasche Champagner aufmachen. Daraufhin sei Netzer mit einer Flasche billigen Schaumweins zurückgekommen und dem Kommentar: »Mehr ist das Angebot nicht wert.«

Christian Kulik erinnert sich heute: »Kurz vor Beginn der Verlängerung lag ich erschöpft auf dem Platz und wurde gerade massiert, als Günter zu mir kam und mich gefragt hat, ob ich noch kann. Da meinte ich zu ihm, dass ich völlig kaputt sei, und ich bin dann auch einfach liegen geblieben.« Danach zieht Netzer seine Jacke aus.

Die Selbsteinwechslung bliebe jedoch eine Marginalie in der Vereinschronik, würde sich die Realität nicht an einem Drehbuch für einen Hollywood-Kitschfilm versuchen. Netzer spielt Doppelpass mit Rainer Bonhof und drischt mit seiner erst zweiten Ballberührung das Leder von der Strafraumgrenze über Keeper Welz hinweg ins Netz. Gleich danach bricht er auch noch den Weltrekord im Hochsprung aus dem Stand. Denn er weiß: Erst durch das Tor ist seine Rebellion gerechtfertigt.

# DAS SPIEL

**19.07.1966, Weltmeisterschaft, Vorrunde**

## Italien – Nordkorea

 **0:1**
(0:1)

0:1            Pak Doo Ik (41.)

### Stadion
Ayresome Park, Middlesbrough

### Zuschauer
18 272

### Italien
Albertosi, Landini, Facchetti, Guarneri, Janich, Fogli, Perani, Bulgarelli, Mazzola, Rivera, Barison

### Nordkorea
Lee Chang Myong, Ha Yong Won, Shin Yung Kyoo, Lim Zoong Sun, Oh Yoon Kyung, Pak Seung Zin, Im Seung Hwi, Han Bong Zin, Pak Doo Ik, Kim Bong Hwan, Yang Seung Kook

19.07.1966  **PLATZ 23**

## Italien – Nordkorea 0:1

# DER WUNSCH DES GROSSEN FÜHRERS

Mitten ins italienische Herz: Nordkoreas Pak Doo Ik stürzt die Squadra Azzurra in tiefe Depressionen.

## PLATZ 23

Im Training haben sie das oft geübt. Den Gegner früh zu stören, im Mittelfeld die Räume eng zu machen und auf das Zusammenspiel zu setzen, nicht auf Dribblings und geniale Pässe in die Spitze.

Doch Training ist Training und kein Weltmeisterschaftsspiel, und so flattern die Nerven der nordkoreanischen Spieler gehörig, als vor dem Vorrundenmatch der WM 1966 in Middlesbrough gegen Italien eine Kapelle die nordkoreanische Hymne intoniert. Sie sind nicht nur Fußballer, sondern auch Botschafter der kommunistischen Volksrepublik, und jeder der Spieler hat die gestrengen Worte von Staats- und Parteichef Kim Il Sung im Ohr. »Der große Führer hatte uns befohlen, ein oder zwei Spiele zu gewinnen«, erinnert sich später Stürmer Pak Doo Ik. »Wir waren fest entschlossen, ihm diesen Wunsch zu erfüllen.« Dafür sind sie vor dem Turnier zwei Monate lang in einem nahezu militärisch anmutenden Lager für die große Aufgabe gedrillt worden. Das Wort von den »Fußballsoldaten« macht in Europa schnell die Runde, und die britische Regierung hat das Team nur zähneknirschend ins Land gelassen. Es ist die Hochzeit des Kalten Krieges, der waffenstarrenden politischen Systeme, der unverrückbaren politischen Gegensätze. Und deshalb ist in diesen Jahren alles politisch, auch und gerade der Volkssport Fußball. Nichts fürchtet der Gastgeber mehr als kommunistische Parolen, die weltweit in die Wohnstuben übertragen werden.

Der Equipe aus Fernost ist jedoch nichts anzumerken. Ganz im Gegenteil konterkarieren sie das Klischee vom gesichtslosen, gedrillten Fußballsoldaten. Lächelnd bezieht die Mannschaft ihr Quartier in Middlesbrough und bemüht sich bei öffentlichen Signierstunden nachhaltig um die Gunst des englischen Publikums. Eine Charme-Offensive mit durchschlagendem Erfolg, wie sich zeigt: »Ich saß auf dem Knie von Pak Doo Ik«, erinnert sich Rob Lewis, damals jugendlicher Autogrammsammler. »Sie waren sehr smart, sehr fröhliche Leute.«

Nun ist also Italien der Gegner. Kaum einer der nur 18 272 Zuschauer im Ayresome Park zweifelt daran, dass am Ende ein klarer Sieg der Südeuropäer stehen wird. Schließlich haben die Buchmacher zuvor die nordkoreanischen Chancen auf den WM-Titel auf charmante 1:1000 taxiert. Doch nun tut sich das Team von Edmondo Fabbri äußerst schwer gegen die aggressiven Koreaner. Draußen steht Trainer und Armeeoberst Myung Rye Hyun und treibt seine Jungs an. Bis zur Halbzeit sollen sie das Unentschieden halten. Dann, glaubt der Coach, ist alles möglich.

---

»The Northern Echo« »Der Untergang des Römischen Reiches ist nichts dagegen!«

---

Doch in der 41. Minute entblößt wieder einmal ein schneller Konter die italienische Abwehr, und Pak Doo Ik kommt im Strafraum frei zum Schuss. Erst als Keeper Albertosi viel zu spät hinuntertaucht und sich das Netz unter der Wucht des Rechtsschusses spannt, blicken sich elf italienische Recken verstört an. So sehr ist der Favorit verunsichert, dass auch eine flammende Ansprache in der Halbzeit die Verkrampfung nicht mehr lösen kann. Es ist ein behäbiges italienisches Aufbauspiel, das in der zweiten Hälfte dargeboten wird, den Koreanern hingegen gibt der nahende Triumph die zweite, dritte Luft. Nur wenige Chancen lässt die kompakte Abwehr noch zu, dann endlich ist das Spiel aus. In der Kabine der Koreaner ist die Hölle los. »Wir schrien und tanzten, denn wir wussten, wir haben das getan, was von uns erwartet wurde«, sagt Pak Doo Ik später.

Nach dem Spiel ziehen Tausende englischer Fans siegestrunken durch die Straßen von Middlesbrough. Sie skandieren den Namen ihrer neuen Lieblingsmannschaft: »Korea, Korea«, und schwenken die rote Fahne des Nordens. »Es war die größte Sensation der WM-Geschichte«, sagt der Pekinger Korea-Experte Nick Bonner, der 2004 den Dokumentarfilm »The Game of Their Life« über die Spieler von einst drehte. »Sie waren krasse Außenseiter und besiegten Italien. Aber vor allem: Sie kamen als Feinde und hinterher hatte sich ganz Middlesbrough in sie verliebt.«

# DAS SPIEL

29.06.1958, Weltmeisterschaft, Finale

## Schweden – Brasilien

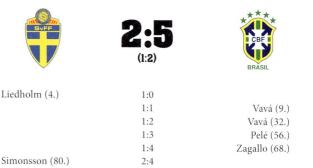

**2:5**
**(1:2)**

| Liedholm (4.) | 1:0 | |
| | 1:1 | Vavá (9.) |
| | 1:2 | Vavá (32.) |
| | 1:3 | Pelé (56.) |
| | 1:4 | Zagallo (68.) |
| Simonsson (80.) | 2:4 | |
| | 2:5 | Pelé (90.) |

### Stadion
Råsunda-Stadion, Solna

### Zuschauer
51 800

### Schweden
Svensson, Bergmark, Axbom, Liedholm, Parling, Hamrin, Gren, Simonsson, Skoglund, Gustavsson, Börjesson

### Brasilien
Gilmar, D. Santos, N. Santos, Zito, Bellini, Orlando, Garrincha, Didi, Vavá, Pelé, Zagallo

**29.06.1958**            **PLATZ 24**

## Schweden – Brasilien 2:5

# KLEINER VOGEL, GROSSER PELÉ

Fünf von fünf: Pelé, der Shootingstar dieser WM, setzt mit dem 5:2 den Schlusspunkt in diesem grandiosen Finale.

## PLATZ 24

**U**m vier Minuten nach drei glaubt ganz Schweden an den Weltmeister-titel. Nils Liedholm, der 35-jährige Routinier, hat eine Vorlage von Gun-nar Gren aus etwa vierzehn Metern Entfernung trocken verwandelt. Im Råsunda-Stadion zu Solna, einer Nachbarstadt Stockholms, jubeln 50 000 Schweden und König Carl Gustaf. Das frühe Tor wirkt auf das Publikum wie eine Vorentscheidung, obwohl noch 86 Minuten zu spie-len sind. Denn hat nicht Coach George Raynor zuvor verkündet, dass im Falle eines Rückstands die Brasilianer »in wilder Panik umherlaufen und keinen Ausweg mehr wissen«? Doch nichts von alldem passiert.

---

**Friedebert Becker** »Das war kein Traum. Wir sahen das berauschendste Fußballschauspiel aller Zeiten!«

---

**S**tattdessen beschleicht die schwedischen Spieler alsbald die Ahnung, dass der Triumphzug, der im Viertelfinale die Sowjetunion und im Halbfinale die deutsche Elf weggefegt hat, an diesem Nachmittag sein Ende finden wird. Dabei ist es ja schon eine faustdicke Überraschung, dass es der Gastgeber überhaupt bis ins Finale geschafft hat. Die Mann-schaft ist zusammengewürfelt, bis zuletzt wurde darüber gestritten, ob die schwedischen Legionäre in Italien überhaupt in die Nationalelf beru-fen werden sollen. Aber dann hat sich das Team von der Begeisterung des Publikums durch das Turnier tragen lassen. Dass manch ein Gegner sich an den Einpeitschern stört, die mit »Heja, Heja«-Rufen das Publi-kum animieren, fällt da vergleichsweise gering ins Gewicht, zumal hier und jetzt im Råsunda-Stadion auch die beste Stimmung auf den Rängen nicht weiterhilft. Denn so sehr sich die wackeren schwedischen Verteidi-ger auch mühen, den brasilianischen Angriffswirbel können sie nicht stoppen. Schon fünf Minuten später wird diese Ahnung erstmals zur Gewissheit. Dribbelkönig Garrincha, den sie »Kleiner Vogel« nennen, lässt mit blitzschnellen Haken zwei Verteidiger stehen, flankt hinein und Vavá vollstreckt schließlich vor Keeper Kalle Svensson elegant. Das

## Schweden – Brasilien

zweite Tor ist eine Kopie des ersten, wieder eine Flanke von rechts, wieder steht Vavá an der richtigen Stelle. Damit geht es in die Halbzeit.

Der brasilianische Coach Vicente Feola muss nicht viel tun, um seine Spieler für die zweite Hälfte zu präparieren. »Ihr könnt euch nur selbst schlagen«, gibt der bullige Coach ihnen mit auf den Weg zurück auf den Rasen. Aber selbst das muss die Seleção bald nicht mehr fürchten. Denn in der 56. Minute erlebt die Fußballwelt die Geburtsstunde eines Superstars, des siebzehnjährigen Pelé. Als Abwehrmann Nílton Santos, einer der ersten offensiven Außenverteidiger der Fußballgeschichte, eine Flanke in den schwedischen Strafraum schlägt, löst er sich blitzschnell von seinen Bewachern und nimmt den scharf hereingeschlagenen Ball mit dem Oberschenkel an. Anstatt zu schießen, hebt Pelé elegant den Ball über den eigenen Kopf und die Verteidiger hinweg in den freien Raum, dreht sich um die eigene Achse, ist plötzlich frei und schießt überlegt ein. Ein selten gesehenes Kunststück, für das sie in Brasilien gleichwohl einen Namen haben. Pelé hat den beiden Verteidigern »den Hut aufgesetzt«.

Aus den Händen von FIFA-Präsident Arthur Drewry erhält Brasiliens Kapitän Bellini schließlich den Coupe Jules Rimet. Es ist der frühzeitige Auftakt eines ganzen Fußballjahrzehnts, das Brasilien beherrschen wird.

# Das Spiel

25.05.2013, Champions League, Finale

## FC Bayern München – Borussia Dortmund

 **2:1**
(0:0)

| | | |
|---|---|---|
| Mandzukic (60.) | 1:0 | |
| | 1:1 | Gündogan (68.) |
| Robben (89.) | 2:1 | |

### Stadion
Wembley-Stadion, London

### Zuschauer
86 298

### FC Bayern München
Neuer, Lahm, Boateng, Dante, Alaba, Martinez, Robben, Schweinsteiger, T. Müller, Ribéry (Luiz Gustavo, 90.+1), Mandzukic (Gomez, 90.+4)

### Borussia Dortmund
Weidenfeller, Pisczek, Hummels, Schmelzer, S. Bender (Sahin, 90.+1) Gündogan, Blaszczykowski (Schieber, 90.+1), Reus, Großkreutz, Lewandowski

**25.05.2013**  **PLATZ 25**

## FC Bayern – Borussia Dortmund 2:1

# BRANCHENPRIMUS VS. WORKING-CLASS-HERO

In der Klemme: Thomas Müller brüllt Siegtorschütze Arjen Robben an, derweil Franck Ribéry ihm seine Liebe gesteht.

**Platz 25**

**M**ehr als ein Jahrzehnt ist vergangen, seit ein Bundesligaklub die Königsklasse gewinnen konnte. Doch die erfolglosen Tage neigen sich dem Ende zu. In London treffen zum ersten Mal in der Geschichte zwei deutsche Teams im Champions-League-Finale aufeinander. Das Duell ist von höchster Brisanz. Denn Spiele zwischen dem BVB und dem FC Bayern sind längst in den Rang des deutschen »Clásico« aufgestiegen.

Die Borussia geriert sich als Working-Class-Hero, der mit harter Arbeit und beinahe sektenhafter Geschlossenheit – hervorgerufen durch Trainer Jürgen Klopp, der als Kind in einen Kessel mit Adrenalin gefallen zu sein scheint – dem Branchenführer aus München Paroli bietet. Die Vorstände – allen voran BVB-Geschäftsführer Hans Joachim Watzke und Bayern-Boss Uli Hoeneß – liefern sich kontinuierlich Verbalscharmützel, die von den Medien schlagzeilenträchtig ausgeschlachtet werden.

Borussia Dortmund hatte den großen Widersacher zwei Jahre in Folge im Meisterschaftsrennen düpiert und hinter sich gelassen. Doch diese Nacht auf dem heiligen Rasen von Wembley soll den Roten Genugtuung verschaffen. Auch dafür, dass die Münchner 2012 beim »Finale Dahoam« in der Allianz Arena dem FC Chelsea im Elfmeterschießen unterlegen waren.

Die Chancen für eine Revanche standen nie besser. Denn die Spielzeit 2012/13 erlebt den besten FC Bayern aller Zeiten. Coach Jupp Heynckes hat das Starensemble zur verschworenen Einheit geformt, die beherzten Angriffsfußball zelebriert. Der FCB hat mit 25 Punkten Vorsprung auf den Zweitplatzierten aus Dortmund den Titel geholt, mit 91 Zählern einen neuen Ligarekord aufgestellt und ist seit 25 Spielen in der Bundesliga ungeschlagen.

Doch all die Superlative sind Makulatur, als der italienische Unparteiische Nicola Rizzoli das Spiel anpfeift. Klopps Mannen haben sich offenbar vorgenommen, die Münchner in der Manier einer Bisonherde in Grund und Boden zu rennen. In den ersten zwanzig Minuten können sich die Bayern bei ihrem Keeper Manuel Neuer bedanken, dass sie nicht in Rückstand geraten.

Erst nach der Pause gelingt es ihnen, die gewohnte Spielkontrolle zu gewinnen. Franck Ribéry steckt in der 60. Minute auf seinen kongenialen Partner Arjen Robben durch, der spielt nach innen auf den freistehenden Mario Mandzukic, der wiederum mühelos zum 1:0 einschiebt.

Die Dortmunder aber zeigen Moral. Dante geht im Duell mit Marco Reus etwas ungeschickt zu Werke. Der Dortmunder mit der Woody-Woodpecker-Frisur fällt im Strafraum zu Boden. Ilkay Gündogan zeigt beim Ausgleich per Elfmeter keine Nerven. 1:1.

---

**Manuel Neuer** »Nach dem 1:1 ist mir der Arsch auf Grundeis gegangen.«

---

**D**as Spiel gleicht nun einer offenen Feldschlacht. Während Jürgen Klopp an der Seitenlinie mit rudernden Armen für seine Spieler den 12. Mann gibt, hält es auch den 68-jährigen Jupp Heynckes nicht mehr auf dem Sitz. Dieses Spiel verdient keinen Sieger, so ausgeglichen sind die Chancen. Im Münchner Lager keimen bereits düstere Erinnerungen an das verlorene Elfmeterschießen aus dem Vorjahr auf. Doch zwei Minuten vor Abpfiff leitet Ribéry einen Befreiungsschlag mit der Hacke weiter, Robben bekommt den Ball im Strafraum unter Kontrolle, überläuft zwei gegnerische Verteidiger und bezwingt Weidenfeller per Flachschuss.

Der FC Bayern hat am Ende um Haaresbreite die Nase vorn. Für Jupp Heynckes ist es das vorletzte Match in seiner mehr als dreißigjährigen Trainerlaufbahn. Nur wenige Tage später gewinnt er mit dem FC Bayern auch das DFB-Pokalendspiel. Anschließend kehrt der Veteran zurück auf seinen Bauernhof am Niederrhein und hinterlässt den Münchnern ein Vermächtnis, an dem sich der Rekordmeister fortan messen lassen muss: das »Triple«.

# DAS SPIEL

27.05.1987, Europapokal der Landesmeister, Finale

## FC Porto – FC Bayern München

**2:1**
(0:1)

|  |  |  |
|---|---|---|
|  | 0:1 | Kögl (25.) |
| Madjer (77.) | 1:1 |  |
| Juary Filho (80.) | 2:1 |  |

### Stadion
Praterstadion, Wien

### Zuschauer
57 000

### FC Porto
Młynarczyk, Pinto, Luís, Celso, Inácio (Frasco, 65.), Quim (Juary Filho, 46.), Magalhães, Sousa, André, Madjer, Futre

### FC Bayern München
Pfaff, Nachtweih, Winklhofer, Eder, Pflügler, Flick (Lunde, 82.), Brehme, Matthäus, M. Rummenigge, D. Hoeneß, Kögl

**27.05.1987** **PLATZ 26**

## FC Porto – FC Bayern München 2:1

# LOTHAR UND DER HÜHNERHAUFEN

Ruhmloser Abgang: Lothar Matthäus und seine Kollegen unterliegen dem krassen Außenseiter FC Porto.

## PLATZ 26

Es wird ein Abend voller Schrecken für den FC Bayern München. Dabei scheint für die Mannschaft alles gerichtet, als sie zum Endspiel im Europacup der Landesmeister ins Praterstadion einläuft. Sie sind haushoher Favorit gegen den portugiesischen Meister FC Porto, kaum lohnt es sich noch zu wetten, denn die Buchmacher in London zahlen längst nur noch die Mindestquote für einen Sieg der Bayern. Fünf Pfund Einsatz, zwei Pfund Gewinn.

Der FC Bayern ist souverän in dieses Finale marschiert, hat Austria Wien, Anderlecht und Real Madrid aus dem Weg geräumt. Doch im Bayern-Team des Jahres 1987 wütet der Virus der Überheblichkeit. Die Stimmung in der Mannschaft ist prächtig, fast sorglos. Manager Uli Hoeneß frohlockt: »Wir stehen am Beginn einer neuen Ära.« Und es lässt sich gut an, das Spiel. Der FC Porto spielt erschreckend schwach und zwingt Torhüter Jean-Marie Pfaff in der ersten Halbzeit zu keiner einzigen Parade. Nach 25 Minuten steht es nahezu planmäßig 1:0 für die Bayern. Denn ausgerechnet Wiggerl Kögl, der kleine Flügelflitzer, hat per Kopf getroffen. Aber als die Mannschaften nach der Halbzeitpause den Rasen betreten, ist alles anders und Porto nicht wiederzuerkennen. Trainer Artur Jorge hat den quirligen Mittelstürmer Juary eingewechselt, der die Bayern-Abwehr prompt vor Probleme stellt. »Wir waren ein Hühnerhaufen, wir hatten konditionelle Probleme«, kommentiert Libero Norbert Nachtweih später, und Andreas Brehme pflichtet ihm bei: »Wir sahen aus wie Anfänger.«

Weit und breit ist niemand bei den Münchnern zu sehen, der nun das Spiel an sich reißen mag. Augenthaler, der Leitwolf, ist verletzt, und auch Hansi Dorfner ist nicht mit von der Partie. Vor allem Lothar Matthäus macht sich an diesem Abend unsichtbar.

Immer wieder blickt Udo Lattek hinauf zur Stadionuhr, noch fünfzehn Minuten sind es bis zum Abpfiff, noch dreizehn, noch zwölf. Schließlich kommt der Ball wieder einmal zum pfeilschnellen Juary, eine schnelle Hereingabe, und plötzlich ist der Algerier Madjer zur Stelle. Mit dem Rücken zum Tor stehend, nimmt er dann doch die Hacke und trifft den Ball voll, der am geschlagenen Verteidiger vorbei ins Netz saust. Kaum ist das Leder wieder im Spiel, ist es abermals verloren. Diesmal dringt jedoch Madjer von rechts in den Bayern-Strafraum ein und flankt scharf, dafür steht jetzt Juary da und macht aus drei Metern Entfernung das Tor.

Das Spiel ist verloren, und rasend schnell vergehen die letzten Minuten. Endlich pfeift Schiedsrichter Ponnet ab. Die Portugiesen auf dem Rasen und auf den Rängen können ihr Glück kaum fassen. Immer wieder herzen sie die Torschützen Juary und Madjer und lassen Trainer Jorge hochleben. Daheim in Porto will die Stadt nicht auf die Ankunft warten und feiert den Triumph, stundenlang steigen Raketen in den Nachthimmel, erschüttern Böllerschüsse die Stadt.

---

**Eduardo Luís** »All die Fans, die nicht nach Wien kommen konnten, werden daheim den Flughafen blockieren. Ich hoffe, wir können überhaupt landen.«

---

**B**ei den Bayern beginnt derweil das große Scherbengericht. Trainer Lattek spricht mit versteinerter Miene von der »bittersten Niederlage meiner Laufbahn« und fügt an: »Ich muss mir gratulieren, dass ich aufhöre.« Präsident Fritz Scherer verstaut seine vorbereitete Siegesrede im Jackett, an den Fall einer Niederlage hat er gar nicht gedacht. Die Mitspieler haben unterdessen einen Hauptschuldigen ausgemacht, den 26-jährigen Lothar Matthäus. So groß ist die Wut der Mannschaftskameraden, dass sie ihn beim Bankett allein an einem Tisch sitzen lassen. Nachtweih giftet: »Er konnte den Ball nicht halten.« Und so wird der geplante Feierzug zum Marienplatz zur klammheimlichen Ankunft in München-Riem. Erst zwölf Jahre später, am 26. Mai 1999, wird der FC Bayern wieder in einem Europapokal-Endspiel stehen, in Barcelona gegen Manchester United, und wieder 1:0 führen. Bis kurz vor Schluss.

# Das Spiel

01.07.2012, Europameisterschaft, Finale

## Spanien – Italien

 **4:0** (2:0)

| | |
|---|---|
| Silva (14.) | 1:0 |
| Alba (41.) | 2:0 |
| Torres (84.) | 3:0 |
| Mata (88.) | 4:0 |

### Stadion
Olympiastadion, Kiew

### Zuschauer
64 000 (ausverkauft)

### Spanien
Casillas, Arbeloa, Piqué, Ramos, Alba, Xavi, Busquets, Alonso, Fàbregas (75. Torres), Silva (59. Pedro), Iniesta (87. Mata)

### Italien
Buffon, Abate, Barzagli, Bonucci, Chiellini (21. Balzaretti), Pirlo, Marchisio, Montolivo (57. T. Motta), De Rossi, Balotelli, Cassano (46. Di Natale)

01.07.2012  **PLATZ 27**

## Spanien – Italien 4:0 (2:0)

# DAS FINALE EINER GROSSEN ÄRA

Tiki-Taka triumphiert: Mario Balotelli trauert, während Spaniens
»Goldene Generation« sich mit dem dritten Titel in Folge unsterblich macht.

**Platz 27**

**E**s gilt unter Historikern als methodische Todsünde, Geschichte vom Ende her zu erzählen. Schließlich wussten die Akteure selbst noch nicht, wie die Sache ausgehen würde.

Und doch kann heute – im Wissen um das Desaster, das die Mannschaft bei der WM in Brasilien ereilte – das Finale der Europameisterschaft 2012 als grandioser Schlusspunkt einer ebenso grandiosen Ära der spanischen Nationalelf gedeutet werden. Drei Titel gewann die Mannschaft seit 2008 und den EM-Pokal gleich doppelt. Mindestens ebenso großen Eindruck hinterließ jedoch die Art und Weise dieser Triumphe. Spanien präsentierte der Welt eine neue Form des Kombinationsfußballs namens »Tiki Taka«. Im Spanischen werden damit die Laute zweier aneinanderstoßender Billardkugeln beschrieben, an die sich der Journalist Andrés Montes bei der WM 2006 erinnert fühlte, als er den neuen Stil der spanischen Elf charakterisieren sollte. Dessen zentrale Idee ist es, den Ball ausdauernd und in hohem Tempo in der ganzen Mannschaft zirkulieren zu lassen und so immer wieder aufs Neue Überzahlsituationen entstehen zu lassen. Im Finale von Kiew präsentiert die spanische Elf, ehrfürchtig »La Furia Roja« genannt, all das in Reinkultur. Der schnauzbärtige Coach Vicente del Bosque lässt keinen einzigen etatmäßigen Stürmer auflaufen und setzt stattdessen auf das exzellent besetzte Mittelfeld mit Cesc Fàbregas, Andrés Iniesta und Xavi, allesamt vom spanischen Renommierklub FC Barcelona. Dabei ist vor dem Finale bereits manch ein Abgesang auf den Weltmeister angestimmt worden, weil sich die Spanier zuvor im Spiel gegen Frankreich und vor allem im Halbfinale gegen das resolute Portugal sehr schwer damit getan haben, ihr Kurzpassspiel zur Geltung zu bringen. Im Finale ist all das vergessen. Mühelos und mit staunenswerter Präzision wandert der Ball durch die spanischen Reihen, von Beginn an sehen sich die Italiener in ihre Hälfte zurückgedrängt. Die herausragenden Akteure des Halbfinales gegen Deutschland bleiben wirkungslos. Regisseur Andrea Pirlo stopft hinten die Löcher, während Stürmer Mario Balotelli vorn vergeblich auf Zu-

## Spanien – Italien

spiele wartet. Stattdessen fallen die Tore auf der anderen Seite. Schon das 1:0 demonstriert die Überlegenheit der spanischen Spielanlage. Andrés Iniesta, eingekreist von gleich fünf Italienern, findet die winzige Lücke im Abwehrverbund, seinen gefühlvollen Diagonalpass erläuft Fàbregas, dessen scharfe Hereingabe wiederum David Silva verwertet. Gnadenlos effektiv ist das und zugleich wunderschön anzusehen.

**Vicente del Bosque** »Wir hatten viel Ballbesitz, das ist unser Spiel. Das haben wir bis zur Perfektion gemacht. Das ist das ganze Geheimnis.«

Letztlich entscheidet bereits dieses erste Tor das Finale, obgleich die Italiener nach dem Führungstor zunächst ungestüm anrennen und Keeper Iker Casillas bei einigen Flanken ein wenig in Bedrängnis gerät. Die weiteren Tore fallen dann jedoch mit beeindruckender Zwangsläufigkeit. Jordi Alba raubt den Italienern mit seinem 2:0 nach intuitiver Vorbereitung durch Xavi in der 41. Minute den Kampfesmut für die zweite Hälfte, England-Legionär Fernando Torres (84.) und Juan Mata (88.) machen dann den Deckel drauf. Da spielt Italien allerdings auch schon nur noch mit zehn Mann. Coach Cesare Prandelli hat bereits früh dreimal gewechselt und muss machtlos mit ansehen, wie sich der gerade für Montolivo gekommene Thiago Motta schon wieder verletzt. Dezimiert spielt Italien die letzte halbe Stunde herunter, die augenfällige Überlegenheit der Spanier wird dadurch nur noch erdrückender. Hinterher herrscht beim Sieger routinierte Erregung: »Unglaublich, ich kann es kaum fassen«, gibt Torschütze Alba zu Protokoll. »Es ist wunderbar, den Titel erfolgreich verteidigt zu haben. Wir hatten vorher schon Geschichte geschrieben – jetzt noch einmal.«

# DAS SPIEL

20.02.1991, FA Cup, 5. Runde

## FC Everton – FC Liverpool

Everton

**4:4**
(n. V.)
(0:1, 3:3)

|  | 0:1 | Beardsley (37.) |
| --- | --- | --- |
| Sharp (47.) | 1:1 | |
| | 1:2 | Beardsley (71.) |
| Sharp (73.) | 2:2 | |
| | 2:3 | Rush (77.) |
| Cottee (89.) | 3:3 | |
| | 3:4 | Barnes (102.) |
| Cottee (114.) | 4:4 | |

**Stadion**
Goodison Park, Liverpool

**Zuschauer**
37 766

**FC Everton**
Southall, Atteveld (McCall, 61.), Hinchcliffe, Ratcliffe, Watson, Keown, Nevin (Cottee, 76.), McDonald, Sharp, Newell, Ebbrell

**FC Liverpool**
Grobbelaar, Hysen, Burrows, Nicol, Mølby, Ablett, Beardsley, Staunton, Rush, Barnes, Venison

20.02.1991  **PLATZ 28**

## FC Everton – FC Liverpool 4:4 (n. V.)

# DAS ENDE DER HEGEMONIE

Hitziges Ortsduell, das keinen Sieger verdient:
Evertons Pat Nevin überspringt den Liverpooler Nachbarn Jan Mølby.

## PLATZ 28

Ganz still sitzen die Spieler des FC Everton nach dem Spiel in ihrer Umkleide und lauschen, was sich nebenan in der Gästekabine abspielt. Es scheint, als sei dort eine Massenschlägerei im Gange. Wüstes Geschrei, Stollen hämmern über die Fliesen, lautstark werden Sitzbänke hin und her geschoben. Die Nerven beim FC Liverpool liegen blank. »Eigentlich hätte uns das Unentschieden in Hochstimmung versetzen müssen, aber als wir den Lärm von nebenan hörten, wurden wir ganz ruhig. Dort ging etwas Grundlegendes vor sich«, sagt Evertons Pat Nevin.

Viermal ist es dem FC Liverpool an diesem Mittwochabend gelungen, in Führung zu gehen – viermal haben die Toffees in diesem denkwürdigen Merseyside-Derby ausgeglichen. Aber nach 120 Minuten ist auch in dem Wiederholungsspiel wieder keine Entscheidung gefallen. Das erste Match in der fünften Runde des FA Cups drei Tage zuvor war an der Anfield Road torlos geendet. Eine Achterbahn der Gefühle liegt hinter Spielern und Zuschauern.

Liverpool ist in der regulären Spielzeit durch zwei Treffer von Peter Beardsley und einen Kopfball von Ian Rush dreimal in Führung gegangen. Everton hat durch zwei Tore von Graeme Sharp und einen Schuss von Tony Cottee jeweils ausgleichen können. Als John Barnes in der 102. Minute die Reds erneut in Führung bringt, scheint die Partie endgültig entschieden zu sein. Doch sechs Minuten vor dem Ende ist es erneut der eingewechselte Tony Cottee, der Evertons Chance aufs Weiterkommen am Leben erhält.

In der Kabine bricht sich der ganze Frust der Reds Bahn. Nur einer steht inmitten des Chaos schwer atmend an die Wand gelehnt und schweigt: Coach Kenny Dalglish. Blanke Panik hat den Trainer an der Außenlinie erfasst, als sein Team kurz vor dem Ende den Ball vertändelt und den Sieg doch noch aus den Händen gibt. »Als wir das vierte Mal den Vorsprung eingebüßt hatten, wusste ich, dass ich mein Leben ändern muss«, erklärt Dalglish später. Gedankenverloren fährt der Schotte in der Nacht in sein Haus in Southport an der Westküste, wo seine Frau

Marina die Feier zum 40. Geburtstag ihres Mannes vorbereitet. Der verblüfften Gattin eröffnet er schließlich: »Ich gebe auf.«

Während sich die Mannschaft am Morgen darauf beim Training auf das nächste Ligaspiel vorbereitet, trifft Dalglish sich mit Liverpools Klubchef Peter Robinson und händigt ihm nach sechs Jahren als Trainer seine Kündigung aus. 96 tote Fans im April 1989 bei der Stadionkatastrophe in Hillsborough haben Dalglishs Glauben an den Fußball tief erschüttert. Doch erst der unüberwindbare Widerstand des FC Everton reißen ihn emotional in Stücke. Seine Arbeit erscheint ihm plötzlich sinnlos. »Die extreme Belastung des Spiels verdeutlichte mir, dass ich den Druck nicht mehr ertrug.«

---

**Kenny Dalglish** »Nach dem Schlusspfiff wusste ich, dass es vorbei war. Mir war klar, woran es gelegen hatte und was zu tun gewesen wäre, um die Fehler abzustellen. Aber ich konnte nicht mehr.«

---

Das Spiel aber ist nicht nur das vorübergehende Ende der Trainerlaufbahn von Kenny Dalglish, es markiert auch den Wendepunkt in der jahrzehntelangen Hegemonie des nordenglischen Klubs. Bereits am nächsten Wochenende büßt der FC Liverpool in Luton unter der Leitung von Interimscoach Robbie Moran die Tabellenführung in der First Division ein. Zehn Tage später verspielt er im zweiten Wiederholungsspiel – dem letzten dieser Art in der englischen Geschichte – mit einer 0:1-Niederlage alle Chancen auf den FA-Pokal. Auf Jahrzehnte gelingt es den Reds nicht mehr, den englischen Titel zu erringen. Das entstandene Vakuum füllt fortan Manchester United aus. Sir Alex Ferguson nennt es später seinen größten Erfolg als ManU-Coach, den »FC Liverpool von seinem verdammt hohen Ross heruntergeholt zu haben«.

Es ist eine Wachablösung, die an diesem kühlen Donnerstagabend im Goodison Park schlussendlich ihren Ausgang nimmt.

# DAS SPIEL

24.04.1982, Bundesliga, 29. Spieltag

## FC Bayern München – Hamburger SV

| | | |
|---|---|---|
| D. Hoeneß (23.) | 1:0 | |
| | 1:1 | Hartwig (32.) |
| Horsmann (36.) | 2:1 | |
| D. Hoeneß (64.) | 3:1 | |
| | 3:2 | von Heesen (70.) |
| | 3:3 | Hrubesch (76.) |
| | 3:4 | Hrubesch (90.) |

### Stadion
Olympiastadion, München

### Zuschauer
78 000

### FC Bayern München
Junghans, Beierlorzer, Weiner, Horsmann, Dremmler, Augenthaler, Dürnberger, Kraus, Breitner, K.-H. Rummenigge, D. Hoeneß

### Hamburger SV
Stein, Kaltz, Jakobs, Hieronymus, Groh, Wehmeyer, Hartwig, Magath, Hrubesch, Bastrup, von Heesen

24.04.1982   **PLATZ 29**

## FC Bayern München – Hamburger SV 3:4

# DER FALSCHE BIORHYTHMUS

Bayern im freien Fall: HSV-Kapitän Horst Hrubesch walzt Wolfgang Dremmler wie eine Dampframme nieder.

**138    PLATZ 29**

Bei der anschließenden Pressekonferenz wird Sekt gereicht. Was nicht daran liegt, dass die Bayern in der Überzeugung eines Heimsiegs kistenweise Schaumwein geordert haben und nun großzügig die Sieger aus Hamburg bewirten. Die Münchner haben lediglich in der Woche vor dem Match einen Deal mit einer Sektkellerei unter Dach und Fach gebracht, den die Funktionäre nun den anwesenden Journalisten präsentieren.

Doch keinem der Hausherren ist jetzt wirklich nach Sekt zumute. Der FC Bayern hat als amtierender Deutscher Meister seine erste Heimniederlage seit gut zweieinhalb Jahren eingefangen. Noch beim Einlaufen der Teams auf das Spielfel hat Stürmer Karl-Heinz Rummenigge im Vorbeigehen HSV-Manager Günter Netzer angefrotzelt: »Hast du Angst? Du siehst so blass aus!« Dabei hätte Rummenigge gewarnt sein müssen, schließlich sind die Bayern im Hinspiel im Volksparkstadion mit 4:1 untergegangen.

---

**Jimmy Hartwig** »In der Woche nach dem Spiel sind wir mit so breiter Brust durch die Straßen gelaufen, dass Fußgänger vor Angst die Straßenseite gewechselt haben.«

---

Im Vorfeld der Partie haben Biorhythmiker ermittelt, dass Bayern-Mittelstürmer Dieter Hoeneß bei dem Duell der Spitzenteams ein absolutes Hoch erleben wird, während das geistig-körperliche Befinden von HSV-Keeper Uli Stein an diesem Tag eine Talsohle durchschreiten werde. Und so falsch liegen die Wissenschaftler nicht: Hoeneß trifft gleich zweimal. Seinem Treffer zur 3:1-Führung geht zudem ein kapitaler Fehler von Schlussmann Stein voraus, der den sanften Kopfstoß des Bayern-Hünen falsch berechnet und leichtfertig passieren lässt. Auf der Tribüne analysiert Sepp Maier: »Der dachte wohl, der Ball geht vorbei – ich glaube, Jimmy Hartwig hat was zu ihm gesagt. Vielleicht: ›Lass ihn.‹«

Bis zur 70. Minute dominieren die Münchner den Spitzenreiter von der Elbe fast nach Belieben. HSV-Coach Ernst Happel fällt die Mutlosigkeit auf, mit der manche seiner Akteure auf dem Feld zu Werke gehen. Offenbar haben die stattliche Kulisse und die Bedeutung des Spiels ihnen zu viel Respekt eingeflößt. Happel schlussfolgert deshalb: »Sie waren wohl zu nervös, denn ich hatte keine Defensive angeordnet.«

Der fußballverrückte Regisseur Rainer Werner Fassbinder hat das Olympiastadion zwanzig Minuten vor dem Abpfiff beim Stand von 3:1 bereits verlassen. Er hat keinen Zweifel mehr, dass sein FCB die Partie für sich entscheidet. Er kann nicht wissen, dass Ernst Happel seine Mannen in der Halbzeit reichlich rustikal zur Gegenwehr aufgefordert hatte: »Ihr Hurensöhne! Geht's daher!« Und das tun die Hamburger nun mit aller ihnen zur Verfügung stehenden Vehemenz: Youngster Thomas von Heesen gelingt in der 70. Minute nach einem unwiderstehlichen Sololauf übers gesamte Feld der 3:2-Anschlusstreffer. Nur sechs Minuten später vollendet Horst Hrubesch einen Querpass des Dänen Lars Bastrup zum Ausgleich. In der Schlussminute ist es erneut der bullige Mittelstürmer und gewitzte Autor – er hat gerade ein Sachbuch mit dem Titel »Dorschangeln vom Boot und an den Küsten« veröffentlicht –, der zunächst nach einem Konter durch den Bayern-Spieler Hanne Weiner vor der Strafraumgrenze gefoult wird und den anschließenden Freistoß von Felix Magath per Kopf zum 4:3-Siegtreffer vollendet. Wie eine Dampframme überspringt der bullige Stoßstürmer die gesamte Defensive der Elf von Pál Csernai. Es ist das Tor, das den Hanseaten den Weg zur Meisterschaft ebnet.

Der Sektausschank im Auftrag des neuen Sponsors nach dem Spiel ist für den HSV für lange Zeit der letzte spritzige Moment in München. Erst 24 Jahre später soll es den Hamburgern wieder gelingen, alle Punkte aus dem Olympiastadion zu entführen. An diesem Tag aber bleibt Bayerns Stoßstürmer Hoeneß nur die Erkenntnis: »Im Fußball gibt es so viele Unwägbarkeiten, die mit Biorhythmus gar nicht zu erfassen sind.«

# Das Spiel

16.10.2012, WM-Qualifikation, 4. Spieltag

## Deutschland – Schweden

**4:4**
(3:0)

| | | |
|---|---|---|
| Klose (8.) | 1:0 | |
| Klose (15.) | 2:0 | |
| Mertesacker (39.) | 3:0 | |
| Özil (55.) | 4:0 | |
| | 4:1 | Ibrahimovic (62.) |
| | 4:2 | Lustig (64.) |
| | 4:3 | Elmander (76.) |
| | 4:4 | R. Elm (90. + 3) |

### Stadion
Olympiastadion, Berlin

### Zuschauer
72 369

### Deutschland
Neuer, Boateng, Mertesacker, Badstuber, Lahm, Schweinsteiger, Kroos, T. Müller (Götze, 67.), Özil, Reus (Podolski, 88.), Klose

### Schweden
Isaksson, Lustig, Granqvist, J. Olsson, Safari, Wernbloom (Kallström, 46.), R. Elm, Larsson (Sana, 78.), Holmén (Kacaniklic, 46.), Ibrahimovic, Elmander

16.10.2012    **PLATZ 30**

## Deutschland – Schweden 4:4

# DIE TÜCKEN DER KONSUMHALTUNG

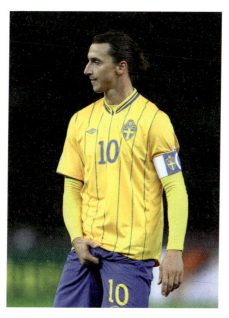

Eier, wer hat Eier? Zlatan Ibrahimovic zeigt, was man braucht, um vier Tore gegen Deutschland aufzuholen.

## Platz 30

**B**erlin steht vor einem Galaabend. Die deutsche Elf dominiert ihre Gruppe in der WM-Qualifikation nach Belieben. Wenige Tage zuvor hat das Team von Jogi Löw Irland in Dublin mit 6:1 deklassiert. Auch wenn Schweden mit Superstar Zlatan Ibrahimovic eine härtere Nuss ist als die Kicker von der grünen Insel, zweifelt niemand, dass im ausverkauften Olympiastadion drei Punkte eingefahren werden.

Die Medien beschäftigt eher die Frage, ob es Miroslav Klose gelingen wird, den Torrekord von Gerd Müller zu toppen. Drei Treffer fehlen dem Spieler von Lazio Rom noch, um zum »Bomber« aufzuschließen, der mit 68 Länderspieltreffern in der ewigen DFB-Torjägerliste vorne liegt. Vor Anpfiff empfängt Klose eine Fairplay-Medaille, weil er in einem Spiel mit Lazio in Neapel zugegeben hat, ein Tor mit der Hand erzielt zu haben. Das Signal: Ihm muss niemand Tore schenken, die erarbeitet er sich schon selbst.

Als wollte er dieser Überzeugung Nachdruck verleihen, stellt der Pfälzer seinen Killerinstinkt gleich von Beginn an unter Beweis. Die Deutschen schnüren den Gegner mit einer Vehemenz in der eigenen Hälfte ein, die den Schweden fast den Atem raubt. Nach 15 Minuten hat Klose bereits zweimal getroffen. Erste Besucher begeben sich in Konsumhaltung, skandieren in freudiger Erwartung des Torrekords »Mi-ro-slav Klo-se«, und es bahnt sich eine erste La-Ola-Welle durchs weite Rund im Berliner Westend.

Die »Tre Kronor« verfallen in Schockstarre. Selbst Obergockel Zlatan Ibrahimovic ist nur ein Schatten seiner selbst. Kurz vor der Pause darf sogar der teutonische Leuchtturm, Per Mertesacker, eine Kopfballvorlage von Thomas Müller zum 3:0 verwerten.

Zweifellos, das Ding ist gelaufen. Die Deutschen sind jetzt auf Betriebstemperatur. In der 56. Minute erzielt Mesut Özil das 4:0. Der Mannschaft von Erik Hamren gelingen zu diesem Zeitpunkt nicht einmal mehr Kurzpässe. Dem eingewechselten Kim Kallström fällt nichts Besseres ein, als den Ball einfach lang nach vorne zu schlagen. Dort jedoch scheinen sich die deutschen Verteidiger bereits im vorgezogenen Feierabend zu befinden. Ibrahimovic kann völlig unbedrängt einköpfen.

Es ist eines dieser Tore, die ein Spiel zum Kippen bringen. Trotz 1:4-Rückstand fassen die Schweden neuen Mut. Zwei Minuten später rutscht Manuel Neuer ein Schuss von Mikael Lustig aus spitzem Winkel durch die Hosenträger.

---

**Toni Kroos** »Das war heute einfach nur peinlich.«

---

**J**ogi Löw hat sein Team nach dem Kantersieg gegen Irland auf drei Positionen umgebaut. In der rotierten Viererkette herrscht auf einmal Kopflosigkeit. »Nach dem 4:0 ist zuerst der eine Spieler einen Schritt weniger gelaufen, dann der nächste«, wird Teammanager Oliver Bierhoff später analysieren. Und so brechen allmählich alle Dämme.

In der 76. Minute stellt Johan Elmander mit seinem Tor zum 4:3 den Anschluss her. Auf dem Rasen beginnt das kollektive Bibbern. In der 85. Minute vergibt Länderspielneuling Tobias Sana noch eine Hundertprozentige, nachdem er Manuel Neuer den Ball aus den Händen gespitzelt hat. In der dritten Minute der Nachspielzeit gleicht Rasmus Elm schließlich hochverdient aus.

Es ist das erste Mal in der über hundertjährigen deutschen Länderspielgeschichte, dass eine deutsche Elf einen Vier-Tore-Vorsprung aus der Hand gibt. Während auf der VIP-Tribüne Verbandspräsident Wolfgang Niersbach seine Wut mit einem Tritt gegen das Geländer ablässt, analysiert Per Mertesacker in der Mixed Zone mit einer Prise Galgenhumor: »Uns bei einer Führung einfach hinten reinstellen, das können wir wohl noch nicht so gut.«

# DAS SPIEL

28.06.1959, Deutsche Meisterschaft, Finale

## SG Eintracht Frankfurt – Kickers Offenbach

**5:3**
(n. V.)
(2:2, 2:2)

| | | |
|---|---|---|
| Sztani (1.) | 1:0 | |
| | 1:1 | Kraus (8.) |
| Feigenspan (12.) | 2:1 | |
| | 2:2 | Preisendörfer (23.) |
| Feigenspan (91., FE) | 3:2 | |
| Sztani (107.) | 4:2 | |
| | 4:3 | Gast (109.) |
| Feigenspan (117.) | 5:3 | |

**Stadion**
Olympiastadion, Berlin

**Zuschauer**
75 000

**SG Eintracht Frankfurt**
Loy, Eigenbrodt, Höfer, Stinka, Lutz, Weilbächer, Kreß, Sztani, Feigenspan, Lindner, Pfaff

**Kickers Offenbach**
Zimmermann, Waldmann, Schultheiß, Keim, Lichtl, Wade, Kraus, Nuber, Gast, Kaufhold, Preisendörfer

28.06.1959    **PLATZ 31**

## SG Eintracht Frankfurt – Kickers Offenbach 5:3 (n. V.)

# DIE HESSEN KOMMEN!

Auf den Punkt: Referee Asmussen gibt Elfmeter, die Offenbacher Schultheiß (l.) und Zimmermann sind fassungslos.

**PLATZ 31**

Ein Gerücht hält sich beständig: Ist István Sztani, Eintrachts ungarischer Stürmer, vor dem Finale entführt worden? Drei Tage vor dem Match taucht Sztanis Vater mit zwei ungarischen Landsleuten im Verbandsheim der Verkehrsbetriebe am Wannsee auf, wo die Frankfurter gastieren. Nach dem Mittagessen fahren die Ungarn mit dem 22-jährigen Jungstar über die Sektorengrenze in den Osten. Lange Zeit weiß niemand, wo der Spieler abgeblieben ist. Erst gegen Abend kehrt er wieder zur Mannschaft zurück. Des Rätsels Lösung: Die Ungarn haben versucht, den von vielen Klubs umgarnten Sztani zu einer Rückkehr in seine Heimat zum Budapesti Vasas SC zu überreden.

---

Kommentator Rudi Michel »Beide Mannschaften haben sich mit ihrem fairen Auftreten selbst übertroffen. Da muss jeder Vereinsegoismus verstummen, ob dieser Haltung der 22.«

---

Von den Turbulenzen gänzlich unbeeindruckt, präsentiert sich das Talent jedoch am nächsten Tag bei Anpfiff zum Meisterschaftsfinale. Schon den ersten Eintracht-Angriff vollendet er nach einer Flanke von Eckehard Feigenspan zum 1:0. Kickers-Präsident Hans Winter hat im Vorfeld noch mit dem Frankfurter Spielausschussvorsitzenden, Ernst Berger, gescherzt, ob man im prestigeträchtigen Hessenduell nicht 85 Minuten pari spielen solle, um erst in den letzten fünf Minuten Ernst zu machen. Schließlich sollen die Zuschauer ein Höchstmaß an Spannung erleben. Doch der Eintracht-Funktionär winkt ab: »Lieber nicht, sonst ziehen wir den Kürzeren.«

Das Publikum bekommt auch so ausreichend Dramatik geboten: Nach 23 Minuten steht es beim feurig geführten Lokalderby fern der Heimat bereits sensationell 2:2.

Ein Wermutstropfen ist allein die Kulisse: Trotz der Bedeutung des Matches ist das weite Rund des Berliner Olympiastadions mit seinen 100 000 Plätzen nur zu drei Viertel gefüllt. Ein großer Teil der Tickets sind im Vorverkauf nicht weggegangen, nur im Raum Frankfurt sind alle 5000 Tickets sofort vergriffen gewesen. Dass in der Besatzungsstadt das Spiel zweier Teams aus dem Südwesten nicht ganz so hoch im Kurs steht, mag auch daran liegen, dass an diesem Sonntag ein Platzregen auf die Stadt niedergeht.

Bis zum Ablauf der offiziellen Spielzeit ist es ein offener Schlagabtausch zweier Teams auf Augenhöhe. Doch ein Tor will nicht gelingen, und das Duell geht in die Verlängerung. Hier überschlagen sich nun die Ereignisse. Schiedsrichter Erich Asmussen gibt der Partie eine vermeintlich vorentscheidende Wendung, als er nach einem harmlosen Zweikampf zwischen dem Offenbacher Heinz Lichtl und Eintrachts Sturmtank Richard Kreß auf Elfmeter entscheidet. Die Chance lässt sich Ekko Feigenspan nicht entgehen. Als Offenbachs Karl Waldmann in der 107. Minute, bedrängt von István Sztani, den Ball ins eigene Tor stoppt, scheint die Partie entschieden. Doch die Kickers stecken nicht auf und schaffen nur zwei Minuten später durch Siegfried Gast den Anschluss. Sie werfen noch einmal alles nach vorn. Aber es reicht nicht mehr: Kurz vor dem Abpfiff macht Feigenspan mit seinem dritten Tor zum 5:3 den Titel für die Eintracht perfekt. Kickers-Präsident Hans Winter präsentiert sich hinterher als äußerst schlechter Verlierer: »Solange solche Schiedsrichter zu Endspielen eingesetzt werden, kann es keine sportlich gerechten Spielausgänge geben.«

Und auch die Eintracht-Anhänger müssen sich nach diesen 120 enervierenden Minuten Luft machen. Ein Pulk aus mehreren Hundert drängt plötzlich von der Tribüne in Richtung Spielfeld. Die Berliner Polizei macht nun Jagd auf die entfesselten Schlachtenbummler, sodass DFB-Präsident Dr. Peco Bauwens minutenlang warten muss, ehe er seine Rede auf den neuen Meister halten und die Schale schließlich überreichen kann.

Bald darauf wird bekannt, dass István Sztani nach nur zwei Jahren die Eintracht verlässt. Der Stürmer hat einen Vertrag bei Standard Lüttich unterschrieben.

# DAS SPIEL

16.07.1950, Weltmeisterschaft, Finalrunde

## Brasilien – Uruguay

 **1:2** (0:0)

| Friaça (47.) | 1:0 | |
| | 1:1 | Schiaffino (66.) |
| | 1:2 | Ghiggia (79.) |

### Stadion
Maracanã-Stadion, Rio de Janeiro

### Zuschauer
174 000

### Brasilien
Barbosa, Augusto, Juvenal, Bauer, Danilo, Bigode, Friaça, Zizinho, Ademir, Jair, Chico

### Uruguay
Maspoli, Gonzales, Tejera, Gambetta,
Varela, Andrade, Ghiggia, Perez, Miguez, Schiaffino, Moran

16.07.1950  **PLATZ 32**

## Brasilien – Uruguay 1:2

# DIE STILLE NACH DEM SCHUSS

Maracanã gleitet ins Tal der Tränen: Pepe Schiaffino gleicht sensationell zum 1:1 gegen Barbosa aus.

## PLATZ 32

**A**uf seinem Gang durch die Katakomben ahnt Jules Rimet nicht, welche Katastrophe sich soeben ereignet hat. Kurz vor dem Abpfiff des letzten Spiels der WM-Finalrunde hat der FIFA-Präsident seinen Platz in der Loge des weltgrößten Stadions verlassen, um zur Siegerehrung auf dem Rasen zu sein. Noch geht er davon aus, dass er Brasilien zum verdienten Weltmeister küren wird. In den Gängen von Maracanã aber hört der 76-Jährige plötzlich, wie draußen die Ränge verstummen. Als er wieder zurück in das monumentale Rund tritt, ist es um ihn herum totenstill. 174 000 Menschen, die größte Menschenmenge, die je einem Fußballspiel beigewohnt hat, schweigen.

Drei Tage haben die Fans auf den Straßen von Rio im Vorfeld ihr Team als neuen Weltmeister gefeiert. Das Reglement des vierten WM-Turniers sieht vor, dass der Titelträger über Gruppenspiele ermittelt wird. Schweden (Endergebnis 7:1) und Spanien (6:1) waren allenfalls Sparringspartner für die Seleção. Da Uruguay gegen Spanien nur 2:2 gespielt hat, reicht den Gastgebern ein Unentschieden, um den Titel zu gewinnen.

Brasiliens Coach Flávio Costa hat lediglich eine Bitte an seine Spieler: »Keine Fouls! Die ganze Welt schaut heute zu!« Rio bereitet sich auf das größte Fest aller Zeiten vor. Die Ticketeinnahmen belaufen sich auf unfassbare 6,5 Millionen Cruzeiros, rund eine Million Euro. In der Halbzeit spielt die Kapelle im Stadion zur Unterhaltung beim Stand von 0:0 noch deutsche Märsche. Nur zwei Minuten nach dem Wiederanpfiff wähnt sich der Anhang des Gastgebers nach Friaças Treffer endgültig auf der sicheren Seite. Auf den Rängen werden schon Feuerwerkskörper gezündet.

Doch anstatt den Sieg zu verwalten, werden die gut gelaunten Brasilianer übermütig. Einige Spieler fangen an, frech mit dem Ball zu jonglieren. Schiaffinos Ausgleich in der 66. Minute trifft die jubilierenden Strandfußballer von der Copacabana wie ein Hieb. Ihre Überheblichkeit schlägt postwendend in Panik um, kein Kurzpass will ihnen mehr gelingen. Jules Rimet hat gerade seinen Platz verlassen, als Uruguays Alcides Ghiggia mit dem Ball Gegenspieler Bigode davonläuft. Torhüter Moacir Barbosa Nascimento, der wohl einen Querpass erwartet, kommt ihm entgegen und sorgt so dafür, dass am kurzen Pfosten eine kleine Lücke entsteht. Die Unachtsamkeit nutzt der Stürmer der Celeste eiskalt aus.

Ein schicksalhafter Moment für den Keeper, der fortan als Sündenbock für die Niederlage herhalten muss. Noch Jahre später wird Barbosa auf der Straße angefeindet und beim Einkaufen nicht bedient. Vor seinem Tod im April 2000 sagt er: »Die Höchststrafe in Brasilien ist dreißig Jahre Gefängnis – für Mord. Ich aber zahle fünfzig Jahre später noch für etwas, das ich nicht zu verantworten habe.«

---

**Alcides Ghiggia** »Lediglich drei Menschen haben das Maracanã zum Schweigen gebracht: der Papst, Frank Sinatra und ich.«

---

Mit dem Abpfiff verfällt eine ganze Nation in Agonie. Drei Brasilianer sterben noch im Stadion an einer Herzattacke, während das siegreiche Team für »dreißig oder vierzig Fans aus Uruguay« (Zitat Ghiggia) eine Ehrenrunde läuft. Dutzende Menschen im ganzen Land springen lebensmüde von Brücken und hohen Gebäuden. Sogar Siegtorschütze Ghiggia kann nicht verhehlen, dass ihn trotz des Triumphs ein leicht ungutes Gefühl beschleicht: »Bei aller Freude war es traurig, die vielen verzweifelten Menschen zu sehen.«

Aus Angst vor Attentaten darf die Weltmeisterelf das Stadion erst dreieinhalb Stunden nach dem Abpfiff verlassen. Im Hotel suchen die Uruguayer vergeblich nach ihrem Kassenwart, um ein bisschen Geld zum Feiern zu bekommen. Schließlich legen sie zusammen und holen sich an der Ecke ein paar Sandwiches und Bier. Siegtorschütze Ghiggia steigt in seiner Heimat fast in den Rang eines Heiligen auf. Anlässlich seines 80. Geburtstags widmet das Land ihm sogar eine Briefmarke mit der Aufschrift: »Ghiggia hat uns zum Weinen gebracht.«

# DAS SPIEL

08.12.1993, Champions League, Gruppenphase

## SV Werder Bremen – RSC Anderlecht

 **5:3**
**(0:3)**

|  |  |  |
|---|---|---|
|  | 0:1 | Albert (16.) |
|  | 0:2 | Boffin (18.) |
|  | 0:3 | Boffin (33.) |
| Rufer (66.) | 1:3 |  |
| Bratseth (72.) | 2:3 |  |
| Hobsch (80.) | 3:3 |  |
| Bode (83.) | 4:3 |  |
| Rufer (89.) | 5:3 |  |

### Stadion
Weser-Stadion, Bremen

### Zuschauer
29 000

### SV Werder Bremen
Reck, Bratseth, Beiersdorfer, Borowka, Basler (Wiedener, 87.), Votava, Herzog (Wolter, 46.), Eilts, Bode, Hobsch, Rufer

### RSC Anderlecht
De Wilde, Emmers, Rutjes, Albert, Crasson, Zetterberg (Kooiman, 83.), Walem, Boffin, Versavel, Haagdoren, Bosman (Nilis, 70.)

**08.12.1993**  **PLATZ 33**

## SV Werder Bremen – RSC Anderlecht 5:3

# WENN ES NACHT WIRD AN DER WESER

Regen wie Bindfäden, Nerven wie Schiffstaue: Sogar Dieter Eilts (r.) stürmt beim dritten »Wunder von der Weser« mit.

**154 PLATZ 33**

Mit seiner Showeinlage nach dem Schlusspfiff scheint Wynton Rufer den Spielverlauf pantomimisch nachzustellen: Triefend vor Nässe und Dreck verlässt der Werder-Stürmer das Feld im Handstand. Wieder ist es dem SV Werder gelungen, die Ereignisse eines Europacupabends auf den Kopf zu stellen – und damit nach den unvergesslichen Matches gegen Spartak Moskau (1987, 6:2 n. V.) und Dynamo Berlin (1988, 5:0) ein weiteres »Wunder von der Weser« wahr werden zu lassen.

Als erstem deutschen Klub ist es den Grün-Weißen gelungen, in die Gruppenphase der Champions League vorzudringen. Die Konzentration von Topteams überfordert die Elf von Otto Rehhagel jedoch ein wenig. Im ersten Spiel entkommen die Hansestädter beim FC Porto nur knapp einem Debakel, als sie in den letzten Minuten einen 3:0-Rückstand noch in ein versöhnliches 3:2 verwandeln. Und auch im zweiten Gruppenspiel gegen den belgischen Meister geben die Werderaner zunächst ihrer Neigung zur Schlampigkeit nach.

Johan Boskamp »Mir kommt es vor, als ob ein Nachtgespenst unser Spiel zerstört hätte.«

Bei eisigem Regen, der wie Segelschnüre auf den Rasen niederpeitscht, liegt das Team zur Halbzeit bereits mit 0:3 zurück. In der Werder-Kabine herrscht tödliches Schweigen. »König Otto« befiehlt den Männern, wegen der nasskalten Witterung frische Trikots überzuziehen. Zu sich selbst sagt er: »Jetzt musst du den Kopf einsetzen.« Den grippegeschwächten Andreas Herzog ersetzt er durch Thomas Wolter. Mario Basler rückt für den Österreicher ins zentrale Mittelfeld. So frisch die Trikots für den zweiten Durchgang sind, so runderneuert präsentiert sich auch die Mannschaft.

Als Rufer in der 66. Minute der Treffer zum 1:3 gelingt, haben sich die Ränge des Weser-Stadions bereits gelichtet. Doch das Tor lässt plötzlich Euphorie durch das dreiviertelvolle Rund wogen. Die Schietwetter-Partie wird vom feurigen Puls einer rauschenden Europacupnacht erfasst. Sogar Torwart Oliver Reck glaubt zu erkennen, dass den Anderlecht-Profis plötzlich das Nervenkostüm flattert.

Innerhalb von 23 Minuten drehen die Bremer das Match mit einer Chuzpe, der die Elf von Johan Boskamp nur mit Hilflosigkeit begegnen kann. Rune Bratseth verkürzt mit einem Kopfball auf 2:3. In der 80. Minute gleicht Bernd Hobsch nach einer Rufer-Flanke aus. Mit jedem neuen Anstoß schwärmen die Grün-Weißen wie abgerichtete Hunde bei der Treibjagd aus. Anderlecht bekommt den Ball nicht mehr aus der eigenen Hälfte. Marco Bode schießt Werder in Führung. Schließlich ist es wieder Wynton Rufer, der in der Schlussminute das Wunder vollendet: Anderlechts Keeper Marc De Wilde spielt den Ball unbedrängt in die Füße des gerade eingewechselten Andree Wiedener, dessen Flanke der Neuseeländer von der Grenze des Fünfmeterraums nur noch abstauben muss.

Werder-Libero Rune Bratseth gehen nach dem Schlusspfiff die Parameter aus, um das Spiel sachlich zu analysieren: »Fragt mich nicht, ich kann es nicht begründen.« Otto Rehhagel ist wegen seines intensiven Nachdenkens in der Halbzeit der Ansicht, für heute genug geleistet zu haben – und verkündet den Journalisten bei der Pressekonferenz mit der ihm eigenen Larmoyanz: »Mich braucht ihr heute nicht, ihr habt doch genug zu schreiben.« Der Coach hat es eilig, denn in der hintersten Ecke des Presseraums sitzt sein Kumpel Jürgen Flimm, der sich eifrig Notizen macht. Der Theaterintendant des Hamburger Thalia-Theaters fand den Spielverlauf hochgradig inspirierend. Keinem Regisseur der Welt wäre es gelungen, diesen Abend bewegender zu inszenieren.

# DAS SPIEL

14.06.1970, Weltmeisterschaft, Viertelfinale

## England – Deutschland

**2:3**
(n. V.)
(1:0, 2:2)

| Mullery (31.) | 1:0 | |
| Peters (49.) | 2:0 | |
| | 2:1 | Beckenbauer (69.) |
| | 2:2 | Seeler (82.) |
| | 2:3 | G. Müller (108.) |

### Stadion
Estadio Guanajuato, León

### Zuschauer
23 357

### England
Bonetti, Newton, Cooper, Mullery, Labone, Moore, Lee, Ball, Hurst, Charlton (Bell, 70.), Peters (Hunter, 79.)

### Deutschland
Maier, Vogts, Höttges (Schulz, 46.), Beckenbauer, Schnellinger, Fichtel, Libuda (Grabowski, 56.), Seeler, Müller, Overath, Löhr

14.06.1970     **PLATZ 34**

**England – Deutschland 2:3 (n. V.)**

# DIE TRÄGE KATZE IN DER SONNE

Hand drauf: Bobby Moore erhält von Uwe Seeler den hübschen DFB-Wimpel und das Versprechen auf eine Revanche für 1966.

## PLATZ 34

Im deutschen WM-Quartier in Comanjilla herrscht höchste Sicherheitsstufe. Drei Stunden vor dem Spiel will sich Nationaltrainer Helmut Schön keine Details zur Aufstellung entlocken lassen. Grund für die Geheimnistuerei: Sein englischer Kollege Alf Ramsey hat seinerseits angeordnet, dass keine Informationen zum Kader nach außen dringen. Kurz vor dem Anpfiff klärt sich der Grund für die Verschwiegenheit der Briten auf. Ramseys Elf hat einen Ausfall an einer neuralgischen Stelle: Torwart Gordon Banks hat als einziger Stammspieler beim Mittagessen Würstchen und ein kaltes Bier anstatt des Fischgerichts gewählt – und sich gehörig den Magen verdorben. Sein Trainer hat bis zuletzt gehofft, dass sich der verlässliche Keeper noch erholt, doch er muss auf Peter Bonetti vom FC Chelsea zurückgreifen, der seit vier Jahren Banks' Stellvertreter im Nationaltor ist und den die englischen Fans zärtlich »The Cat« nennen.

Die DFB-Equipe hat mit den Briten seit der Finalniederlage in Wembley vier Jahre zuvor noch eine Rechnung offen. Kapitän Uwe Seeler scherzt schon im Kabinengang mit Bobby Charlton: »No chance, today is our Wembley.« Die Sympathien auf den Rängen des Estadio Guanajuato sind fast vollständig aufseiten der Deutschen. Dennoch gelingt es England durch Tore von Alan Mullery und Martin Peters, nach rund fünfzig Minuten mit 2:0 in Führung zu gehen. Die Deutschen können sich beim nervösen englischen Schlussmann bedanken, dass sie nicht schon frühzeitig aus dem Spiel sind: Franz Beckenbauer erzielt nach einem eleganten Dribbling mit einem haltbaren Schuss von der Strafraumgrenze in der 69. Minute den Anschlusstreffer.

Nach diesem Tor vollzieht Alf Ramsey einen rätselhaften Wechsel. Er tauscht Bobby Charlton gegen Colin Bell aus und beraubt das englische Spiel so seiner Inspirationsquelle. Der Coach wird sein Handeln später damit begründen, dass der Lenker mit der hohen Stirn am Ende seiner Kräfte gewesen sei. Kritiker jedoch vermuten, Ramsey habe seinen Star in Verkennung der Situation für das Halbfinale schonen wollen. Denkbar ist beides: Schließlich steht das Thermometer auf dem Rasen kurz nach Mittag bereits bei 45 Grad.

---

**Uwe Seeler** »Der Ball landet dort, wo ich relativ wenig Haare habe: auf meinem Hinterkopf. Ich lasse mich leicht ins Kreuz fallen, schiebe den Kopf unter den Ball und schnelle hoch.«

---

**O**hne seinen Impulsgeber fehlt es dem englischen Spiel an Organisation. Uwe Seeler gelingt in der 82. Minute der Ausgleich. Eine Flanke von Karl-Heinz Schnellinger titscht im Fünfmeterraum auf die schüttere Rückseite von Seelers Schädel und senkt sich in Zeitlupe über die träge »Katze« ins Tor. Wie im WM-Finale 1966 muss der Sieger in der Verlängerung ermittelt werden. Anders als damals besitzen heute die Deutschen das entscheidende Quäntchen Willenskraft. In der 108. Minute schlägt Jürgen Grabowski eine halbhohe Flanke, die Hannes Löhr per Kopf zu Gerd Müller weiterleitet. Müllers Volleyschuss aus fünf Metern Entfernung lässt Bonetti, der wie festgetackert auf seiner Linie klebt, keine Abwehrchance. Es soll die letzte Aktion von »The Cat« auf der Bühne des Weltfußballs sein – Bonetti spielt danach nie wieder für England. Doch sein Einsatz gegen die DFB-Elf begründet bis heute einen Mythos: die Legende vom englischen Torwartproblem.

# DAS SPIEL

16.11.1958, DFB-Pokal, Finale

## VfB Stuttgart – Fortuna Düsseldorf

**4:3**
(n. V.)

| | | |
|---|---|---|
| Praxl (36.) | 1:0 | |
| | 1:1 | K. Hoffmann (50.) |
| | 1:2 | Wolfframm (52.) |
| Geiger (62.) | 2:2 | |
| Waldner (68., HE) | 3:2 | |
| | 3:3 | Wolfframm (79.) |
| Weise (113.) | 4:3 | |

**Stadion**
Auestadion, Kassel

**Zuschauer**
28 000

**VfB Stuttgart**
Sawitzki, Eisele, Seibold, Hartl, R. Hoffmann, Schlienz, Waldner, Geiger, Weise, Blessing, Praxl

**Fortuna Düsseldorf**
Klose, Vigna, Juskowiak, K. Hoffmann,
Jäger, Mauritz, Steffen, Wolfframm, Jansen, Derwall, Wöske

16.11.1958  **PLATZ 35**

## VfB Stuttgart – Fortuna Düsseldorf 4:3 (n. V.)

# LAUNEN EINES LAUDATORS

Eine offene Feldschlacht: Stuttgarts Rudi Hoffmann und Fortuna-Stürmer Dieter Wöske schenken sich nichts.

**PLATZ 35**

**H**ans Körfer hat immer gern Siegerehrungen im Namen des DFB durchgeführt. Diesmal aber bereitet es dem Spielausschussleiter reichlich Mühe, den Pokal an Stuttgarts Kapitän Robert Schlienz zu übergeben. Als glühender Verehrer der Düsseldorfer Fortuna hat Körfer 120 Minuten auf den Sieg seines Klubs gehofft. Lange sieht es so aus, als würden seine verhuscht in den Manteltaschen gedrückten Daumen auch ihrer Bestimmung gerecht.

Nach dreißig Minuten liegt die Elf aus Flingern beim Eckenverhältnis mit unfassbaren 10:1 vorn. Das erste Tor scheint nur eine Frage der Zeit zu sein. Doch im Kasten des VfB steht mit einer mächtigen Schlägermütze auf dem Kopf Günter Sawitzki – und macht das Spiel seines Lebens. Die Kopfbedeckung trägt er nicht etwa wegen der Sonne. Es ist ein trister Novembernachmittag. Grund für das schicke Accessoire ist Bundestrainer Sepp Herberger, der auf der Tribüne sitzt. Sawitzki hat Ambitionen auf die Nummer 1 im Nationaltor, er hat bereits viermal für Deutschland gespielt. Nun fürchtet er jedoch, beim Nationalcoach in Ungnade zu fallen, falls dieser sein kleines Geheimnis entdeckt: Das schwäbische Enfant terrible trägt unter der üppigen Haube nämlich einen kleinen Zopf.

---

**Aus dem »Sportmagazin« am 17.11.1958** »… dass der Unparteiische diesen Kampf noch zu einem guten Ende brachte, spricht für ihn.«

---

**E**ntnervt von den Paraden des VfB-Schlussmanns unterläuft Düsseldorf in der 36. Minute eine Unachtsamkeit, sodass Dieter Praxl mit einem Rechtsschuss das 1:0 für den VfB erzielen kann. Nach der Pause kommt die Mannschaft von Hermann Lindemann mit Wut im Bauch zurück aufs Feld. Stuttgart verschläft den Wiederanpfiff und erwacht erst wieder in der 52. Minute, als die Fortunen plötzlich mit 2:1 führen.

Der VfB wirft alles nach vorn. Rolf Geiger gelingt in der 62. Minute der Ausgleich. Sechs Minuten später bekommt Düsseldorfs Matthias

Mauritz im eigenen Strafraum den Ball an die Hand, und der Berliner Schiedsrichter Werner Treichel zeigt auf den Punkt. Erwin Waldner behält die Nerven und überwindet erfolgreich Keeper Heinz Klose – 3:2.

Auf beiden Seiten schwinden allmählich die Kräfte. Die Konditionsschwächen werden zunehmend durch derbe Fouls kompensiert. Einige Spieler verlassen mit Blessuren für Minuten den Platz und kehren später humpelnd aufs Feld zurück. Von strukturiertem Angriffsaufbau kann nicht mehr die Rede sein. Doch in der 79. Minute bringt Wolfframm die Fortunen mit seinem 3:3 zurück ins Spiel.

In der Verlängerung sind inzwischen auch die Zuschauer gehandicapt: Die hereinbrechende Dunkelheit erschwert es nun zunehmend, das Spielgeschehen noch en détail zu verfolgen.

Der Stuttgarter Lothar Weise schleppt sich in der 113. Minute nur noch im Schritttempo übers Feld. Mit letzter Kraft wirft sich der gebürtige Sauerländer in eine Flanke von Rolf Blessing. Das Leder springt von seinem Kopf unhaltbar ins Tor. »Für mich geht ein Jugendtraum in Erfüllung«, sagt die Neuverpflichtung vom Lokalrivalen Stuttgarter Kickers nach dem Abpfiff. Für seinen Siegtreffer bekommt Weise durch die Vermittlung eines dankbaren VfB-Funktionärs eine Tankstelle in Fellbach.

Weniger glücklich präsentiert sich der Spielausschussleiter des DFB. Nach der Siegerehrung gerät Hans Körfer derart in Rage, dass ihm jegliche einem Verbandsfunktionär gebührende Überparteilichkeit abhandenkommt. Kurz nach der Pokalübergabe bezichtigt er den Referee, mit seiner Elfmeterentscheidung den Ausgang des Matches nachhaltig beeinflusst zu haben: »Ich verstehe nicht, wie der Schiedsrichter bei Stuttgart ein Reflexhandspiel durchgehen lässt und bei Fortuna die gleiche Situation mit einem Elfmeter bestraft.« Die jubelnden Schwaben bekommen davon aber nichts mehr mit.

# DAS SPIEL

25.06.1988, Europameisterschaft, Finale

## Niederlande – Sowjetunion

 **2:0**
(1:0)

Gullit (33.)                      1:0
van Basten (54.)           2:0

### Stadion
Olympiastadion, München

### Zuschauer
72 308

### Niederlande
van Breukelen, van Aerle, R. Koeman, Rijkaard, van Tiggelen,
Vanenburg, Wouters, E. Koeman, Mühren, Gullit, van Basten

### Sowjetunion
Dassajew, Alejnikow, Chidijatulin, Litowtschenko, Demjanenko,
Sawarow, Gotsmanow (Baltatscha, 69.), Raz, Michailitschenko,
Belanow, Protasow (Pasulko, 71.)

25.06.1988  **PLATZ 36**

## Niederlande – Sowjetunion 2:0

# DIE TRÄNEN DES GENERALS

Das Ende der Vergangenheit: Rinus Michels mit den Eleven Ruud Gullit, Adri van Tiggelen und Marco van Basten (v. l.).

**166    PLATZ 36**

**A**ls Rinus Michels nach dem Finalsieg in die Kabine kommt, kann er es kaum glauben. Dem autoritären Bondscoach schießen Tränen der Rührung in die Augen. Aus einer jubelnden Spielertraube löst sich Kapitän Ruud Gullit und streckt dem »General« eine Cartier-Uhr entgegen. Ein Geschenk des Teams an seinen gestrengen Übungsleiter. Noch nie hat sich eine Mannschaft in dieser Form bei ihm erkenntlich gezeigt. Auch nicht das legendäre Team um Johan Cruyff, für das die Mannschaft an diesem Tag Wiedergutmachung geleistet hat. Vierzehn Jahre nach der traumatischen Finalniederlage gegen Deutschland bei der WM 1974 hat Holland seinen ersten bedeutenden Titel errungen. Wie damals ist München der Schauplatz. Wie damals heißt der Coach der Elftal Rinus Michels, dem eine Last von der Seele genommen wird: »Endlich werde ich nicht mehr mit der Vergangenheit konfrontiert.«

Der Unterschied zu 1974 ist, dass die Niederländer diesmal nicht von Beginn an die dominierende Mannschaft im Turnier sind. Das Endspiel ist eine Revanche für die 0:1-Pleite, die Holland gegen die Sowjetunion in der Vorrunde hinnehmen muss. Im Auftakt-Match hat Michels noch auf seinen seit Monaten verletzten Mittelstürmer Marco van Basten verzichtet. Als er ihn im zweiten Spiel gegen England in die Startelf beordert, zerlegt van Basten die Briten mit drei Treffern fast im Alleingang. Es ist, als habe sich in der fünfmonatigen Verletzungspause eine Sehnsucht in ihm breitgemacht – ein Verlangen nach Traumtoren.

Das Beste aber hat sich der Angreifer für das Finale aufgehoben. Zunächst hat es den Anschein, als gelänge es der Sbornaja erneut, das gefürchtete Kombinationsspiel der Elftal erfolgreich zu unterbinden. In der 33. Minute aber funktioniert die sowjetische Abseitsfalle nicht. Ruud Gullit nickt nach einer herrlichen Kopfballstafette mit Marco van Basten die Kugel derart wuchtig ein, dass sich seine Rastalocken wie der Fächer eines Pfaus aufstellen.

Nun haben die Holländer Platz. In der 54. Minute erlebt die Welt einen magischen Fußballmoment: Arnold Mühren flankt von links nach

## Niederlande – Sowjetunion

rechts über die Strafraumbegrenzung hinweg. Er hofft, dass van Basten den weich getretenen Ball annimmt, um damit in den Sechzehnmeterraum einzudringen. Doch der hat sich etwas völlig anderes in den Kopf gesetzt. Mit der traumwandlerischen Sicherheit eines Begnadeten zieht der Stürmer in diesem Augenblick aus vollem Lauf volley ab.

Der Treffer setzt nicht nur die Gesetze der Ballistik außer Kraft. Sein Jahrhunderttor schickt auch 35 000 Oranje-Fans auf den Rängen und Millionen Fußball-Afficionados an den TV-Schirmen in den siebten Himmel. Dem russischen Keeper Rinat Dassajew bleibt nur ein hilfloses Zucken im rechten Arm. Sogar ein ballgewandter Mann wie Franz Beckenbauer ist entgeistert: »Das schwierigste Tor, das ich je gesehen habe.«

Die Rakete, die der Stürmer gezündet hat, bringt den Widerstand der Elf von Walerij Lobanowski zum Erliegen. Nur Hollands Keeper Hans van Breukelen will sich damit nicht abfinden. In der 70. Minute fällt der Heißsporn aus Utrecht in seinem Strafraum Sergej Gotsmanov. Doch dem schmächtigen Igor Belanow fehlt im Duell mit dem selbstbewussten Torhüter der Mut – er verschießt den fälligen Elfmeter.

---

**Marco van Basten** »Das schönste Tor? Ich weiß nicht. Ich habe doch gar nicht überlegen können, habe einfach draufgehauen und dann selbst gestaunt, als der Ball im Netz gelandet ist.«

---

Mit dem Schlusspfiff starten die Niederländer eine Party, die den historischen Ausmaßen ihres Erfolgs alle Ehre macht. Beim Bankett im Münchner Hilton-Hotel tritt Ruud Gullit mit Band auf und beschwört den Geist der Rastafari. Zurück in Amsterdam, werden Kapitän und Trainer mit dem Ritterorden derer von Oranien in der königlichen Residenz »Huis ten Bosch« geehrt. Der »General« hat die Vergangenheit endgültig hinter sich gelassen.

# Das Spiel

30.10.2012, League-Cup, Achtelfinale

## FC Reading – FC Arsenal

 **5:7**
n.V.
(4:1, 4:4)

| | | |
|---|---|---|
| Roberts (12.) | 1:0 | |
| Koscielny (18., ET) | 2:0 | |
| Leigertwood (20.) | 3:0 | |
| Hunt (37.) | 4:0 | |
| | 4:1 | Walcott (45.+2) |
| | 4:2 | Giroud (64.) |
| | 4:3 | Koscielny (89.) |
| | 4:4 | Walcott (90.+5) |
| | 4:5 | Chamakh (103.) |
| Pogrebnjak (115.) | 5:5 | |
| | 5:6 | Walcott (120.+1) |
| | 5:7 | Chamakh (120.+2) |

### Stadion
Madejski Stadion, Reading

### Zuschauer
23 980

### FC Reading
Federici, Gunter, Shorey, Gorkss, Morrison, Tabb, Leigertwood, McCleary (74. McAnuff), Robson-Kanu, Hunt (74. Pogrebnjak), Roberts

### FC Arsenal
Martinez, Jenkinson, Djourou, Koscielny, Miquel (105. Meade), Coquelin, Frimpong (62. Giroud), Gnabry (62. Eisfeld), Walcott, Arshawin, Chamakh

30.10.2012  PLATZ 37

# FC Reading – FC Arsenal 5:7 n.V.

## PARTYLÖWE ARSÈNE WENGER

Fettes Guthaben auf dem Torkonto: Theo Walcott (l.) bejubelt mit Olivier Giroud seinen Treffer zum 5:6.

**170  Platz 37**

In der Halbzeit spricht Arsène Wenger nur einen Satz. Der Coach des FC Arsenal, der von Anhängern des Klubs wie ein Heiliger verehrt wird, appelliert an den Ehrgeiz seiner Eleven: »Ihr könnt nicht für Arsenal spielen,« sagt Wenger, »und einfach aufgeben.« Was der Franzose verlangt, ist nicht weniger als eine Herkulestat. Denn seine Leute haben in der ersten Halbzeit den nachhaltigsten Fehler gemacht, den ein Profisportler begehen kann: Sie haben den Gegner vom FC Reading auf die leichte Schulter genommen.

Die Gründe für das Unterschätzen liegen auf der Hand. Der FC Reading liegt in der Tabelle der Premier League auf einem ernüchternden drittletzten Rang, in neun Aufeinandertreffen mit dem FC Arsenal haben die Londoner sämtliche Spiele für sich entscheiden können. Auch Wenger scheint sich seiner Sache im League Cup verhältnismäßig sicher zu sein. Er schont beim Anpfiff eine Reihe von Stammspielern, darunter seine deutschen Stars Per Mertesacker und Lukas Podolski.

Die Strafe folgt auf dem Fuße. Angetrieben durch ein ausverkauftes Madejski Stadion und beflügelt durch den Außenseiterstatus schießt die Elf aus der Grafschaft Berkshire bis zur 37. Minute wie im Rausch eine 4:0-Führung heraus. Mitgereiste Arsenal-Anhänger begeben sich teilweise bereits vor dem Pausenpfiff aus Protest gegen die arbeitsverweigernde Haltung auf den Heimweg. Dass Jungstar Theo Walcott in der Nachspielzeit der ersten Hälfte auf 1:4 verkürzt, hält niemanden vom Verlassen des Stadions ab.

Wirklich Grund zur Beunruhigung hat der FC Reading nicht, denn der Gastgeber hat das Spiel weitgehend unter Kontrolle. Nur Teammanager Brian McDermott, dessen Spielerkarriere einst bei den »Gunners« begonnen hat, beschleicht eine diffuse Unruhe: »Das 4:1 zur Pause fühlte sich nicht gut an«, wird der Coach nach Abpfiff sagen, »ich weiß auch nicht warum, es war so ein Gefühl.«

Denn Wengers kurzatmige Gardinenpredigt zeigt Wirkung. Womöglich sind es auch mahnende Worte von den Ersatzspielern Mertesacker und Podolski – die beiden haben erst zwei Wochen zuvor mit der deutschen Nationalelf in Berlin einen Vier-Tore-Vorsprung gegen Schweden verspielt –, die den »Gunners« noch mal Hoffnung geben. Der eingewechselte Franzose Olivier Giroud schießt in der 64. Minute das 2:4. Doch es dauert bis zur Schlussminute der regulären Spielzeit, ehe Laurent Koscielnys Treffer zum 3:4 das Unmögliche wieder möglich erscheinen lässt. Obwohl nur vier Minuten Nachspielzeit angezeigt sind, lässt Schiedsrichter Kevin Friend bis zur 95. Minute spielen. Es ist die eine zusätzliche Minute, die Arsenal braucht, um sich mit einem weiteren Tor von Theo Walcott in die Verlängerung zu retten.

**Brian McDermott** »Das fühlt sich an wie eine Beerdigung.«

**W**er nun glaubt, die »Royals« seien in ihrer Moral gebrochen, befindet sich auf dem Holzweg. Zwar schießt Marouane Chamakh die launische Diva aus dem Norden Londons in Führung, doch fünf Minuten vor Ende der Verlängerung gleicht der Russe Pavel Pogrebnyak für den FC Reading zum 5:5 aus.

Die Heimfans bereiten sich angesichts des Schützenfestes bereits auf ein enervierendes Elfmeterschießen vor, als Walcott und Chamakh mit zwei weiteren Treffern in der Nachspielzeit der Verlängerung ihr Torkonto weiter aufstocken und für die Entscheidung sorgen. Der FC Reading unterliegt in einem epochalen Pokal-Fight am Ende mit 5:7. Die britische Boulevardzeitung »The Sun« wird von »der größten Aufholjagd der Cup-Geschichte« berichten. Die Bilanz des Fußballästheten Arsène Wenger fällt am Ende etwas weniger pathetisch, aber nicht minder treffend aus: »Ab der zweiten Halbzeit war es eine große Party«. Und so feiert Wenger ein Fest, das es ohne »Fergie-Time« niemals gegeben hätte.

# DAS SPIEL

25.05.1967, Europapokal der Landesmeister, Finale

## Celtic Glasgow – Inter Mailand

**2:1**
**(0:1)**

|  |  |  |
|---|---|---|
|  | 0:1 | Mazzola (7., FE) |
| Gemmell (63.) | 1:1 |  |
| Chalmers (85.) | 2:1 |  |

### Stadion
Estádio Nacional, Lissabon

### Zuschauer
54 000

### Celtic Glasgow
Simpson, Craig, Gemmell, Murdoch, McNeill, Clark, Johnstone, Wallace, Chalmers, Auld, Lennox

### Inter Mailand
Sarti, Burgnich, Facchetti, Bedin, Guarneri, Picchi, Domenghini, Mazzola, Cappellini, Bicicli, Corso

25.05.1967  **PLATZ 38**

## Celtic Glasgow – Inter Mailand 2:1

# LÖWEN MIT DRITTEN ZÄHNEN

Glücklicher Löwe: Celtic-Kapitän Billy McNeill mit dem Europacup und netten Herren von der Lissaboner Polizei.

**174    PLATZ 38**

Wie ein Rudel Halbstarke streunen die Spieler durch die laue portugiesische Nacht. Ein Freund von Trainer Jock Stein hat die Celtic-Elf eingeladen, um mit ihr in einem Vorort von Lissabon das Länderspiel zwischen England und Spanien anzuschauen. Die Stimmung ist ausgelassen, die Ablenkung hat gutgetan. Als Kotrainer Neilly Mochan auf dem Nachhauseweg die Umrisse des Mannschaftsquartiers erkennt, nehmen die Schotten die Abkürzung über ein Feld. In der Dunkelheit kommen sie an die Mauer an der Rückseite der Herberge. Und keine 24 Stunden vor dem größten Erfolg in der Vereinsgeschichte hievt sich die Elf des schottischen Meisters per Räuberleiter über das Gemäuer, um ins Bett zu kommen.

Der Kontrast zum Finalgegner aus Mailand könnte nicht größer sein. Inter ist das Maß aller Dinge im europäischen Fußball. Zweimal hat die Mannschaft von Helenio Herrera in den vergangenen drei Jahren den Landesmeisterpokal gewonnen. Mit dem Durchschnittsverdienst eines Mailänder Profis könnte Celtic seinen gesamten Kader inklusive der Trainer bezahlen. Während die Schotten in Baumwollhemden ohne Nummern auf dem Rücken auflaufen, tragen die Italiener elegante Kaschmirjerseys. Celtics Kapitän Billy McNeill sagt: »Die Italiener sahen aus wie Filmstars – und wir sparten für die dritten Zähne.«

Der gelernte Minenarbeiter Stein hat vorab ein bisschen gestichelt. In einem Interview zweifelt er in markigen Worten an, dass die verhätschelten Lire-Millionäre gegen seine Elf bestehen können. Der gewiefte Taktiker weiß, was er tut. Er hat bei Celtic ein schlagkräftiges Team zusammengestellt, dessen Kader komplett aus der Region Glasgow stammt. Beim Finale in Lissabon stehen elf Spieler auf dem Platz, die in einem Radius von nicht einmal 45 Kilometern Entfernung geboren sind. Bei der Belegung der Doppelzimmer verordnet er sogar ständiges Rotieren, damit sich unter keinen Umständen Grüppchen bilden. Das Team ist eine verschworene Gemeinschaft. Celtic hat in der Saison 1966/67 in 63 Pflichtspielen 198 Tore geschossen und nur viermal verloren.

**Celtic Glasgow – Inter Mailand**    **175**

Mit entsprechend breiter Brust laufen die Spieler nun ins Lissaboner Estádio Nacional ein. Gemeinsam singen sie: »Hail, hail, the Celts are here, what the hell do we care now.« Und sie werden dabei von 12 000 Anhängern unterstützt, die der Elf aus Parkhead im Glasgower East End gefolgt sind. Doch alles Säbelrasseln scheint obsolet, als Jim Craig nach nur sieben Minuten Renato Cappellini im Strafraum zu Fall bringt. Sandro Mazzola lässt Schlussmann Ronnie Simpson bei seinem Strafstoß keine Chance.

---

**Celtic-Fan Jackie Connor** »Nach dem Schlusspfiff war ich so in Ekstase, dass ich meine Frau fast zu Tode gequetscht hätte, als ich sie umarmte.«

---

Die Adepten des Hohepriesters des Catenaccio, Helenio Herrera, ziehen nun ihr Spiel auf. Gegen neun Verteidiger ist für die anstürmenden Schotten lange kein Durchkommen. Erst nach mehr als einer Stunde findet Tommy Gemmell eine Lücke in der Mailänder Deckung und überwindet Keeper Giuliano Sarti mit einem harten Schuss von der Strafraumgrenze. Ein Schock für die Italiener, die nun verzweifelt versuchen, sich aus ihrer defensiven Grundordnung zu befreien. Zu spät, wie sich herausstellen soll. Denn fünf Minuten vor dem Ende zieht Steve Chalmers flach aus halb linker Position ab. Der Ball findet irgendwie seinen Weg durch die dicht stehende Mailänder Abwehr und schlägt in der rechten Torecke ein.

Nach dem Schlusspfiff bilanziert der schmerbäuchige Jock Stein stolz: »Wir schlugen sie mit unserem eigenen, schönen, ideenreichen Spiel.« Celtics Triumph ist ein Pionierstück: Im zwölften Jahr des Wettbewerbs gewinnt erstmals ein britischer Verein die Trophäe. Es sollte das bisher erste und letzte Mal sein, dass eine schottische Elf das Meistercupfinale gewinnt.

Elf streunende Nachtschattengewächse gehen an diesem Tag als Lisbon Lions in die schottische Fußballgeschichte ein.

# DAS SPIEL

22.06.1986, Weltmeisterschaft, Viertelfinale

## Argentinien – England

   **2:1** (0:0)

| | | |
|---|---|---|
| Maradona (51.) | 1:0 | |
| Maradona (55.) | 2:0 | |
| | 2:1 | Lineker (81.) |

### Stadion
Aztekenstadion, Mexiko-Stadt

### Zuschauer
114 580

### Argentinien
Pumpido, Luis Brown, Cuciuffo, Ruggeri, Batista, Burruchaga (Tapia, 75.), Maradona, Enrique, Guisti, Olarticoechea, Valdano

### England
Shilton, Stevens, Sansom, Fenwick, Butcher, Hoddle, Reid (Waddle, 64.), Steven (Barnes, 74.), Hodge, Lineker, Beardsley

**22.06.1986**  **PLATZ 39**

## Argentinien – England 2:1

# EIN GENIALER GANOVE

Die Hand Gottes: Maradona macht winke, winke und Englands Keeper Peter Shilton schaut traurig hinterher.

## PLATZ 39

Von Argentiniens Fußballveteran Roberto Perfumo stammt der Satz: »Engländer im Fußball zu besiegen ist für Argentinier, als würden die Schüler die Lehrer schlagen.« Die pennälerhafte Abneigung hat vor dem Viertelfinale eine neue Dimension erreicht. Es ist die erste Partie seit dem Falkland-Konflikt im Frühjahr 1982, dem 258 englische Soldaten und 649 Argentinier zum Opfer gefallen sind. Insbesondere den Südamerikanern steckt die militärische Auseinandersetzung – provoziert durch die argentinische Junta – noch in den Köpfen. Diego Maradona wird das Spiel später zu einer Fortsetzung des Kriegs mit anderen Mitteln stilisieren: »Sie hatten argentinische Jungen wie kleine Vögel getötet. Das war unsere Rache dafür.«

Für den Vergeltungsschlag ist der Kapitän der Albiceleste bereit, alle Mittel einzusetzen – auch unlautere. Zwei Tore des Solitärs entscheiden das Match und brennen sich für immer ins kollektive Gedächtnis ein: ein Treffer, der in seiner Eleganz und Vielschichtigkeit auf immer unerreicht bleiben wird, und ein zweiter, der auf dem dreistesten Betrug beruht, der wohl je bei einer WM stattgefunden hat. Aktionen, die auf seltsame Weise auch den widersprüchlichen Charakter des Ausnahmespielers widerspiegeln – die des Fußballgenies und des exzentrischen Blenders.

Maradona befindet sich 1986 im Zenit seines Könnens. Der schmächtige Fußballgigant entpuppt sich auch an diesem Tag als unberechenbarer Thinktank des argentinischen Spiels. Sein Gegenspieler Terry Butcher ist von Beginn an überfordert und versucht, Maradona den Respekt deshalb in der Manier des Patriarchen einzubläuen. In der 40. Minute rammt der grobe Verteidiger dem Goldjungen den Ellenbogen ins Gesicht, doch Maradona klopft sich nur cool den heißen Staub des Aztekenstadions ab und trollt sich.

Seine Revanche folgt kurz nach dem Wiederanpfiff. Ein Abwehrversuch von Steve Hodge gerät im englischen Strafraum zur Bogenlampe. Der 1,85 Meter große Peter Shilton stürzt aus seinem Tor, doch der fast zwanzig Zentimeter kleinere Maradona ist vor ihm abgesprungen – und boxt, fächert oder köpft das Leder über den Keeper hinweg in die Maschen. Referee Ali Bennaceur entscheidet unter heftigen Protesten der Briten auf Tor. Als Maradona nach dem Spiel gefragt wird, mit welchem Körperteil er den Treffer denn erzielt habe, spricht er einen Satz, der das Tor zum Mythos machen soll: »Es war die Hand Gottes und der Kopf Maradonas.«

**Diego Maradona** »Ich wartete, dass meine Mitspieler mich umarmten, aber keiner kam. Also rief ich: ›Kommt her, sonst überlegt es sich der Schiedsrichter noch mal anders.‹«

Der zweite Teil der Demütigung folgt nur vier Minuten später. Der begnadete Ganove schnappt sich an der Mittellinie den Ball und bricht zu einem ganz eigenen Roadmovie auf. Sein Alleingang führt ihn vorbei an Slalomstangen namens Peter Beardsley, Peter Reid, Terry Butcher und Terry Fenwick. Bereits im englischen Strafraum dribbelt er ein weiteres Mal Butcher aus, um schließlich – all seine Überlegenheit demonstrierend – auch Peter Shilton mit einer Körpertäuschung zu düpieren und unbedrängt einzuschießen. Nach dem Spiel wird Maradona sagen, das Tor sei lediglich eine Neuauflage eines Sturmlaufs, den er 1980 bei einem Freundschaftsspiel im Wembley-Stadion unternommen habe. Damals habe er bloß vergessen, den englischen Keeper zu umkurven. Diesen Fehler habe er diesmal vermieden.

Der sechste Treffer von Gary Lineker bei dieser WM kann nicht mehr verhindern, dass die bizarren Träume der Junta-Generäle zumindest fußballerisch Wirklichkeit werden: Argentinien schickt den großen Rivalen zurück in die Heimat. Als Maradona sich Jahrzehnte später in seiner Autobiografie fragt, welches der beiden Tore gegen England ihm mehr bedeute, kommt er zu dem Schluss: »Das mit der Hand. Weil es mir das Gefühl gab, den Engländern die Brieftasche gestohlen zu haben.«

# DAS SPIEL

26.05.1989, First Division (heute: Premier League),
32. Spieltag

## FC Liverpool – FC Arsenal

|  |  |
|---|---|
| 0:1 | Smith (52.) |
| 0:2 | Thomas (90. + 2) |

**Stadion**
Anfield, Liverpool

**Zuschauer**
41 783

**FC Liverpool**
Grobbelaar, Ablett, Staunton, Nicol, Hansen, Houghton, Whelan, Aldridge, Rush (Beardsley, 32.), Barnes, McMahon

**FC Arsenal**
Lukic, Dixon, Winterburn, Thomas, O'Leary, Adams, Rocastle, Richardson, Smith, Bould (Groves, 76.), Merson (Hayes, 73.)

**26.05.1989**  **PLATZ 40**

## FC Liverpool – FC Arsenal 0:2

# AM VORABEND EINER NEUEN ZEIT

Ein epochemachender Treffer: Michael Thomas öffnet das Tor zur Kommerzialisierung des Fußballs – und bringt Nick Hornby auf eine Idee.

**182    PLATZ 40**

Stunde null im englischen Fußball. Die Katastrophe von Hillsborough liegt erst 41 Tage zurück. Beim FA-Cup-Halbfinale in Sheffield zwischen dem FC Liverpool und Nottingham Forest sind bei einer Massenpanik 96 Fans gestorben. Die Reds haben deshalb den Termin für das Heimspiel gegen Arsenal am 23. April 1989 abgesagt. Die Partie wird auf ein Datum nach dem offiziellen Ende der Saison 1988/89 verlegt. Ein Umstand, der eine brisante Konstellation zur Folge hat: Eine Laune des Schicksals sorgt nämlich dafür, dass aus einem gewöhnlichen Nachholspiel der dramatische Showdown um die englische Meisterschaft wird. Der Tabellenführer aus Liverpool ist kurz davor, sein zweites Double in Folge zu gewinnen. Der Gast aus London hingegen braucht einen Sieg mit zwei Toren Vorsprung, um den ersten Titel seit 1971 mit nach Hause zu nehmen.

Die Vorzeichen deuten nicht gerade auf eine Sensation hin: Arsenal hat seit fünfzehn Jahren nicht mehr in Anfield gewonnen, Liverpool daheim schon drei Jahre nicht mehr mit nur einem Tor Unterschied verloren. Arsenal-Coach George Graham weiß, dass seine Elf nur eine Außenseiterchance hat: »Wir müssen einen Berg besteigen. Aber solange wir kein Tor fangen, haben wir bis zum Schluss eine Chance.« Er ahnt nicht, wie recht er behalten wird.

---

**»The Guardian«** »In dieser Nacht wurde der Fußball neu geboren, sein Ruf wiederhergestellt.«

---

Das Match beginnt mit einer Verspätung von fünfzehn Minuten, weil zahllose Arsenal-Fans auf der M6 in einen Stau geraten sind. Wegen des besonderen Termins wird das Spiel auch live im Fernsehen übertragen, weltweit verfolgen 600 Millionen Menschen die Erstligapartie.

Doch das Match kommt nur langsam in Gang, die erste Halbzeit verläuft ohne nennenswerte Aktionen. Sieben Minuten nach dem Wiederanpfiff bekommen die Gunners einen indirekten Freistoß zugesprochen. Nigel Winterburn schlägt den Ball lang in den Strafraum, wo er sanft über den Kopf des heranpreschenden Alan Smith streichelt und von dort aus ins Tor geht. Auf diese Situation hat George Graham gehofft. Er bringt mit Martin Hayes und Perry Groves zwei offensive Kräfte und spielt fortan mit zwei Stürmern.

Doch es dauert fast vierzig Minuten, ehe Grahams Planänderung Konsequenzen nach sich zieht. In der zweiten Minute der Nachspielzeit setzt sich Arsenals Stürmer Michael Thomas mit letzter Kraft in der Abwehr der Reds durch und steht plötzlich einsam vor Keeper Bruce Grobbelaar. Thomas wartet. Über eine halbe Milliarde Menschen vor den Bildschirmen halten den Atem an. »Die Zeit wurde immer länger und länger. Ich überlegte, wie ich es anstellen soll«, sagt Michael Thomas später.

Es ist der Bruchteil dieser Sekunde, der die Weichen für die Zukunft des Fußballs stellt. Die Dramatik der Partie, die Masse an Zuschauern, ein Herzschlagfinale, das die Menschen am Fernseher und im Stadion zu einer riesigen Einheit verschmolzen hat – all das wird bahnbrechende Folgen haben. Es tun sich neue wirtschaftliche Möglichkeiten der Liveübertragung von Ligaspielen auf. Während Thomas überlegt, wohin er schießen soll, wird eine Entwicklung in Gang gesetzt, an deren Ende die Einführung der Premier League und damit die zentralisierte Vermarktung des Fußballs steht.

Ohne sich dieses Ausmaßes bewusst zu sein, lupft Michael Thomas den Ball rechts an Grobbelaar vorbei ins Tor. Das bittersüße Happy End nach einer Saison der Düsternis. Ein Last-Minute-Sieg, der auch dazu führt, dass der Lehrer Nick Hornby das Buch »Fever Pitch« über seine Liebe zu Arsenal verfassen wird. Eine Liebe, die nach Jahrzehnten des Misserfolgs endlich erwidert wird.

# DAS SPIEL

06.11.1982, 1. Bundesliga, 12. Spieltag

## Borussia Dortmund – DSC Arminia Bielefeld

 **11:1** (1:1)

|  |  |  |
|---|---|---|
|  | 0:1 | Pagelsdorf (16.) |
| Burgsmüller (19.) | 1:1 |  |
| Burgsmüller (46.) | 2:1 |  |
| Abramczik (47.) | 3:1 |  |
| Burgsmüller (60.) | 4:1 |  |
| Klotz (66.) | 5:1 |  |
| Burgsmüller (69.) | 6:1 |  |
| Burgsmüller (72.) | 7:1 |  |
| Raducanu (78.) | 8:1 |  |
| Klotz (80.) | 9:1 |  |
| Klotz (84.) | 10:1 |  |
| Huber (87., FE) | 11:1 |  |

**Stadion**
Westfalenstadion, Dortmund

**Zuschauer**
34 000

**Borussia Dortmund**
Immel, Huber, Loose, Rüssmann, Bönighausen, Tenhagen, Koch, Burgsmüller, Raducanu, Abramczik (Zorc, 60.), Keser (Klotz, 42.)

**DSC Arminia Bielfeld**
Isoaho, Geils, Büscher, Hupe, Pohl, Schnier (Krajczy, 64.), Pagelsdorf, Schröder, Reiss, Grillemeier, Riedel

06.11.1982  **PLATZ 41**

## Borussia Dortmund – DSC Arminia Bielefeld 11:1

# OST-WESTFÄLISCHER PUNCHINGBALL

Fieser Fußballkater: Arminia-Keeper Olli Isoaho signalisiert Bernd Krajczy, dass er dringend ein Aspirin braucht.

**PLATZ 41**

Bielefelds Trainer Horst Köppel bekommt nach dem Schlusspfiff ein Fass Bier. Eigentlich ist es für den Gewinner des Ergebnistipps der Journalisten bestimmt. Doch auf so ein Resultat ist keiner der Experten gekommen. Der hochgelobte Jungtrainer der Arminen reicht den Fünf-Liter-Kübel gleich an seine Spieler weiter, damit sie sich nach dem frustrierenden Nachmittag im Westfalenstadion wenigstens die Rückfahrt nach Ostwestfalen ein bisschen schöntrinken können. Der »Kicker« textet charmant doppeldeutig: »Es war eine Flut, die Bielefeld wegfegte.« Was sich allerdings nicht auf den Humpen Pils, sondern auf die 11:1-Pleite der Arminen bezieht.

In der Halbzeitpause hat Köppel beim Stand von 1:1 seine Elf, die nach einem Tor von Frank Pagelsdorf zwischenzeitlich sogar in Führung liegt, noch angefeuert: »Jungs, wir können hier gewinnen.« Doch der Coach ist noch gar nicht aus der Kabine ins Stadion zurückgekehrt, da haben Manfred Burgsmüller und Rüdiger Abramczik innerhalb von nur 86 Sekunden auf 3:1 für den BVB erhöht.

Arminias Torwart Olli Isoaho hat seinem Trainer eine wichtige Information vorenthalten. Seit Wochen quält ihn bereits eine schmerzhafte Handverletzung. Doch der finnische Keeper will auf gar keinen Fall Schwäche zeigen, denn die ostwestfälische Presse protegiert ohnehin schon seinen Konkurrenten Volker Diergardt auf der Torwartposition. In diesem Moment aber schwant ihm plötzlich Böses: »Als es 3:1 stand, dachte ich: Hoffentlich ist bald Feierabend.«

Denn etwas Seltsames geht im Westfalenstadion vor sich. Als der BVB das 4:1 nachlegt, fangen die Fans auf der Südtribüne an, übermütig mit den Füßen zu trampeln, und fordern bei ihrer Mannschaft ein zweistelliges Ergebnis ein. »Nur noch sechs …« Und bei jedem weiteren Treffer zählen die Anhänger weiter, als stünde die Arminia wie ein taumelnder Kirmesboxer im Ring. »Nur noch fünf, nur noch vier …«

Als das 8:1 gefallen ist, schickt Horst Köppel seinen Assistenten Gerd Roggensack aufs Feld. Der Kotrainer soll die Mannschaft noch einmal zur Ordnung rufen, um diese epochale Niederlage nicht noch blamabler zu machen. Bielefeld ist ersatzgeschwächt ins Spiel gegangen. Neben dem gesperrten Libero Horst Wohlers müssen die Arminen mit Kapitän Ewald Lienen und Mittelfeldregisseur Pasi Rautiainen auf insgesamt drei Schlüsselspieler verzichten. Es fehlt die ordnende Hand.

---

**Karl-Heinz Feldkamp** »Wir haben nicht mal berauschend gespielt, es war halt nur jeder Schuss ein Treffer.«

---

**H**orst Köppel sagt hinterher: »Das Problem war, dass wir immer weiter nach vorn rannten und auch Tore machen wollten.« Doch Roggensacks Warnung kommt zu spät. Die Bielefelder Profis quittieren die Ereignisse im Angesicht des blamablen Rückstands bereits mit Galgenhumor. Dortmunds Vorstopper Rolf Rüssmann sieht, dass sich einige Arminen das Lachen nicht mehr verkneifen können. Rüssmann: »Die Elf war wie ein Punchingball, den man niederschlägt und der rechtzeitig zum nächsten Schlag wieder strammsteht.« Der BVB lässt sich deshalb nicht lange bitten – und veranstaltet ein ziemliches Gemetzel.

Arminia-Präsident Jörg auf der Heide steht nach dem Spiel im Kabinengang und ihm rollen Tränen der Verzweiflung die Wangen hinab. Sein Dortmunder Kollege Jürgen Vogt hingegen belohnt diesen unglaublichen Kantersieg mit einer stattlichen Extraprämie von je 3000 D-Mark pro Spieler.

Als BVB-Coach Karl-Heinz Feldkamp nach Spielende gefragt wird, ob er als Gast im »aktuellen sportstudio« zum Erfolg seiner Elf Stellung beziehen wolle, erweist er sich jedoch als stiller Genießer. Mit der Begründung, er müsse am Abend zu der Zirkusveranstaltung »Arena der Sensationen« in die Westfalenhalle, sagt er ab. Als habe er am Nachmittag nicht schon genug Spektakel gehabt.

# DAS SPIEL

24.06.1990, Weltmeisterschaft, Achtelfinale

## Deutschland – Niederlande

 **2:1** (0:0)

| Klinsmann (50.) | 1:0 | |
| Brehme (84.) | 2:0 | |
| | 2:1 | R. Koeman (89., FE) |

**Stadion**
Stadio Giuseppe Meazza, Mailand

**Zuschauer**
74 600

**Deutschland**
Illgner, Augenthaler, Reuter, Berthold, Kohler, Brehme, Littbarski, Buchwald, Matthäus, Klinsmann (Riedle, 79.), Völler

**Niederlande**
van Breukelen, van Aerle (Kieft, 66.), Rijkaard, R. Koeman, van Tiggelen, Wouters, Witschge (Gillhaus, 78.), Winter, van 't Schip, van Basten, Gullit

24.06.1990  PLATZ 42

## Deutschland – Niederlande 2:1

# IKONE DER GEHÄSSIGKEIT

WM-Souvenir: Im Wettstreit der Minipli hinterlässt Frank Rijkaard (r.) Rudi Völler ein feuchtes Andenken.

## PLATZ 42

Nach dem Abpfiff spricht Franz Beckenbauer aus, was Millionen Deutsche denken:»Meine Achtung ist auf null gesunken.« Die Szene, die den Kaiser so aufgebracht hat, ereignet sich in der 22. Minute: Seit geraumer Zeit kläffen sich Rudi Völler und Frank Rijkaard an wie zwei balzende Pudel. Nach einem erneuten Foul am deutschen Mittelstürmer sieht der Niederländer Gelb. Im Vorbeilaufen beschließt Rijkaard, dem schnaubenden DFB-Recken ein recht intimes Souvenir dazulassen – und spuckt Völler mit der Beiläufigkeit eines aus der Siesta erwachten Lamas in die Minipli. Bei dem sonst eher friedfertigen Angreifer leuchten sofort alle Alarmlampen dunkelrot. Die Situation eskaliert in den nächsten Minuten: Beim darauffolgenden Freistoß stößt Völler mit Hollands Torhüter Hans van Breukelen zusammen. Rijkaard geht auf ihn zu, packt ihn giftig am Ohr. Die Aktion nimmt der argentinische Referee Juan Carlos Loustau zum Anlass, beide Zänker des Feldes zu verweisen. Rijkaard kommentiert dies mit einem verlegenen Lächeln und spuckt Völler auf dem Weg in die Umkleide nochmals beherzt in die Lockenpracht. Eine Schlägerei im Kabinengang kann von Physiotherapeuten nur knapp verhindert werden.

»Die Antipathie war an einem Siedepunkt«, stellt Rudi Völler Jahre später fest. Das Bild des spuckenden Rijkaard wird zu einer Ikone der Gehässigkeit, von der das Verhältnis der beiden Nationalteams in dieser Ära nachhaltig bestimmt wird. Bis dato schien es, als spiele eher die deutsche Elf die Schurkenrolle. Die dynamischen Teutonen um Leitwolf Lothar Matthäus können der spritzigen Eleganz der Oranjes um Rastafari Ruud Gullit in Sachen Sympathie nicht das Wasser reichen. Doch Rijkaards Unsportlichkeit korrigiert diesen Eindruck.

Vor dem Anpfiff deutet noch nichts auf ein solch hasserfülltes Scharmützel hin. Franz Beckenbauer lässt seinem Kollegen Leo Beenhakker mit aller Wertschätzung mitteilen:»Wer dieses Spiel gewinnt, wird am Ende Weltmeister.« Befrachtet mit so viel Verantwortung, starten beide Formationen jedoch leicht übermotiviert in die Partie. Erst die Roten

## Deutschland – Niederlande 191

Karten durch den Schiedsrichter führen schließlich dazu, dass nun rund um das Spielfeld die Emotionen hochkochen, der Zwist auf dem Rasen sich jedoch beruhigt.

In der Halbzeit schwört der deutsche Teamchef seine Elf ein, nun auch für den disqualifizierten Kollegen Völler zu gewinnen. Einer nimmt sich diese Aufforderung besonders zu Herzen: Der Schwabe Jürgen Klinsmann scheint das Kilometergeld seines Sturmpartners gleich mit einheimsen zu wollen – und sprintet im zweiten Durchgang jedem noch so aussichtslosen Ball nach.

---

**Rudi Völler** »Angespuckt zu werden ist nicht unbedingt das, was man sich bei einer WM wünscht.«

---

**S**eine Bemühungen werden belohnt. Der kantige Guido Buchwald lässt Aron Winter auf dem linken Flügel per Übersteiger stehen. Seine Flanke nimmt der haltlos in den Strafraum preschende Klinsmann direkt und schießt unhaltbar zum 1:0 ein.

Den Holländern fehlt nach Rijkaards Ausfall der rigide Organisator in der Defensive. In der 84. Minute spielt erneut der aufopferungsvoll kämpfende Buchwald auf dem linken Flügel Andreas Brehme frei. Der Mann, von dem Beckenbauer sagt, er besäße in beiden Füßen gleichermaßen viel Präzision, schlenzt von der Strafraumgrenze die Kugel in die lange Ecke: 2:0. Am Erfolg der Deutschen kann auch Ronald Koemans Anschlusstreffer per Elfmeter eine Minute vor dem Schlusspfiff nichts mehr ändern. Wie von Beckenbauer prophezeit, ist der Sieg gegen die favorisierten Niederländer der Brückenkopf zum späteren Weltmeistertitel.

Die Fehde zwischen Völler und Rijkaard bleibt in beiden Ländern unvergesslich – auch wenn sich die Streithammel schon bald wieder vertragen. Eine Molkerei setzt die beiden 1996 sogar für einen Werbespot an einen gedeckten Frühstückstisch. Der Slogan: »Mit echter Butter bekommen Sie jeden an eine Tafel.«

# DAS SPIEL

**17.02.1974, Primera División, 22. Spieltag**

## Real Madrid CF – FC Barcelona

 **0:5**
**(0:2)**

| | |
|---|---:|
| 0:1 | Asensi (30.) |
| 0:2 | Cruyff (38.) |
| 0:3 | Asensi (53.) |
| 0:4 | Juan Carlos (63.) |
| 0:5 | Sotil (70.) |

**Stadion**
Estadio Santiago Bernabéu, Madrid

**Zuschauer**
80 000

**Real Madrid CF**
García Remón, Morgado, Benito, Zoco, Rubinan, Pirri, Netzer, Velazquez, Aguilar (Santillana, 46.), Amancio, Macanas

**FC Barcelona**
Mora, Rifé, Costas, De La Cruz, Costas, Juan Carlos, Rexach, Asensi, Cruyff, Sotil, Marcial (Tome, 69.)

**17.02.1974**  **PLATZ 43**

## Real Madrid CF – FC Barcelona 0:5

# DIE LANDUNG DES ERLÖSERS

Künstlergespräch: Günter Netzer nimmt Johan Cruyff in den Arm.
Hält er sich fest oder fleht er um Gnade?

## PLATZ 43

Johan Cruyff hat nie einen Hehl aus seiner politischen Einstellung gemacht. Als die Funktionäre von Real Madrid den Superstar im Frühjahr 1973 für sechs Millionen D-Mark von Ajax Amsterdam loseisen wollen, düpiert er die Königlichen in brutaler Form. Er nähme lieber das Angebot des FC Barcelona an, weil er nicht für einen Klub spielen wolle, hinter dem Diktator Franco stehe. Mit diesem Statement gewinnt der Niederländer im Handstreich die Sympathien der stolzen Katalanen, ihre Herzen aber erobert er erst an diesem kühlen Februarabend im feindlichen Bernabéu-Stadion.

Es ist das erste Gastspiel des Flying Dutchman in der Fußballkathedrale. Barça liegt neun Zähler vor den Königlichen, hat siebzehn Mal in Folge nicht verloren. Die Diktatur in Spanien bröckelt, dem greisen Franco entgleiten allmählich die Zügel. Die Zeichen am Horizont deuten auf Demokratie.

Innerhalb eines halben Jahres hat Cruyff unter Anleitung seines Ziehvaters, Coach Rinus Michels, den Stil von Barça revolutioniert. Auch in Madrid präsentiert sich die Elf mit ihrem grandiosen Angriffsquintett so offensiv, als spiele sie gegen einen geschundenen Abstiegskandidaten. Wie eine Partisanenarmee tauchen Carles Rexach, Hugo »Cholo« Sotil, Marcial Pina, Juan Manuel Asensi und Johan Cruyff immer wieder überfallartig in Madrids Abwehr auf.

Nach dem fehlgeschlagenen Transfer von Johan Cruyff hat der Hauptstadtklub alternativ den Deutschen Günter Netzer als Ideengeber für sein Mittelfeld eingekauft. Doch an diesem Sonntagabend wirkt der blonde Mönchengladbacher im Angesicht von Cruyffs Rasanz so inspiriert wie ein Bernhardiner beim Mittagsschläfchen.

Das Tor des Niederländers zum 2:0 in der 38. Minute wird zum Sinnbild des katalanischen Widerstands gegen den spanischen Zentralismus. Vor der Strafraumgrenze wird Cruyff nur ungenau angespielt. Halb im Fallen gelingt es ihm dennoch, den Ball unter Kontrolle zu bekommen und sich im Straucheln mit Körpertäuschungen durch Reals komplette

Innenverteidigung zu schlängeln. Er behält die Übersicht, kommt wieder zum Stehen und schießt verwegen mit links ein. Die Geräuschkulisse im Bernabéu gleicht nach dieser Demonstration der Überlegenheit einer Totenmesse. Cruyff aber kennt keine Gnade. Drei weitere Tore bereitet er vor, jeder Angriff Barças entspringt einem neuen Geistesblitz des Schalks.

---

**Manuel Vásquez Montalbán** »Der FC Barcelona ist das unbewaffnete Heer Kataloniens.«

---

**E**ine Woche vor dem Match ist er Vater geworden. Danny Cruyff und ihr Mann sind sich einig: Der Junge soll Jordi heißen, benannt nach Kataloniens Schutzpatron. Doch die amtliche Beurkundung gestaltet sich schwierig: Die staatstreuen Behörden in Barcelona erkennen nur »Jorge« als Namen an, die spanische Version von »Jordi«. Zum Zeitpunkt des Spiels befindet sich der Niederländer im Zwist mit den Beamten. Er sagt: »Sein Name ist Jordi – ob Sie wollen oder nicht.« Und Widerspruch reizt den Exzentriker erst recht.

Zur Strafe demütigt er in San Bernabéu nicht nur das weiße Ballett von Real, sondern nimmt gleich Spaniens gesamtes Establishment in Sippenhaft. Madrid hat nicht den Ansatz einer Chance. Nach dem Abpfiff widmet er den Sieg seinem Neugeborenen.

Die »New York Times« schreibt, Cruyff habe in den neunzig Minuten mehr für den katalanischen Regionalismus getan als alle Politiker zusammen.

Manuel Vásquez Montalbán, der 2003 verstorbene Schriftsteller, dichtet von dem grandiosen Sieg befeuert: »1:0 für Barcelona – 2:0 für Katalonien – 3:0 für Sant Jordi – 4:0 für die Demokratie – 5:0 gegen Madrid.« Auf den Straßen Kataloniens feiern die Menschen Cruyff als »El Salvador«, den Erlöser. Sechs Monate später ist Spanien ein demokratischer Staat.

# DAS SPIEL

02.11.1993, UEFA-Cup, 2. Runde, Rückspiel

## Karlsruher SC – Valencia CF

 **7:0**
**(3:0)**

| | |
|---|---|
| Schmitt (29.) | 1:0 |
| Schmitt (34.) | 2:0 |
| Schütterle (37.) | 3:0 |
| Schmarow (46.) | 4:0 |
| Schmitt (59.) | 5:0 |
| Schmitt (63.) | 6:0 |
| Bilić (90.) | 7:0 |

### Stadion
Wildparkstadion, Karlsruhe

### Zuschauer
25 000

### Karlsruher SC
Kahn, Wittwer, Bilić, Schuster, Schütterle (Klinge, 71.), Carl, Rolff, Bender, Schmarow, Schmitt (Krieg, 82.), Kiriakov

### Valencia CF
Sempere, Belodedici, Serer (Galvez, 46.), Giner, Quique (Eloy, 64.), Camarasa, Tomas, Fernando, Alvaro, Mijatović, Pizzi

02.11.1993   PLATZ 44

## Karlsruher SC – Valencia CF 7:0

# EIN FATALISTISCHES SCHLITZOHR

Eine Sternstunde hat neunzig Minuten: Edgar Schmitt spürt bei 1:0 bereits die Metamorphose zu »Euro-Eddy«.

## PLATZ 44

Es ist alles nur eine Frage der Perspektive. Zuerst drehte er den Ton ab, dann nahm er mit der Fernbedienung auch die Farbe aus dem Bild. Winfried Schäfer hatte sich für die Teamsitzung vor dem entscheidenden Spiel gegen den FC Valencia einen Psychotrick ausgedacht. Besonders attraktiv wirkte die Aufzeichnung der Hinspielniederlage nun nicht mehr. Ratlos verfolgten die Spieler das Gekicke auf dem Bildschirm. Oliver Kahn kam als Erster drauf, was der Trainer seiner Mannschaft zu signalisieren versuchte. Der Torhüter sprang auf und rief: »Diese farblose Truppe will uns aus dem Europacup schmeißen?«

Erstmals in seiner Geschichte spielt der Karlsruher SC in einem internationalen Wettbewerb. Die Atmosphäre im Stadion des spanischen Tabellenführers hat die Badener reichlich überfordert. Angesichts der 3:1-Auswärtsniederlage droht das UEFA-Cup-Abenteuer bereits in der zweiten Runde zu Ende zu gehen. Doch Schäfers Signal kommt an. Ohne die feurige Stimmung im Mestalla-Stadion sind die Spanier mit ihrem flinken Kurzpassspiel plötzlich auch nur ein Team unter vielen.

Die Marschrichtung, die der Coach für den eisigen Dienstagabend angibt, ist unmissverständlich: alles oder nichts, stürmen auf Teufel komm raus. Winnie Schäfer setzt alles auf eine Karte. Die UEFA hat ihn wegen schlechten Betragens im Hinspiel auf die Tribüne beordert. Mit der Kapuze über dem Kopf mogelt er sich dennoch vor Anpfiff in die KSC-Kabine, um mantraartig zu wiederholen: »Wir schaffen das, wir schaffen das.«

Seine Spieler sind wie Rennpferde in der Box. Der Anstoß muss wiederholt werden, weil gleich vier Karlsruher zu früh in den Mittelkreis laufen. Mittelstürmer Edgar Schmitt hat einige Tage zuvor einen schweren Unfall gehabt. Er ist mit seinem Sportwagen von der Straße abgekommen, das Fahrzeug hat sich viermal überschlagen. Doch bis auf einen Schnitt am Ohr ist der listige Stürmer unbeschadet dem Wrack entstiegen. Der Fatalismus des Überlebenden soll Schmitt an diesem Abend unsterblich machen.

Mit zwei Direktabnahmen innerhalb von fünf Minuten egalisiert der Dreißigjährige innerhalb einer guten halben Stunde das Hinspielergebnis. Als Rainer Schütterle mit einem Heber Valencias Keeper José Manuel Sempere überlupft und noch vor der Pause das dritte Karlsruher Tor markiert, höhnt es von der Zuschauertribüne bereits lautstark: »Zieht den Spaniern die Badehose aus.«

---

**Winfried Schäfer** »Wir wollten sie überrennen – wie Stiere in der Arena.«

---

**E**igentlich könnte der KSC nun auf Ballhalten umschalten. »Doch wir wollten einfach mehr«, sagt Edgar Schmitt später. Sekunden nach dem Wiederanstoß erzielt der Russe Valerij Schmarow das vorentscheidende 4:0. Schäfers Trainerkollege Ottmar Hitzfeld hat diese Form von Druckaufbau, die der KSC an manchem Tag auch in der Bundesliga zelebriert, wie folgt charakterisiert: »Das ist kein Forechecking mehr, das ist Krieg.«

In der 63. Minute spielt Schmarow das Leder genau in den Lauf des an der Mittellinie startenden Schmitt. Der hält aus achtzehn Metern Entfernung kompromisslos drauf und erzielt das 6:0. Zum zweiten Mal in dieser Woche hat die Zahl Vier eine äußerst schicksalhafte Bedeutung für den Mann aus Kugeldorf. Viermal hat er sich bei seinem Unfall überschlagen, vier Tore machen aus dem freundlichen Edgar aus der Eifel an diesem Tag den historischen »Euro-Eddy«.

Valencias Coach Guus Hiddink hat an der Seitenlinie längst die innere Emigration angetreten. Es sei »sehr, sehr, sehr kalt in Karlsruhe«, wird er nach der 7:0-Schmach in die Mikrofone spanischer Journalisten sprechen. Derweil tritt auf der Aschenbahn des Wildparkstadions KSC-Verteidiger Dirk Schuster mit freiem Oberkörper seine zweite Ehrenrunde an. Wie gesagt, alles eine Frage der Perspektive.

# DAS SPIEL

01.05.1982, DFB-Pokal, Finale

## FC Bayern München – 1. FC Nürnberg

 **4:2**
(0:2)

|  |  |  |
|---|---|---|
|  | 0:1 | Hintermaier (31.) |
|  | 0:2 | Dreßel (44.) |
| Rummenigge (54.) | 1:2 |  |
| Kraus (65.) | 2:2 |  |
| Breitner (72., FE) | 3:2 |  |
| D. Hoeneß (89.) | 4:2 |  |

### Stadion
Waldstadion, Frankfurt

### Zuschauer
61 000

### FC Bayern München
M. Müller, Weiner, Beierlorzer (Niedermayer, 25.), Augenthaler, Horsmann, Kraus, Dürnberger, Breitner, Dremmler, D. Hoeneß, Rummenigge

### 1. FC Nürnberg
Kargus, Weyerich, Brunner (Brendel, 74.), Reinhardt, Eder, Stocker, Hintermaier, Schlegel (Lieberwirth, 78.), Heidenreich, Heck, Dreßel

01.05.1982  PLATZ 45

## FC Bayern München – 1. FC Nürnberg 4:2

# DAS BLUT VON HADSCHI HALEF OMAR

Keine Gnade mit dem Gegner: Dieter Hoeneß präsentiert sich mit entblößtem Schädel im FCN-Trikot.

**PLATZ 45**

Der Brummschädel am nächsten Morgen ist nicht von schlechten Eltern. Dieter Hoeneß hat es sich richtig gegeben. Der Schampus in der Edel-Schenke des Münchner Gastronomen Käfer ist nicht zu verachten gewesen. Doch vor allem die Kopfnuss, die ihm Nürnbergs Vorstopper Alois Reinhardt während des rassigen Pokalfinals verpasst hat, steckt dem stämmigen Bayern-Stürmer noch mächtig in den Knochen.

In der 13. Minute des Pokalfinales verabschiedet sich Hoeneß kurzzeitig aus dem aktiven Sport. Roland Müller-Wohlfahrt verarztet die klaffende Stirnwunde mit einem großen Pflaster, das dem Sturmtank jedoch beim ersten Kopfball wieder von der Halbglatze rutscht. Der Bayern-Arzt erwägt, die Verletzung noch an Ort und Stelle zu nähen. Doch Hoeneß wird schwarz vor Augen. Müller-Wohlfahrt schließt die Furche also behelfsmäßig mit einem Klammerpflaster, und der blonde Brecher stürzt sich tollkühn wie Hadschi Halef Omar mit einem Turban zurück ins Gefecht. Das Bild des ramponierten Hoeneß, der mit nässender Kopfwunde wie ein todgeweihter Landser seinen Kameraden beispringt, soll zu einem Mythos in der langen Erfolgsgeschichte des FC Bayern werden.

---

**Dieter Hoeneß** »Ich habe das gar nicht gespürt, ich wollte einfach nur den Pott gewinnen!«

---

Die Münchner sind etwas überheblich in das Spiel gegen den abstiegsbedrohten »Club« gegangen. Das Pokalfinale ist für die Elf von Pál Csernai nur die Ouvertüre zu einem furiosen Saisonausklang: Der Verein steht im Finale des Landesmeister-Cups gegen Aston Villa und auch in der Meisterschaft ist noch alles möglich.

In der 31. Minute kommt Nürnbergs Spielgestalter Reinhold Hintermaier an der Mittellinie in Ballbesitz und versucht in Ermangelung an Alternativen einen Torschuss. Die Kugel schlägt aus fast vierzig Metern Entfernung im Winkel über dem sich offenbar im Tiefschlaf befindlichen Manfred Müller ein. Kurz vor der Pause kommt es noch dicker:

Werner Dreßel schließt nach einem Steilpass mit dem 2:0 für die Clubberer ab.

Der lädierte Dieter Hoeneß überlegt kurzzeitig, ob er sich auswechseln lassen soll. Doch sein Bruder, Manager Uli Hoeneß, fleht: »Dieter,
wir brauchen dich ganz dringend.« Das »Pál-System«, die von Bayern-
Coach Csernai eingeführte Art der Rückendeckung, die sich cool darauf
beschränkt, auf Fehler des Gegners zu warten, hat sich für dieses Spiel
überlebt. Denn Pál Csernai gibt nun das Signal zum Angriff. Karl-Heinz
Rummenigge, der kurz nach dem Wiederanpfiff den Anschluss schafft,
wird später von »Harakiri-Fußball« sprechen.

Dann beginnt die Zeit des Wolfgang Kraus. Nach einem Pfostenschuss von Rummenigge kann der zierliche Wasserträger ausgleichen. Nach einem Kopfballzuspiel des unaufhörlich blutenden Hoeneß
kommt »Scheppe« Kraus kurz darauf bei einem Laufduell mit Norbert
Eder im Strafraum zu Fall. Schiedsrichter Gerd Hennig aus Duisburg
gibt Elfmeter. Kraus quittiert diese Entscheidung im Aufstehen mit einem Grinsen. FCN-Coach Udo Klug stellt später bitter fest: »Der ist auf
den größten Flieger der Bundesliga reingefallen.« Paul Breitner lässt sich
die Chance nicht entgehen. 3:2. Die Entscheidung.

Die Clubberer haben wacker gekämpft. Als Trostpflaster wird der
Verein 200 000 D-Mark an die tapferen Profis ausschütten.

Die Pointe des Spiels aber bleibt dem Kopf von Dieter Hoeneß über-
lassen. Als wäre es im Drehbuch für dieses Finale festgeschrieben, findet
eine verirrte Flanke in der Schlussminute den dick verpackten Schädel
des Bayern-Stürmers, der plötzlich allein vor Keeper Rudi Kargus auf-
taucht. Wie einer Bestimmung folgend, schraubt Hoeneß seinen blutdurchtränkten Turban in den Ball und nickt zum 4:2-Endstand ein.

Der Präsident des FC Bayern, Willi O. Hoffmann, verkündet nach
Spielende, dem Verletzten müsse das »Eiserne Kreuz« verliehen werden.
Und einmal mehr wird klar: Fußballspiele werden mit dem Kopf ent-
schieden.

# DAS SPIEL

**26.01.1992, Afrika-Cup, Finale**

## Elfenbeinküste – Ghana

**11:10**
(n. V., n. E.)
(0:0, 0:0, 0:0)

| | | | | | |
|---|---|---|---|---|---|
| Aka | 1:0 | | Kouadio | 6:5 | |
| | 1:1 | Baffoe | | 6:6 | Armah |
| Hobou | 2:1 | | Aboua | 7:6 | |
| | 2:2 | Lamptey | | 7:7 | Abroah |
| Sekana | 3:2 | | Maguy | 8:7 | |
| | 3:3 | Naawu | | 8:8 | Ampeah |
| M. Traoré | 4:3 | | Sié | 9:8 | |
| | -:- | Asara | | 9:9 | Opuko |
| Tiéhi | -:- | | Gouaméné | 10:9 | |
| | 4:4 | Yeboah | | 10:10 | Ansah |
| Gadji-Celi | 5:4 | | Aka | 11:10 | |
| | 5:5 | Mensah | | -:- | Baffoe |

### Stadion
Stade de l'Amitié, Dakar

### Zuschauer
60 000

### Elfenbeinküste
Gouaméné, Aka, Aboua, Sekana, Hobou, Gadji-Celi, Maguy, Sié, Otokoré (M. Traoré, 53.), Tiéhi, A. Traoré (Kouadio, 101.)

### Ghana
Ansah, Ampeah, Mensah, Baffoe, Armah, Gyamfi (Naawu, 51.), Abroah, Lamptey, Asare, Yeboah, Opuko

**26.01.1992**  **PLATZ 46**

## Elfenbeinküste – Ghana 11:10 (n. V., n. E.)

# EINE UNENDLICHE GESCHICHTE

Umsonst gelaufen: Der Ivorer Traoré enteilt Baffoe,
der im Elfmeterschießen zur tragischen Gestalt wird.

## 206    Elfenbeinküste – Ghana

**A**nthony Baffoe hat alles richtig gemacht. Er hat genug Anlauf genommen, um Zeit bei der Wahl der Torecke zu haben. Den Ball hat er flach und platziert nach links geschossen. Doch offenbar reicht es dem ivorischen Keeper. Alain Gouaméné hat im gesamten Turnier kein einziges Tor aus dem Spiel heraus gefangen. Nun muss er innerhalb von wenigen Minuten zehn Elfmetertore verkraften. Es reicht. Mit fatalistischer Konsequenz entscheidet er sich für eine Ecke. Eine 50:50-Chance. Doch Gouaméné hat Glück und fällt direkt in Baffoes strammen Schuss.

**Otto Pfister** »Manche Niederlagen sind bitter. Wenn aber ein Spiel so ausgeglichen ist, kann man es verkraften.«

**F**ußball ist ein Mannschaftssport, doch selten hat ein Akteur mehr Anteil am Erfolg seiner Mannschaft gehabt als Torhüter Gouaméné an diesem Tag. Ein 120 Minuten lang währender Schlagabtausch im Stade de l'Amitié kann keine Antwort darauf geben, welche Mannschaft die bessere ist. Der viermalige Afrika-Meister Ghana ist geschwächt ins Spiel gegangen. Spielmacher Abédi Péle hat im Halbfinale gegen Nigeria die zweite Gelbe Karte im Turnier für ein Foul gesehen, das er gar nicht begangen hat. Der Schiedsrichter hat ihn mit einem Mitspieler verwechselt. Der Einspruch beim Verband hat nichts gebracht. Afrikas Fußballer des Jahres muss deshalb das Spiel im Anzug von der Bank aus verfolgen. Als nach der Verlängerung trotz zahlloser Chancen auf beiden Seiten immer noch kein Tor gefallen ist, kommt es zum Elfmeterschießen. Ghanas deutscher Coach Otto Pfister hat seine Schützen vorab auf einer Liste notiert. Er kann auf erfahrene Spieler vertrauen, unter anderem auf Bundesligaprofis wie Anthony Baffoe (Fortuna Düsseldorf) und Tony Yeboah (Eintracht Frankfurt). Bei Pfister ist es üblich, dass die Kicker am Ende jeder Trainingseinheit zehn Minuten lang Freistöße und Elfmeter üben. Jeder in der Mannschaft weiß also, was zu tun ist. Der Shoot-out verläuft, als würden die Akteure sich noch im Training wähnen, so eiskalt verwandeln alle nach und nach ihre Strafstöße. Die Verdächtigungen aus dem ghanaischen Lager, bei den Ivorern hätten Voodoo-Beschwörungen dafür gesorgt, dass Torwart Gouaméné in den Rang eines Unbezwingbaren aufgestiegen sei, erweisen sich schnell als unbegründet.

Beim Stand von 4:3 verfehlt der Ghanaer Isaac Asare das Tor. Die Entscheidung wird jedoch im Gegenzug gleich wieder vertagt: Auch Joël Tiéhi verschießt für die Elfenbeinküste.

Die vorab bestimmten Schützen auf Pfisters Liste sind längst abgehakt, nun müssen auch Spieler mit schwächeren Nerven ran. Beim Stand von 11:10 für die Ivorer beginnt die unendliche Geschichte wieder von vorn: Tony Baffoe muss zum zweiten Mal ran, alle ghanaischen Spieler haben inzwischen geschossen. Bedächtig legt er sich den Ball zurecht, keine Spur von Nervosität. Doch das Drama nimmt seinen Lauf.

Als Gouaméné den Ball gehalten hat, herrscht im Lager Ghanas minutenlang Stille. Nur Abédi Péle steht bei Otto Pfister und spricht ihm leise und schulterklopfend Mut zu. Der Trainer weiß: »Afrikanische Fußballer sind anders erzogen. Die haben so viel Elend erlebt, dass sie eine Niederlage schneller verkraften.« Als Senegals Staatspräsident Abdou Diouf kurz darauf die Silbermedaillen vergibt, hat sich die Enttäuschung über das verlorene Finale wieder gelegt. Jahre später gesteht Pechvogel Tony Baffoe auf die Frage, ob ihn sein Fehlschuss von damals noch schmerze: »Ach was, Elfer habe ich später auch noch verschossen.«

# DAS SPIEL

29.04.1978, 1. Bundesliga, 34. Spieltag

## VfL Borussia Mönchengladbach – Borussia Dortmund

 **12:0** (6:0)

| | |
|---|---|
| Heynckes (1.) | 1:0 |
| Heynckes (12.) | 2:0 |
| Nielsen (13.) | 3:0 |
| Del'Haye (22.) | 4:0 |
| Heynckes (32.) | 5:0 |
| Wimmer (38.) | 6:0 |
| Heynckes (59.) | 7:0 |
| Nielsen (61.) | 8:0 |
| Del'Haye (66.) | 9:0 |
| Heynckes (77.) | 10:0 |
| Lienen (87.) | 11:0 |
| Kulik (90.) | 12:0 |

### Stadion
Rheinstadion, Düsseldorf

### Zuschauer
38 000

### VfL Borussia Mönchengladbach
Kleff, Vogts, Wittkamp, Hannes, Wohlers, Kulik, Wimmer, Nielsen, Del'Haye, Heynckes, Simonsen (Lienen, 77.)

### Borussia Dortmund
Endrulat, Theis, Schneider, Huber, Meyer, Segler, Votava, Wagner, Burgsmüller, Frank, Geyer

29.04.1978  **PLATZ 47**

## VfL Borussia Mönchengladbach – Borussia Dortmund 12:0

# DAS DRECKIGE DUTZEND

Mein Feind, der Ball: Torhüter Endrulat fliegt,
alleingelassen von seinen Vorderleuten, durch den Strafraum.

**PLATZ 47**

Gut, dass es im Rheinstadion noch keine Balljungen gibt. Als beim Stand von 10:0 ein Ball weit übers Tor geht, schinden die Dortmunder Profis wertvolle Sekunden. Keiner macht sich die Mühe, das Leder von der Aschenbahn zurückzuholen. Der BVB sehnt nur noch den Schlusspfiff herbei. Schließlich sprintet Referee Ferdinand Biwersi in die Kurve, damit das Match fortgesetzt werden kann.

Die Einstellung der Dortmunder lässt an diesem Nachmittag von Beginn an zu wünschen übrig. Für den Tabellenelften geht es um nichts mehr. Schon beim Warmlaufen liegt ein Teil des BVB-Teams auf einer Hochsprungmatte am Spielfeldrand und sonnt sich. Nur ein Westfale vollzieht akribisch sein Programm: Der 23-jährige Torwart Peter Endrulat macht erst sein sechstes Ligaspiel für den BVB. Er hat Stammtorhüter Horst Bertram verdrängt und kämpft um eine Vertragsverlängerung.

Der Gegner aus Gladbach liegt im Titelrennen punktgleich mit dem 1. FC Köln an der Spitze der Tabelle. Die Elf von Udo Lattek muss allerdings eine Differenz von zehn Toren aufholen, wenn sie noch Meister werden will. Eine Woche ist es her, dass die Fohlenelf beim Hamburger SV mit 6:2 gewonnen hat. Vorstopper Wilfried Hannes sagt: »Die haben Geschmack am Toreschießen gefunden.«

---

**Wolfgang Kleff** »Der BVB war wohl der Meinung, dass er sich auf einer Kaffeefahrt oder einem Betriebsausflug befindet.«

---

Und wie groß der Appetit ist, beweist Jupp Heynckes schon 23 Sekunden nach Anpfiff. Sein Tor zum 1:0 beflügelt den Glauben der Gladbacher, das Unmögliche sei doch irgendwie möglich. Nach dreizehn Minuten steht es bereits 3:0. Peter Endrulat fliegen die Bälle nur so um die Ohren: »Die gingen immer flach in die Ecke, dass ich gar nicht reagieren konnte.«

In der Halbzeitpause fragt Trainer Otto Rehhagel seinen jungen Keeper, ob er ausgewechselt werden möchte. Die Borussen führen in-

## VfL Borussia Mönchengladbach – Borussia Dortmund

zwischen mit 6:0. Doch das ehrgeizige Talent möchte den Stammplatz nicht aufs Spiel setzen und hofft, sich im zweiten Durchgang mit einigen Paraden für einen neuen Kontrakt empfehlen zu können.

Derweil verkündet Udo Lattek seiner auf der Überholspur befindlichen Elf, dass der Rivale aus Köln bislang nur ein mickriges Tor im Auswärtsspiel beim Absteiger FC St. Pauli erzielt hat. Angetrieben durch die Fingerzeige des Trainers – »noch vier«, »jetzt noch drei« –, hetzt das Team vom Niederrhein in der zweiten Hälfte dem schmelzenden Vorsprung der Kölner hinterher.

BVB-Kapitän Manfred Burgsmüller erinnert sich: »Jeder war froh, wenn er den Ball nicht hatte. Bei manchen drängte sich der Eindruck auf, sie würden absichtlich woanders hingucken, um nicht angespielt zu werden.« Beim 10:0 machen sich auch bei Peter Endrulat leichte Auflösungserscheinungen bemerkbar. Er unterläuft eine Flanke, und Heynckes vollendet mit seinem fünften Treffer.

Am Ende hat Gladbach das Dutzend vollgemacht. Der 1. FC Köln hat jedoch in Hamburg mit 5:0 gewonnen und ist aufgrund von drei weniger gefangenen Toren neuer Deutscher Meister.

Das Ergebnis erweckt bei manchen den Eindruck, als sei in Düsseldorf nicht alles mit rechten Dingen zugegangen. Der Kölner Verteidiger Herbert Zimmermann giftet: »Dortmund sollte wegen Unsportlichkeit die Lizenz entzogen werden.« Was Hacki Wimmer, der an diesem Tag das letzte von 365 Bundesligaspielen für die Borussia bestreitet, zu dem Schluss kommen lässt: »Gut, dass wir nicht Meister geworden sind, das hätte nur Spekulationen gegeben.«

Für Peter Endrulat hat die Niederlage tragische Folgen. Obwohl ihm nur ein Fehler nachzuweisen ist, wird er nie wieder Bundesliga spielen und drei Jahre später seine Profikarriere beenden. Rückblickend sagt er: »Ich hätte in der Halbzeit rausgehen müssen.«

# DAS SPIEL

14.04.1999, FA Cup, Halbfinale

## FC Arsenal – Manchester United FC

**1:2**
(n. V.)
(0:1, 1:1)

| | | |
|---|---|---|
| | 0:1 | Beckham (17.) |
| Bergkamp (69.) | 1:1 | |
| | 1:2 | Giggs (110.) |

### Stadion
Villa Park, Birmingham

### Zuschauer
30 223

### FC Arsenal
Seaman, Dixon, Adams, Keown, Winterburn, Parlour (Kanu, 105.), Petit (Bould, 119.), Vieira, Vivas, Ljungberg (Overmars, 62.), Bergkamp, Anelka

### Manchester United FC
Schmeichel, G. Neville, Stam, Johnsson, P. Neville, Beckham, Butt, Keane, Blomqvist (Giggs, 61.), Solskjær (Yorke, 91.), Sheringham (Scholes, 76.)

14.04.1999  PLATZ 48

## FC Arsenal – Manchester United FC 1:2 (n. V.)

# EINE GANG AUS CLEANERN

Am Ziel: Ryan Giggs schließt seinen Sechzig-Meter-Sololauf lässig mit einem Heber über Arsenals Schlussmann David Seaman ab.

**214** **PLATZ 48**

Dennis Bergkamp hat es in der Hand. Der Niederländer steht in der Nachspielzeit beim Stand von 1:1 am Elfmeterpunkt und legt sich den Ball zurecht. Bergkamp läuft an. Er darf jetzt nicht nachdenken. Nur ein Profi, der grübelt, hat Probleme, einen Ball frei stehend aus elf Metern Entfernung im Tor unterzubringen. Doch dem Holländer flirrt ein Bienenschwarm durch die Gehirnwindungen. Keeper Peter Schmeichel pariert. Verlängerung.

Beide Teams treffen in dieser Woche bereits das zweite Mal im FA Cup aufeinander. Es scheint, als sträube sich das Schicksal dagegen, in diesem Duell einen Sieger zu bestimmen. Vor drei Tagen war es beiden Mannschaften nicht gelungen, innerhalb von 120 Minuten ein Tor zu erzielen. Und weil ein Elfmeterschießen nun mal schwerlich mit den Prinzipien des englischen Fair Plays in Einklang zu bringen ist, ist das Entscheidungsspiel in Birmingham angesetzt worden.

**Alex Ferguson** »Wer kann Momente wie diese vergessen? Es sind diese Höhepunkte, für die wir hier seit Jahren arbeiten.«

David Beckham hat die Elf aus der Arbeitermetropole nach siebzehn Minuten mit einem Traumtor in Führung gebracht. Doch wie sprunghaft das Schicksal in dieser Partie ist, zeigt, dass ausgerechnet Bergkamp vor seinem Fehlschuss kurz vor dem Ende den FC Arsenal zurück ins Spiel bringen darf. Mitte der zweiten Halbzeit schlägt sein Schuss aus 25 Metern Entfernung unhaltbar im Kasten von Peter Schmeichel ein.

Manchester United ist seit der 61. Minute in der Unterzahl, weil Kapitän Roy Keane mit Gelb-Rot vom Platz musste. Erschwerend kommt hinzu, dass die Abwehr nur noch mit größter Sorgfalt agieren kann. Alle Verteidiger sind bereits verwarnt.

Doch der verschossene Strafstoß in der Nachspielzeit ist wie ein Fanal für die nun folgende Tragödie des Londoner Klubs. Trainer Arsène Wenger sieht das Unheil nahen und will mit der Einwechslung von

Angreifer Nwankwo Kanu die Entscheidung erzwingen. United verteidigt inzwischen seit mehr als einer halben Stunde mit neun Feldspielern. Ein Torerfolg bleibt aber weiterhin aus.

In der 110. Minute nimmt Ryan Giggs einen unmotiviert gespielten Fehlpass des Franzosen Patrick Vieira in der eigenen Hälfte auf. Als habe er im Verlauf des Spiels heimlich einen Speicher an Dynamik und Ausdauer angelegt, bricht der Waliser nun in der Manier eines Südpolforschers zu einem Gewaltmarsch auf. Nach sechzig Metern ist der 26-Jährige im Strafraum von Arsenal angekommen und lässt noch drei Verteidiger wie Volkspolizisten in der Zeit nach der Wende stehen. Offenbar haben sie gar nicht mehr mit Gegenwehr aus Manchester gerechnet.

Mit einem Schuss in die obere Torecke vollendet Giggs seinen unwiderstehlichen Alleingang. Der Dauerläufer schließt – als sei er gerade erst ins Spiel gekommen – direkt einen Fünfzig-Meter-Jubellauf an und präsentiert dabei stolz seine Brustbehaarung, die Pornostar John Holmes alle Ehre gemacht hätte.

Die Willenskraft des Zehnmannteams zahlt sich letztlich aus. Freudestrahlend nimmt Coach Alex Ferguson seine Gang aus Cleanern in Empfang. Diese Typen, die cool bleiben, auch wenn es eng wird. Männer ohne Nerven. Einen Monat später wird auch der FC Bayern diese Eigenschaft der United Equipe schmerzlich zu spüren bekommen, als die Problemlöser den Münchnern durch zwei Tore in der Nachspielzeit den bereits sicher geglaubten Landesmeisterpokal stibitzen (siehe Platz 10). Die Geduld, diesen Erfolg zu erringen, erlernen die Fergie-Eleven in der Pokalnacht im Birminghamer Villa Park.

# DAS SPIEL

28.03.2004, 1. Bundesliga, 26. Spieltag

## VfB Stuttgart – SV Werder Bremen

  **4:4**
**(2:3)**

| | | |
|---|---|---|
| Bordon (3.) | 1:0 | |
| | 1:1 | Klasnić (13.) |
| Bordon (24.) | 2:1 | |
| | 2:2 | Klasnić (35.) |
| | 2:3 | Ailton (43.) |
| Bordon (50.) | 3:3 | |
| Streller (69.) | 4:3 | |
| | 4:4 | Ailton (70.) |

**Stadion**
Gottlieb-Daimler-Stadion, Stuttgart

**Zuschauer**
48 000

**VfB Stuttgart**
Hildebrand, Lahm, Živković, Bordon, Gerber (Szabics, 82.), Soldo, Meißner (Yakin, 52.), Hleb, Kurányi, Streller

**SV Werder Bremen**
Reinke, Schulz, Krstajić, Ismaël, Stalteri, Baumann, Ernst, Micoud, Lisztes (Lagerblom, 78.), Ailton (Valdez, 86.), Klasnić (Skripnik, 82.)

28.03.2004  **PLATZ 49**

## VfB Stuttgart – SV Werder Bremen 4:4

# ELF EISKALTE BRÜDER

In Deckung: Marcelo Bordon erzielt das 2:1 und versucht nebenbei, eine Handvoll von Werderanern zu erlegen.

## PLATZ 49

**B**eim Auslaufen am Montagmorgen ist die Euphorie noch immer da. Die Kiebitze beim Training rufen den Werder-Spielern Dankesbekundungen aufs Feld. Selbst der brummige Coach Thomas Schaaf schafft es nicht, seine Profis für ihre ambivalente Leistung in Stuttgart mit einer Gardinenpredigt zu überziehen. Und das, obwohl die Grün-Weißen als Tabellenführer vier Treffer gefangen haben. Der sonst so nüchterne Übungsleiter ist noch wie elektrisiert: »Bei diesem Spiel gab es nur Sieger, vor allem die Zuschauer.«

Der Fußballgott hat sich für das Match einen so simplen wie dramatischen Spielverlauf ausgedacht: Jedem Tor der einen Mannschaft muss der Gegner mit einer entsprechenden Replik begegnen. Als der Brasilianer Ailton in der 70. Minute den achten Treffer erzielt, denkt sich Bremens Innenverteidiger Valérien Ismaël: »Wird Zeit, dass abgepfiffen wird. Sonst geht das hier 7:7 oder 8:8 aus.«

Es begegnen sich zwei eingespielte Formationen, ausgestattet mit dem unbedingten Willen zum Sieg. Auffälligster Spieler ist Stuttgarts Innenverteidiger Marcelo Bordon, der zumindest in der Offensive eine Sternstunde erlebt. Mit drei Treffern ist er der erfolgreichste Schütze. Seine Ausflüge hinterlassen aber riesige Löcher in der eigenen Abwehr, die das Bremer Sturmduo Klasnić und Ailton auszunutzen weiß. Während der VfB bedingungslos anrennt, überzeugen die Werderaner mit der eiskalten Effektivität eines Auftragskillers. Bereits in der dritten Minute eröffnet Bordon mit einem Kopfballtreffer das Powerplay der Schwaben. Allerdings verpasst es das Team von Felix Magath, trotz guter Chancen den Vorsprung auszubauen. Stattdessen schließt Klasnić bereits den ersten nennenswerten Angriff der Bremer mit dem Ausgleich ab. Als die Grün-Weißen bei einem Freistoß nicht rechtzeitig ihre Mauer stellen, wuchtet erneut Bordon den Ball durch die sich bietende Lücke. Keeper Andreas Reinke nimmt den Schuss nur als kometenhaften Schweif wahr. Kurz darauf ist es wieder Klasnić, der aus abseitsverdächtiger Position ausgleicht.

Nur Augenblicke nachdem Bordon auf der Linie vor Ailton geklärt hat, leitet Klasnić einen langen Pass per Kopf an den brasilianischen »Kugelblitz« weiter. Ailton setzt sich gegen Boris Živković durch, und kurz vor dem Halbzeitpfiff führt Werder mit 3:2.

---

**Valérien Ismaël** »Wir hatten sehr viel Glück, Meisterglück, wie sich später rausstellte.«

---

Nach der Pause kommt es zur offenen Feldschlacht. In der 50. Minute spielt nochmals Bordon den Vollstrecker: Aus dreißig Metern Entfernung bolzt er einen weiteren Freistoß auf Reinkes Tor. Der zeigt im Angesicht des Geschosses keine Reaktion. Er fällt einfach um, offenbar erleichtert, ohne Verletzungen aus der Sache rauszukommen.

Als der eingewechselte Hakan Yakin in der 69. Minute seinem Schweizer Landsmann Marco Streller auflegt, dieser Reinke umkurvt und zum 4:3 einschießt, scheint die Bremer Moral gebrochen. »In diesem Team waren wir wie Brüder«, sagt Ismaël. Die Familienbande lässt die Schaaf-Elf letzte Reserven mobilisieren. Einen Schuss von Johan Micoud kann Timo Hildebrand zwar parieren, doch seine Abwehr fällt Ailton vor die Füße, der volley den Endstand herstellt. Im stillen Einvernehmen erklären die 22 Akteure diese atemlose Reality-Show damit für beendet.

# DAS SPIEL

01.07.1990, Weltmeisterschaft, Viertelfinale

## England – Kamerun

 **3:2**
(n. V.)
(1:0, 2:2)

| | | |
|---|---|---|
| Platt (25.) | 1:0 | |
| | 1:1 | Kunde (61., FE) |
| | 1:2 | Ekéké (65.) |
| Lineker (83., FE) | 2:2 | |
| Lineker (105., FE) | 3:2 | |

### Stadion
Stadio San Paolo, Neapel

### Zuschauer
29 000

### England
Shilton, Pearce, Walker, Butcher (Steven, 73.), Parker, Wright, Waddle, Platt, Gascoigne, Lineker, Barnes (Beardsley, 46.)

### Kamerun
N'Kono, Ebwelle, Massing, Kunde, Tataw, Pagal, Libiih, M'Fédé (Ekéké, 62.), Mabdean (Milla, 46.), Makanaky, Omam-Biyik

01.07.1990     PLATZ 50

## England – Kamerun 3:2 (n. V.)

# DIE LETZTE SAMBA

Gekämpft wie die Löwen: Eugène Ekéké lässt Paul Parker nach seiner Grätsche ein Rad schlagen.

## PLATZ 50

**N**ach dem Schlusspfiff singen die England-Fans flehentlich: »Let's all have a disco.« Das Tanzen soll nicht zu Ende gehen. Auf dem Platz dreht nicht etwa das eigene Team eine Ehrenrunde, sondern die unterlegene Elf aus Kamerun. In ihrer Mitte steht der 38-jährige Roger Milla und ist zu traurig, um seine Hüften kreisen zu lassen. Vier Tore hat der Oldie bei dieser WM geschossen – und jedes hat er mit einer schon jetzt legendären Samba an der Eckfahne zelebriert. Millas Tänzchen soll zur Initialzündung für die weltweite Stürmerzunft werden. Es revolutioniert den Torjubel von einer reinen Affekthandlung zum kalkulierten Event. Millas Rhythmusgefühl wird aber auch zur Metapher auf den Esprit des afrikanischen Fußballs, der bis dato bei FIFA-Turnieren keine Rolle gespielt hat.

Die unbezwingbaren Löwen aus Kamerun haben der Welt bewiesen, dass Fußball vom schwarzen Kontinent konkurrenzfähig ist. Nie zuvor hat ein afrikanisches Team das Viertelfinale bei einer WM erreicht. Und acht Minuten vor dem Ende der offiziellen Spielzeit ist auch England im Begriff, vor der Elf von Valeri Nepomnyashchiy zu kapitulieren. Dabei hat es so gut für die Three Lions begonnen. Während Kamerun mit André Kana-Biyik, Emile Mbouh, Victor Ndip und Jules Onana gleich vier gesperrte Akteure aus der Stammelf ersetzen muss, lässt Bobby Robson seine Bestbesetzung auflaufen. In der 25. Minute bringt David Platt die Briten in Führung.

Der in die Jahre gekommene Milla bekleidet in Kameruns Spiel bei dieser WM die Rolle des Jokers. Als Coach Nepomnyashchiy ihn zur Halbzeit zum Warmlaufen aufs Feld schickt, geht ein Raunen durchs San Paolo. Die Neapolitaner haben den kahlköpfigen Schnauzbartträger während der WM-Wochen lieb gewonnen. Millas Fintenreichtum und sein vermeintliches Laisser-faire auf dem Feld gleichen dem Ausdruck süditalienischer Lebensfreude.

Als er nach der Pause in die Partie kommt, erläuft sich der Veteran sogleich einen Pass von François Omam-Biyik und wird von Paul Gascoigne erst durch ein Foul im Strafraum gebremst. Den fälligen Elfmeter verwandelt Emmanuel Kunde.

**Bobby Robson** »Das Spiel verlangte uns alles ab. Es schürte den Zusammenhalt der Mannschaft und gab uns die Kraft, Deutschland im Halbfinale ebenbürtig zu sein.«

**N**ur vier Minuten später ist es wieder Milla, der Gascoigne, Wright und Platt stehen lässt und zum eingewechselten Eugène Ekéké passt. Peter Shilton hat gegen dessen Heber keine Abwehrchance.

In der 82. Minute kann Omam-Biyik das Spiel nach einem Doppelpass mit Milla entscheiden. Doch der Kameruner vergibt – und die Engländer reagieren blitzschnell. Kick and Rush. Gascoigne schlägt den Ball fast übers gesamte Spielfeld, Gary Lineker übernimmt und wird zu Fall gebracht. Das Babyface im englischen Sturmzentrum bleibt nicht lange liegen und verwertet den fälligen Elfmeter gleich selbst.

In der Verlängerung gewinnt europäische Spielkontrolle wieder die Vorherrschaft über afrikanische Intuition. Wieder ist es Gascoigne, der Lineker mit einem langen Pass in Szene setzt. Der WM-Torschützenkönig von 1986 wird von Keeper Thomas N'Kono und Benjamin Massing in die Zange genommen. Pokerface Lineker pfeift ein zweites Mal auf die Fußballbinse, dass der Gefoulte selbst den Elfer nie schießen sollte, und hämmert die Kugel emotionslos in die Tormitte.

Die Samba ist vorbei. Es ist der Sieg der alten über die neue Fußballwelt. Doch der Einsatz der Elf um Roger Milla ist nicht umsonst. Die FIFA installiert sofort nach dem Turnier einen dritten Teilnehmerplatz für ein afrikanisches Land. Und die legendäre Milla-Samba findet bis in die Gegenwart, selbst noch auf Kreisligaplätzen, zahllose Epigonen.

# DAS SPIEL

11.06.1997, 2. Bundesliga, 34. Spieltag

## VfL Wolfsburg – FSV Mainz 05

|  |  |  |
|---|---|---|
|  | 0:1 | Demandt (7.) |
| Präger (14.) | 1:1 |  |
| Präger (24.) | 2:1 |  |
| Dammeier (27., FE) | 3:1 |  |
|  | 3:2 | Klopp (51.) |
|  | 3:3 | Ouakili (59.) |
| Dammeier (67., FE) | 4:3 |  |
| Ratke (76.) | 5:3 |  |
|  | 5:4 | Demandt (88.) |

**Stadion**
Stadion am Elsterweg, Wolfsburg

**Zuschauer**
15 300

**VfL Wolfsburg**
Zimmermann, Jensen, Tomcić (Probst, 74.), Kapetanović, Dammeier (Ratke, 68.), Keller, Präger, Ballwanz, Spies (Kleeschätzky, 57.), Stammann, Meisner

**FSV Mainz 05**
Wache, Klopp, Neustädter, Herzberger, Gabriel (Spyrka, 54.), Tangja (Erhard, 80.), Schmidt, Akrapović (Hock, 76.), Ouakili, Demandt, Grevelhörster

11.06.1997　　　　　　**PLATZ 51**

## VfL Wolfsburg – FSV Mainz 05 5:4

# BESUCH BEIM STALLMEISTER

Ritt auf der Rasierklinge: Matchwinner
Roy Präger mimt nach dem Aufstieg
das Klammeräffchen für einen Fan.

**226**    **PLATZ 51**

Der Stallmeister kennt das schon. Am Abend vor wichtigen Spielen kommt Roy Präger aus dem Haus Rhode rüber zum Gestüt. Hier in Königslutter ist er mit dem VfL Wolfsburg vor Heimspielen stets im Trainingslager. Präger hat es sich zur Gewohnheit gemacht, vor dem Schlafengehen nach den Pferden zu schauen und ein bisschen zu plaudern.

In der Saison 1996/97 hat Wolfsburg kein Heimspiel verloren. Kein Wunder also, dass der Angreifer auch heute vorbeikommt, um den Tieren beschwörend über den Pony zu streicheln. Fußballer neigen nun mal zum Aberglauben. Der VfL braucht im letzten Saisonspiel zumindest ein Unentschieden, um den Aufstieg in die erste Liga perfekt zu machen. Den Gästen aus Mainz hingegen reicht nur ein Sieg.

Zehn Tage sind seit dem letzten Spiel vergangen. Eine Zeit, die für Unruhe gesorgt hat. Manager Peter Pander hat im Trainingslager mit etlichen VfL-Spielern Verträge für die erste Liga verhandelt. Nun wird es Zeit, dass sie durch den sportlichen Erfolg auch wirksam werden. Präger sagt: »Für viele war es die letzte Chance, noch einmal Bundesliga zu spielen. Oder alternativ im VW-Werk anzufangen.«

---

**Roy Präger** »Ein Jahrhundertspiel für den Fußballstandort Wolfsburg.«

---

Aber noch ist die Messe nicht gelesen. Präger versieht sein Ritual bei den Pferden also mit besonderem Nachdruck. Es soll sich lohnen. Den Führungstreffer von Sven Demandt für Mainz 05 gleicht der blonde Angreifer bereits vierzehn Minuten nach Spielbeginn aus. Nur zehn Minuten später taucht Präger nach einem Steilpass von Michael Spies wieder allein vor dem Tor von Mainz auf und schießt den VfL in Führung. Sein Gegenspieler Steffen Herzberger bekommt den wuseligen Außenstürmer überhaupt nicht in den Griff. Der Mainzer Trainer Reinhard Saftig überlegt noch, ob er umstellen soll, da bringt Herzberger den Wolfsburger ungelenk im Strafraum zu Fall. Den fälligen Elfmeter verwertet Detlev Dammeier zum 3:1. Der traurige Herzberger wird zur tragischen

Figur. Kurz vor der Pause sieht der Mainzer nach einem Foul die Gelb-Rote Karte.

Zur Pause sollte in der Wolfsburger Kabine Hochstimmung herrschen. Doch den Profis geht in diesem Augenblick ein Derby gegen Hannover 96 durch den Kopf. Im Vorjahr hatte die Elf aus der Landeshauptstadt eine 3:1-Führung in letzter Minute noch aufgeholt. Beim Wiederanpfiff scheint alle Euphorie verflogen. Es ist, als laste die historische Chance zentnerschwer auf den Schultern der VfL-Spieler. Mainz hat nichts mehr zu verlieren und mobilisiert die letzten Reserven. Nach sechzig Minuten hat das Team trotz Unterzahl ausgeglichen.

»Doch dann sah ich, wie das Glänzen in unsere Augen zurückkehrte«, erinnert sich Roy Präger. Schon steht der gebürtige Brandenburger wieder frei vor dem Mainzer Keeper Dimo Wache, der ihn reichlich uninspiriert umsonst. Dammeier behält auch bei seinem zweiten Strafstoß die Nerven: 4:3.

Auf beiden Seiten schleichen sich wegen des kräfteraubenden Spiels in der Abendsonne zunehmend Konzentrationsschwächen ein. Die Euphorie auf den Rängen – statt der gewohnten 3500 Zuschauer ist das Stadion am Elsterweg an diesem Tag ausverkauft – sorgt schließlich dafür, dass die Partie in ein fulminantes Torfestival mündet.

Für Präger beginnt die Party schon beim Interviewtermin mit dem TV-Sender DSF, wo ihm jemand das erste Pils in die Hand drückt. Beim Bankett im Wolfsburger Holiday Inn tanzt er bis zum frühen Morgen und sitzt, als die ersten Hotelgäste zum Frühstück kommen, noch immer an der Bar. Den Besuch beim Stallmeister wird er nie mehr versäumen.

# Das Spiel

13. Juli 2014, Weltmeisterschaft, Finale

## Deutschland – Argentinien

 **1:0** (0:0, 0:0)

Götze (113.)               1:0

### Stadion
Estadio Maracanã, Rio de Janeiro

### Zuschauer
74 738

### Deutschland
Neuer, Lahm, Hummels, Boateng, Höwedes, Kramer (Schürrle, 31.), Schweinsteiger, Müller, Kroos, Özil (Mertesacker, 120.), Klose (Götze, 88.)

### Argentinien
Romero, Zabaleta, Demichelis, Garay, Rojo, Biglia, Mascherano, Pérez (Gago, 86.), Messi, Higuaín (Palacio, 78.), Lavezzi (Agüero, 46.)

13.07.2014  **PLATZ 52**

## Deutschland – Argentinien 1:0 n.V. (0:0)

# MARIOS MONDLANDUNG

Da ist das Ding: 24 Jahre nach dem letzten WM-Erfolg feiern die Matchwinner Mario Götze (l.) und Bastian Schweinsteiger den vierten Stern für Deutschland.

**230    Platz 52**

Als Bundestrainer Joachim Löw kurz vor Ablauf der regulären Spielzeit den geschlauchten Mittelstürmer Miroslav Klose auswechselt, greift er tief in die Kiste seiner Motivationskünste. Leise flüstert er Ersatzmann Mario Götze ins Ohr: »Jetzt zeige der Welt, dass du besser als Messi bist.« Wunderkind Götze hat ein schwieriges Jahr hinter sich. Nach dem Wechsel vom BVB zum FC Bayern hat der Hochbegabte den Anschluss verloren. Auch in der Nationalelf ist der 22-Jährige eher Ergänzungsspieler. Nun soll er in der hitzigen Verlängerung des WM-Finals gegen Argentinien für neue Impulse sorgen. Und ausgerechnet in diesem Augenblick legt der Bundestrainer ihm die Bürde auf, den nominell besten Spieler der Welt zu übertrumpfen.

Die Zuschauer im Maracanã-Stadion erleben ein Endspiel zweier Teams auf Augenhöhe. Bereits zum dritten Mal in der Geschichte ringen Argentinien und Deutschland in einem Finale um die WM-Krone. Wie fast immer bei den Aufeinandertreffen geht es ordentlich zur Sache. Bastian Schweinsteiger schleppt sich mit einem blutenden Cut unterm Auge durch die Verlängerung. Christoph Kramer, der erst kurz vor Spielbeginn für den angeschlagenen Sami Khedira in die Mannschaft gekommen ist, muss schon nach 30 Minuten nach einem Zusammenprall mit Ezequiel Garay mit ausgerenktem Kiefer und Gehirnerschütterung vom Platz. Manuel Neuer knockt im Gegenzug Gonzalo Higuaín aus – und hat Glück, dass er dafür nicht vom Platz fliegt. Der Argentinier hat zuvor ein Geschenk von Toni Kroos ausgeschlagen, der ihm frei stehend vor dem deutschen Tor den Ball direkt vor die Füße köpft. Doch Higuaín ist derart überrascht, dass er den Ball am Tor vorbeischiebt.

Die Spielanteile verschieben sich im Minutentakt. Mit jedem Match in diesem Turnier hat sich die Mannschaft von Jogi Löw gesteigert. Der Block mit sechs Spielern vom FC Bayern agiert inzwischen wie eine geölte Maschine. Philipp Lahm, Jerome Boateng, Toni Kroos, Manuel Neuer, Thomas Müller und Bastian Schweinsteiger haben mit ihrem Klub in den zurückliegenden Jahren mehrere Champions-League-Finals bestritten. Sie wissen genau, wie viel Akribie und Geduld so ein entscheidendes Match seinen Protagonisten abverlangt.

Superstar Lionel Messi verbringt viel Zeit damit, wie ein Hühnerdieb großräumig um den Kasten von Manuel Neuer zu schlendern und die Lage zu sondieren. Doch wenn der Argentinier antritt, hat sein Gegenspieler Mats Hummels meist das Nachsehen. Aber auch ihm gelingt es nicht, die engmaschige Abwehr der DFB-Equipe auszuhebeln.

---

**Joachim Löw** »Dieses tiefe Glücksgefühl wird für alle Ewigkeit bleiben.«

---

**A**ls sich die Zuschauer in der Verlängerung allmählich auf ein Elfmeterschießen einstellen, erreicht eine Flanke von André Schürrle auf dem linken Flügel Mario Götze. Argentiniens Garay steht ausnahmsweise einen halben Meter zu weit weg vom schmächtigen Ballkünstler im schneeweißen Dress. Der Professorensohn muss nicht großartig überlegen – tausendfach hat er diese Bewegung seit seiner Kindheit ausgeführt. Er nimmt den Ball mit der Brust an, lässt ihn abtropfen und hämmert ihn vom Fünfmeterraum unhaltbar für Keeper Sergio Romero halbhoch ins rechte Eck. Es ist einer dieser »Wo warst du, als …?«-Momente. Eine Ikone von einem Tor. Marios ganz persönliche Mondlandung.

Deutschland gewinnt seinen vierten Weltmeister-Titel. Das erste europäische Team, das in der 84-jährigen WM-Geschichte diesen Erfolg in Südamerika feiern kann. Im Sehnsuchtsort des Fußballs – im Maracanã von Rio de Janeiro. »Ihr müsst so viel geben,« hat Jogi Löw den Spielern vor Anpfiff eingetrichtert, »wie ihr noch nie zuvor in eurer Karriere gegeben habt. Nur dann könnt ihr es schaffen.« Sie sind ihm widerspruchslos gefolgt.

# DAS SPIEL

06.11.1991, Champions League, 2. Runde, Rückspiel

## 1. FC Kaiserslautern – FC Barcelona

 **3:1**
(1:0)

| | | |
|---|---|---|
| Hotić (35.) | 1:0 | |
| Hotić (49.) | 2:0 | |
| Goldbæk (76.) | 3:0 | |
| | 3:1 | Bakero (90.) |

### Stadion
Fritz-Walter-Stadion, Kaiserslautern

### Zuschauer
30 200

### 1. FC Kaiserslautern
Ehrmann, Funkel, Haber, Schäfer, Scherr, Hotić, Goldbæk, Hoffmann, Lelle (Kranz, 87.), Witeczek, Kuntz

### FC Barcelona
Zubizarreta, Koeman, Guardiola, Muñoz, Parrola, Eusébio, Bakero, Witschge, Beguiristáin (Serna, 67.), Stoitschkow, M. Laudrup

06.11.1991  **PLATZ 53**

## 1. FC Kaiserslautern – FC Barcelona 3:1

# FEUER AUF DEM BETZENBERG

Er sagt Ja zum Erfolg: Demir Hotić nickt genießerisch zum 2:0 ins Tor des fallenden Andoni Zubizarreta ein.

**234 Platz 53**

**7**000 D-Mark sollen über das Trauma hinweghelfen. Diesen Betrag überweist die Geschäftsführung des 1. FC Kaiserslautern als Schmerzensgeld nach dem Spiel jedem Profi. Sie müssen die seelischen Grausamkeiten, die ihnen der FC Barcelona mit dem Gegentor in der Schlussminute zugefügt hat, offenbar mit Shopping kompensieren. Das bescheidene monetäre Trostpflaster aber kann den Schmerz der Niederlage nicht vergessen machen: 89 Minuten und 51 Sekunden hat der FCK den Gegner aus Katalonien im Griff gehabt, ehe dieser mit einem Wimpernschlag das mühsam hochgezogene Luftschloss vom Champions-League-Viertelfinale dem Erdboden gleichmacht.

Dabei glauben die Lauterer vor dem Anpfiff gar nicht mehr an ihre Chance. Barça hat die Pfälzer im Hinspiel mit 2:0 besiegt. Ein komfortables Polster für die Elf von Trainer Johan Cruyff. Am Abend vor dem Rückspiel auf dem Betzenberg geht die Mannschaft der Lauterer noch gemeinsam ins Kino, ohne es mit der Disziplin allzu genau zu nehmen. Was haben sie groß zu verlieren? Zur Komödie »Ein Fisch namens Wanda« gibt es Cola und Popcorn. Man gönnt sich ja sonst nichts.

Doch die Entspanntheit der Akteure trifft am Spieltag auf 30 200 hysterische Zuschauer im Fritz-Walter-Stadion. Es ist wie eine chemische Reaktion. Was sich beim Einlaufen der Teams auf den Rängen abspielt, muss dem Gast aus der Provinz in Nordspanien wie eine Vorhölle vorkommen. Auf der Westtribüne brennen bereits zahllose bengalische Feuer. Rentner stechen drohend mit ihren spitzen Regenschirmen durch die Zäune am Spielfeldrand. Bei jedem Einwurf Barcelonas springt die Haupttribüne geschlossen auf und ballt drohend die Fäuste.

Johan Cruyff hat vorab erklärt, wie selbst in diesem Hexenkessel nichts anbrennen kann: »Wir müssen den Ball haben, und die müssen laufen.« Aber selbst abgebrühte Stars wie Ronald Koeman, Michael Laudrup und Christo Stoitschkow fühlen sich in dieser überhitzten Atmosphäre äußerst unwohl.

Der FCK schnürt den Gegner von Beginn an in der eigenen Hälfte ein.

Bei einer Ecke von Kapitän Stefan Kuntz steht Demir Hotić im Fünfmeterraum direkt vor den Füßen von Schlussmann Andoni Zubizarreta. Dem hünenhaften Keeper fehlt seine gewohnte Bewegungsfreiheit. Hotić aber bleibt stur stehen. Als die Ecke sich in den Strafraum senkt, herrscht um ihn herum turbulentes Treiben. Der Stürmer jedoch nickt den Ball in der Manier eines schockgefrosteten Terminators ganz souverän ein.

---

**Stefan Kuntz** »Wir haben die kühnsten Träume wahr werden lassen und sie dann doch wieder aus der Hand gegeben. Das ist das Schlimmste.«

---

Auch nach der Halbzeit bleibt Spaniens Titelträger die geforderte Ballkontrolle schuldig. Cruyff raucht stinksauer auf der Bank eine Filterlose nach der anderen. Wieder tritt Kuntz eine Ecke mit viel Drall in den Strafraum. Wolfgang Funkel ist mit nach vorn geeilt und leitet den Ball an den frei stehenden Hotić weiter: 2:0. Barça ist jetzt im Fegefeuer angekommen.

Die Lauterer drängen nun auf den Treffer, der das Weiterkommen bedeutet. In der 76. Minute steht der Däne Bjarne Goldbæk nach einem Steilpass frei vor dem Tor und schließt souverän ab. Barça taumelt, das Spiel scheint entschieden. Doch in der Schlussminute gibt es am Mittelkreis wegen eines Remplers noch mal Freistoß. Der Schuss von Koeman wird immer länger, José Bakero überspringt an der Grenze zum Fünfmeterraum den eingewechselten Markus Kranz. Der Kopfball senkt sich ganz gemächlich in Zeitlupengeschwindigkeit über Keeper Gerry Ehrmann und fällt hinter ihm ins Netz. 30 200 Kehlen verstummen plötzlich. Tonloses Entsetzen.

Eine Stunde nach dem Abpfiff ist Kapitän Kuntz der Erste, der Zeugnis von der tiefen Depression gibt, in der sich die Mannschaft derzeit befindet: »Keiner ist im Moment in der Lage, dem anderen Trost zu spenden, weil jeder mit sich selbst zu tun hat …«

# DAS SPIEL

07.07.1974, Weltmeisterschaft, Finale

## Deutschland – Niederlande

**2:1**
**(2:1)**

|  |  |  |
|---|---|---|
|  | 0:1 | Neeskens (2., FE) |
| Breitner (26., FE) | 1:1 |  |
| Müller (44.) | 2:1 |  |

**Stadion**
Olympiastadion, München

**Zuschauer**
77 833

**Deutschland**
Maier, Vogts, Schwarzenbeck, Beckenbauer, Breitner, Bonhof, Overath, U. Hoeneß, Grabowski, Hölzenbein, Müller

**Niederlande**
Jongbloed, Haan, Krol, Suurbier, Rijsbergen (de Jong, 68.), Neeskens, Rep, Jansen, Cruyff, Rensenbrink (van de Kerkhof, 46.), Van Hanegem

07.07.1974  **PLATZ 54**

## Deutschland – Niederlande 2:1

# SCHWARZE NELKEN FÜR ORANJE

Der fliehende Holländer: Johan Cruyff wirft den Turbo an.
Berti Vogts schaut staunend hinterher.

**238   PLATZ 54**

An Überzeugung mangelt es vor dem Spiel keinem der beiden Finalisten. Beide Teams haben die Tage vor dem Endspiel verbracht, als sei der Titelgewinn lediglich Formsache. Franz Beckenbauer hat die deutsche Elf zu einer Gartenparty in sein Münchner Haus eingeladen. Und in der »Bild«-Zeitung erscheinen Fotos von Hollands Superstar Johan Cruyff und einigen Kollegen, wie sie nackt im Hotelpool mit unbekannten Damen und reichlich Schampus planschen.

Beim Anpfiff aber scheint die Elftal wieder voll und ganz bei der Sache zu sein. Es dauert keine sechzig Sekunden, bis Cruyff seinen Gegenspieler Berti Vogts überlaufen hat und im Strafraum von Uli Hoeneß nur durch ein Foul gestoppt werden kann. Johan Neeskens lässt Sepp Maier bei seinem hammerharten Elfmeter keine Chance. Der fußballerische Super-GAU ist auf heimischem Grund für die DFB-Elf eingetreten.

Im Abschlusstraining hat Vogts noch mit Nationaltrainer Helmut Schön gestritten. Der Coach will den Gladbacher partout als Manndecker gegen Cruyff aufstellen. Der »Terrier« aber ahnt, dass der androgyne Niederländer zu schnell für ihn ist. Als er den »Flying Dutchman« kurz nach dem Führungstreffer erneut nur per Foul bremsen kann und dafür Gelb sieht, läuft er zur Seitenlinie und ruft: »Herr Schön, ich mach das jetzt, wie ich das will.« Der Mann mit der Mütze winkt nur ab. Mit Raumdeckung klappt es fortan besser.

Die Führung hat die Elf von Coach Rinus Michels überheblich gemacht. Die Holländer versuchen, die Deutschen mit Beinschüssen oder Übersteigern lächerlich zu machen. Doch das frühe Gegentor hat die Sinne der DFB-Akteure geschärft. Als Bernd Hölzenbein nach 26 Minuten mit dem Ball in den gegnerischen Strafraum eindringt, lässt Wim Jansen einen Tick zu lang das Bein stehen. Der Frankfurter ergreift die Gelegenheit und lässt sich einfach wie ein Kleinkind in den Sandkasten plumpsen. Wieder Elfmeter. Der 22-jährige Paul Breitner wittert die historische Chance und schickt Keeper Jan Jongbloed in die falsche Ecke. Die widerspenstigen Teutonen gehen den Filigrantechnikern aus Holland nun allmählich auf die Nerven. Cruyff versucht, den unermüdlichen Vogts durch Verbalattacken aus dem Konzept zu bringen. Der Gladbacher erklärt später: »Wenn er wieder mal anfing, habe ich entgegnet, er solle die Schnauze halten. Nach dem Finale hat Johan dann ein Jahr gar nicht mehr mit mir geredet.«

Kurz vor der Pause gewinnt der Youngster Rainer Bonhof ein Dribbling gegen Wim van Hanegem und spielt den Ball von rechts auf den Elfmeterpunkt. Dort steht Gerd Müller, dem der Pass leicht verspringt. Der »Bomber« vollführt jene Bewegung, die ihn zum erfolgreichsten deutschen Torschützen aller Zeiten gemacht hat. Er drückt feist den Hintern raus und dreht sich blitzschnell: 2:1.

Die zweite Hälfte wird für die DFB-Elf zur Abwehrschlacht. Sepp Maier springt unerschrocken in jeden Ball, der auf sein Gehäuse zukommt. Nur einmal muss Paul Breitner für ihn auf der Linie retten. In Johan Cruyff gärt zunehmend der Frust. Er fängt nun auch an, mit Referee Jack Taylor zu hadern. Schließlich unterläuft ihm, dem genialen Lenker, sogar ein falscher Einwurf. Die Oranjes haben ihre traumwandlerische Leichtigkeit, mit der sie durch das Turnier getänzelt sind, verloren.

---

**Johan Cruyff** »Ich fühle mich immer noch als Gewinner.«

---

**A**m Ende triumphiert deutsche Willenskraft über niederländische Eleganz. Dabei hegt niemand Zweifel daran, dass die Elftal bei dieser WM den besten Fußball gespielt hat. Ein Trauma, das beim Abschlussbankett kurzzeitig in Wahnsinn umschlägt: Im Hotel Bachmaier feiert das Oranje-Team, als hätte es die Niederlage nicht gegeben. Rinus Michels wird auf Händen getragen.

Für diese eine Nacht verweigert sich die Elf noch der grausamen Wirklichkeit, in der Deutschland der neue Weltmeister ist. Später geht das Finale in die niederländische Geschichte als »schwarzer Sonntag« ein.

# DAS SPIEL

**01.05.1988, Serie A, 28. Spieltag**

## SSC Neapel – AC Mailand

 **2:3**
(1:1)

|  |  |  |
|---|---|---|
|  | 0:1 | Virdis (36.) |
| Maradona (45.) | 1:1 |  |
|  | 1:2 | Virdis (48.) |
|  | 1:3 | van Basten (76.) |
| Careca (78.) | 2:3 |  |

### Stadion
Stadio San Paolo, Neapel

### Zuschauer
79 500

### SSC Neapel
Garella, Bruscolotti (Carnevale, 73.) Ferrara, Francini, Renica, Bigliardi, Bagni (Giordano, 56.), Careca, De Napoli, Maradona, Romano

### AC Mailand
G. Galli, Baresi, F. Galli, Tassotti, Colombo, Maldini, Ancelotti, Donadoni (van Basten, 46.), Evani, Gullit, Virdis (Massaro, 82.)

01.05.1988  PLATZ 55

## SSC Neapel – AC Mailand 2:3

# SHOWDOWN IN SAN PAOLO

Der Stolz der Rossoneri: P. Virdis, Ruud Gullit (v. l.),
A. Colombo (2. v. r.) und F. Baresi (r.).

**242    PLATZ 55**

Der AC Mailand an der Schwelle zu seinem Goldenen Zeitalter. Trainer Arrigo Sacchi hat den Stil des norditalienischen Klubs revolutioniert: Milan zelebriert ein Pressing in allerhöchstem Tempo, dem sich kaum ein Gegner in der Serie A widersetzen kann. Vor der Saison sind die niederländischen Stars Ruud Gullit und Marco van Basten sowie Mittelfeldspieler Carlo Ancelotti aus Rom zu den Rossoneri gewechselt, damit das elaborierte Offensivspiel, das Sacchi im Training predigt, auch in der Praxis seine Vollendung erfährt. Für Silvio Berlusconi gibt es ein Jahr nach seiner Inthronisierung als Milan-Präsident nur ein Ziel: Der Mailänder Sonnenkönig will die erste Meisterschaft seit 1979 für seinen Klub.

In der Tabelle aber führt mit einem Zähler Vorsprung der SSC Neapel. Der Erfolg des Klubs steht und fällt mit den Launen von Diego Maradona. Der Argentinier ist nicht nur der Mastermind des Napoli-Spiels, sondern auch Zentrum der glamourösen Offensivtrias – der »Linie MaGiCa«, bestehend aus ihm, Bruno Giordano und dem Brasilianer Careca.

Die Vorzeichen für das Spiel sind unmissverständlich: Wer heute gewinnt, wird am Saisonende den »Scudetto« für sich entscheiden. Berlusconi hat als zusätzliche Motivation die Meisterprämie auf umgerechnet 150 000 D-Mark pro Spieler erhöht. Beim SSC Neapel jedoch rumort es gewaltig: Maradona liefert sich mit Coach Ottavio Bianchi seit Wochen eine Schlammschlacht über die Medien. Der Trainer hat nämlich mit Giordano einen Teil des Angriffstriumvirats aus der Stammelf entfernt. Maradona, der sich als heimlicher Chef des Klubs versteht, ist erzürnt: »Der Wichser Bianchi hat angefangen zu experimentieren.«

Seit einigen Monaten flirtet der begnadete Kicker insgeheim etwas zu intensiv mit Kokain. Von den letzten sieben Spielen hat Neapel nur zwei gewinnen können. Unbestätigten Gerüchten zufolge verlören einige Profis mit Vorsatz, da sie in engem Kontakt zu einer Wettmafia stünden.

Das Duell gegen Milan aber widerspricht in allen Belangen dieser Theorie. 79 500 hysterische Süditaliener im Stadio San Paolo erleben an diesem Tag zwei Mannschaften, die sich nach allen Regeln der Fußball-kunst bekämpfen. Jede Ballberührung von Maradona wird gleich von zwei Akteuren der Rossoneri gestört und im Rahmen der sportlichen Regularien gelöst. Doch kurz vor der Pause blitzt dann bei einer Standardsituation das Genius des argentinischen Exilanten auf. Der »Goldjunge« zirkelt einen Freistoß von der Strafraumgrenze direkt in den Winkel und gleicht damit den Führungstreffer von Pietro Virdis aus. Maradona geizt beim Halbzeitinterview wie gewohnt nicht mit Superlativen: »So ein Tor ist mir noch nie in meinem Leben gelungen.«

---

**Ruud Gullit** »Wenn ich ein Individualist sein wollte, hätte ich Tennis gespielt.«

---

Marco van Basten ist über weite Strecken der Saison verletzt gewesen und hat die Partie bislang von der Bank aus beobachtet. Nach der Pause ersetzt er Mittelfeldspieler Roberto Donadoni. Sacchis Mut zum offensiven Spiel wird belohnt: Virdis erzielt nach einer Flanke von Ruud Gullit das 2:1.

Der Treffer ist das Signal für Ottavio Bianchi, sich dem Wunsch seines Superstars zu beugen. Mit der Einwechslung von Bruno Giordano komplettiert er nun die magische Angriffslinie. Doch das Risiko ist einfach zu groß. Napoli läuft in einen Konter über Rastafari Ruud Gullit, dessen Flanke Marco van Basten zum 3:1 vollendet.

Die Schlussoffensive von Napoli und der Anschlusstreffer von Careca kommen zu spät. Maradona und seine Kollegen müssen sich der Dominanz von Arrigo Sacchis Angriffsspiel geschlagen geben.

San Paolo verabschiedet die Milanesen nach dem Abpfiff mit Standing Ovations. Selbst Maradona, sonst ein Fachmann für Verschwörungstheorien, gibt nach diesem spannenden Match den fairen Verlierer: »Jetzt wird Milan Meister, sie haben es verdient.« Der Göttliche wird recht behalten.

# DAS SPIEL

29.06.1950, Weltmeisterschaft, Vorrunde

## USA – England

 **1:0**
(1:0)

Gaetjens (38.)   1:0

### Stadion
Estádio Independência, Belo Horizonte

### Zuschauer
10 000

### USA
Borghi, Keough, Maca, Bahr, McIlvenney, Colombo, Wallace, Pariani, Gaetjens, J. Souza, E. Souza

### England
Williams, Ramsey, Aston, Wright, Hughes, Dickinson, Mannion, Finney, Mullen, Mortensen, Bentley

29.06.1950         **PLATZ 56**

## USA – England 1:0

# TRAUMTOR EINES TELLERWÄSCHERS

Ungläubiges Staunen: Englands Keeper Bert Williams blickt
verdutzt dem Ball von Joseph Gaetjens nach.

**246     PLATZ 56**

Am Abend vor dem Spiel haben sich die US-Boys in einer Bar noch mal ordentlich Mut angetrunken. Auf die Mannschaft von Bill Jeffreys kommt einiges zu. Im zweiten WM-Gruppenspiel wartet auf sie die Fußballweltmacht England. Die nordamerikanischen Kicker gehen von einer üblen Packung aus, die sich mit ein paar Mojitos im Blut leichter ertragen lässt.

England gilt als beste Mannschaft der Welt. Im ersten Spiel hat das Team auch ohne seinen Superstar Stanley Matthews und den bulligen Topstürmer Jackie Milburn mit 2:0 gegen Chile gewonnen. Trainer Walter Winterbottom sieht auch gegen die USA keinen Sinn darin, seine Leistungsträger schon frühzeitig im Turnier unnötig zu belasten. Schließlich warten noch genug schwere Aufgaben auf dem Weg ins Finale auf die beiden. Matthews und Milburn fehlen auch diesmal in der Startelf.

Das Team der USA besteht aus Einwanderersöhnen, die das Spiel von ihren Eltern oder deren Verwandten erlernt haben. In puncto Kapitänsbinde herrscht bei den Amerikanern das Rotationsprinzip. Gegen England wird Ed McIlvenney auserkoren, weil er britischer Abstammung ist. Gegen Spanien hat der hauptamtliche Briefträger Harry Keough das Kapitänsamt ausgefüllt, weil er der Einzige im Team ist, der Spanisch spricht. Trainer Jeffreys gibt sich hinsichtlich der Erfolgschancen seiner Mannschaft keinen Illusionen hin. Er sagt: »Wir haben keine Chance.«

---

**Harry Keough** »Die Jungs tun mir wirklich leid. Wie können sie nur weiterleben mit der Tatsache, dass wir sie geschlagen haben?«

---

Allein in den ersten zwölf Minuten nach Anpfiff verzeichnen die Engländer sechs Torschüsse. Der Ball rollt wie von einem Hang hinab – immer nur in Richtung amerikanisches Tor.

Doch in der 38. Minute ereignet sich Seltsames: Der Grundschullehrer Walter Bahr bringt den Ball von der rechten Seite halbhoch in den englischen Strafraum. Bert Williams stürmt heraus, aber der Tellerwäscher Joe Gaetjens ist schneller. Der krasse Außenseiter geht mit 1:0 in Führung.

In der zweiten Hälfte nimmt das Grauen für die Briten langsam Gestalt an. Viermal treffen die Engländer das Gebälk von Frank Borghis Gehäuse, doch der Ausgleich will einfach nicht fallen.

Die Blamage ist unermesslich. Als das Ergebnis in den Zeitungsredaktionen im Mutterland des Fußballs ankommt, glauben die Redakteure zunächst, ein Druckfehler habe eine Ziffer unterschlagen: Es müsse statt 1:0 eigentlich 1:10 heißen.

Die englische Delegation legt in ihrer Verzweiflung sogar Protest ein. Denn wie sich herausstellt, haben drei Spieler keinen US-Pass: Ed McIlvenney ist eigentlich Brite, Joe Maca und Torschütze Joe Gaetjens besitzen haitianische Ausweise. Das FIFA-Schiedsgericht aber schmettert die Klage ab, weil das Trio bereits Ende der 1940er-Jahre bei der Einwanderungsbehörde um die Staatsbürgerschaft ersucht habe und alle drei eine Freigabe vom US-Verband besitzen.

Während Englands Coach Winterbottom wegen seiner himmelschreienden Fehleinschätzung der US-Mannschaft später als einer der imaginären Gäste im TV-Klassiker »Dinner for One« verhohnepipelt wird, ereilt den Siegtorschützen ein ungleich schlimmeres Schicksal: Joseph Nicolas Gaetjens, der erst 1946 in die USA eingewandert ist, kehrt bereits 1952 nach Haiti zurück. Für das Team der Amerikaner spielt er nach der WM nie wieder.

Das Kicken hat er längst aufgegeben, als er am 8. Juli 1964 spurlos verschwindet. Was mit ihm geschehen ist, wurde niemals aufgeklärt. Sicher ist nur, dass er am Tag seines Untertauchens Besuch von der Geheimpolizei Tontons Macoute des haitianischen Diktators François Duvalier bekommen hat …

# DAS SPIEL

28.06.1972, 1. Bundesliga, 34. Spieltag

## FC Bayern München – FC Schalke 04

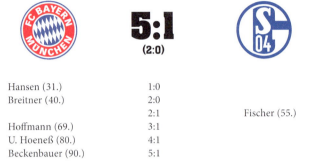

| | | |
|---|---|---|
| Hansen (31.) | 1:0 | |
| Breitner (40.) | 2:0 | |
| | 2:1 | Fischer (55.) |
| Hoffmann (69.) | 3:1 | |
| U. Hoeneß (80.) | 4:1 | |
| Beckenbauer (90.) | 5:1 | |

### Stadion
Olympiastadion, München

### Zuschauer
79 000

### FC Bayern München
Maier, Hansen, Schwarzenbeck, Beckenbauer, Breitner, Zobel, Roth, U. Hoeneß, Krauthausen, Müller, Hoffmann

### FC Schalke 04
Nigbur (Papst, 70.), Huhse, Rüssmann, Fichtel, E. Kremers, Lütkebohmert, van Haaren, Scheer, Libuda, Fischer, H. Kremers

**28.06.1972**  **PLATZ 57**

## FC Bayern München – FC Schalke 04 5:1

# WILLKOMMEN ZU HAUSE

Das neue Wohnzimmer: Schwarzenbeck (M.) besichtigt mit Fichtel (l.) und Huhse den Schalker Strafraum.

## 250 PLATZ 57

Die eigentliche Attraktion ist die Spielstätte. 62 Tage vor Beginn der Sommerspiele darf der FC Bayern das erste Mal im neuen Olympiastadion spielen. Doch die Arena wird zur Fußnote angesichts des Showdowns, der sich aufgrund der Tabellensituation anbahnt: Schalke 04 kann mit einem Sieg den Titel gewinnen, dem FC Bayern reicht ein Unentschieden.

Hinter den Knappen liegt eine grandiose Saison. Trotz der Ermittlungen des DFB-Chefanklägers Hans Kindermann im Bundesligaskandal gegen große Teile des Kaders hat sich die Mannschaft von Ivica Horvat als psychisch gefestigt gezeigt. Noch konnte kein Schalker der Korruption überführt werden. Am kommenden Samstag aber haben die Königsblauen im Pokalfinale gegen den 1. FC Kaiserslautern die Chance, das Double perfekt zu machen. Mannschaft, Vorstand und Trainer haben sich für die bevorstehenden Bankette einheitlich neu eingekleidet. Und doch backt man in Gelsenkirchen kleine Brötchen. Präsident Günter Siebert sagt: »In München sind wir krasser Außenseiter.«

Auch der FC Bayern erlebt unter Trainer Udo Lattek einen Aufschwung. Im Europacup der Pokalsieger hat es das Team bis ins Halbfinale geschafft. Die Rekordkulisse im neuen Stadion beschert dem FCB gleich zum Auftakt einen Ticketerlös von 1,2 Millionen D-Mark.

Das Spiel wird in der Abwehr entschieden. Schalke hat sich aufs Kontern verlegt, doch die beiden dribbelstarken Außenstürmer Stan Libuda und Erwin Kremers werden von Johnny Hansen und Paul Breitner über neunzig Minuten eliminiert. Auch die Schalker Defensive macht anfänglich einen guten Job: Gerd Müller, der mit unfassbaren vierzig Saisontoren schon vor der Partie als Torschützenkönig feststeht, wird von Rolf Rüssmann zum Nichtstun verdonnert. Aber auch ohne den unstillbaren Torhunger des »Bombers« gelingt den Münchnern eine Galavorstellung. Verteidiger Hansen köpft die Bayern in Führung. Breitner erhöht noch kurz vor der Pause. Zwar kann Schalkes Mittelstürmer Klaus Fischer in der 55. Minute den Anschlusstreffer erzielen, doch so richtig

machen die »Knappen« nicht den Eindruck, als wollten sie den München-
nern ihren Einzug ins neue Zuhause vermiesen.

---

**Ivica Horvat** »Wenn wir den dummen Bundesligaskandal nicht gehabt hätten, wären wir auf jeden Fall Meister geworden.«

---

**B**eim 3:1 von Wilhelm Hoffmann wirft sich Schalkes Keeper Norbert
Nigbur dem Linksaußen mutig entgegen und verletzt sich so unglücklich am Knie, dass er ausgewechselt werden muss. Der Schlussakt an
diesem Premierenabend bleibt dem »Kaiser« vorbehalten, der in der
Nachspielzeit den 5:1-Endstand erzielt. Beckenbauers filigraner Bewe-
gungsablauf und seine Leichtigkeit im Umgang mit dem Ball wirken in
dem mondänen Ambiente der nagelneuen Flutlichtanlage irgendwie
noch bedeutsamer. Nach dem Abpfiff sagt er: »Es spielt sich wie auf einem Teppich.«

Das Spiel ist vorerst das letzte Mal, dass sich die Klubs auf Augenhöhe treffen: Mit dem neuen Stadion beginnt für Bayern eine Zeit wirt-
schaftlicher Prosperität sowie langfristiger sportlicher Erfolg. Schalke 04
gewinnt wenige Tage später zwar mit 5:0 über den FCK den DFB-Pokal.
Bald danach werden dreizehn Profis aus dem Kader wegen Bestechung
und Meineids überführt – und der Klub in seiner Entwicklung für Jahre
zurückgeworfen.

# DAS SPIEL

29.11.2010, Primera División, 13. Spieltag

## FC Barcelona – Real Madrid CF

 **5:0**
(2:0)

| | |
|---|---|
| Xavi (10.) | 1:0 |
| Pedro (18.) | 2:0 |
| Villa (55.) | 3:0 |
| Villa (58.) | 4:0 |
| Jeffrén (90. + 1) | 5:0 |

### Stadion
Camp Nou, Barcelona

### Zuschauer
98 772

### FC Barcelona
Valdés, Alves, Piqué, Puyol, Abidal, Xavi (Seydou Keita, 86.), Busquets, Iniesta, Messi, Pedro (Jeffrén, 87.), Villa (Bojan, 76.)

### Real Madrid CF
Casillas, Ramos, Pepe, Carvalho, Marcelo (Arbeloa, 61.), Khedira, Xabi Alonso, Özil (Lassana Diarra, 46.), Di María, Ronaldo, Benzema

29.11.2010　　　　　　　　PLATZ 58

## FC Barcelona – Real Madrid CF
## 5:0

# JOSÉ MOURINHO IN AGONIE

Kick it like Messi: Dani Alves feiert Lionel Messi mit der für einen Barça-Spieler zärtlichsten Berührung.

**254   PLATZ 58**

Am Ende brechen alle Dämme. Die Spieler des FC Barcelona führen den Gegner seit einer halben Stunde mit Hackentricks, Übersteigern und Beinschüssen vor. Nie zuvor ist eine Madrider Elf so chancenlos gegen den Rivalen aus Katalonien gewesen. Sogar ein begnadeter Künstler wie Cristiano Ronaldo wirkt nervös und bringt selbst einfache Zuspiele nicht mehr unter Kontrolle. Der stolze José Mourinho, sonst nie um eine feinsinnige Stichelei gegenüber dem Gegner verlegen, sitzt bewegungslos auf seiner Trainerbank und schweigt. Agonie.

Gerade hat der eingewechselte Jeffrén nach Zuspiel von Bojan Krkić für den Endstand im 167. »El Clásico« in der Geschichte des spanischen Fußballs gesorgt. Schiedsrichter Eduardo Gonzalez schaut bereits auf seine Uhr. Da rafft sich Reals Verteidiger Sergio Ramos noch einmal auf, um wenigstens die bizarre Schlussnote in diesem ungleichen Duell zu setzen: Er mäht Lionel Messi schließlich mit aller ihm noch zur Verfügung stehenden Konsequenz um.

---

**José Mourinho** »Eine Mannschaft hat auf dem höchsten Niveau gespielt, die andere sehr schlecht.«

---

Selten hat ein Foulspiel den Leistungsstand zweier rivalisierender Mannschaften treffender symbolisiert. José Mourinho dirigiert ein verhätscheltes Ensemble, zu dem neben einem Dutzend spanischer Nationalspieler auch der portugiesische Solitär Cristiano Ronaldo und die deutschen Topstars Sami Khedira und Mesut Özil gehören. Sein katalanisches Pendant Pep Guardiola aber trainiert eine Elf, die wie ein Gemälde der Fußballkunst anmutet. Alle Spieler der Kreativachse – bestehend aus Xavi, Andrés Iniesta und Lionel Messi – sind in diesem glorreichen Jahr des spanischen Fußballs für den Titel zum Weltfußballer nominiert. Mit Guardiola, der 1992 als Spieler unter dem stilbildenden Trainer Johan Cruyff den Landesmeisterpokal gewonnen hat, hat die Blaugrana endlich einen legitimen Nachfolger des niederländischen

Schöngeists auf der Bank. Cruyff hat Barça einst die Liebe zum Kurz-passspiel und die Liebe zum Ball eingeimpft. Guardiola bringt diese Idee nun zur Vollendung. Noch nie war eine Mannschaft in der Lage, so perfekt und atemberaubend schnell Fußball zu spielen wie der FC Barcelona an diesem Tag.

Die Königlichen sind zwar mit einem Punkt Vorsprung in der Tabelle angereist, doch der Nieselregen, der bei Anpfiff an diesem kühlen Novembertag auf den Rasen niedergeht, soll sich für Real schnell in eine eiskalte Dusche verwandeln. Bereits nach zehn Minuten kapitulieren Mourinhos Spieler vor dem schnörkellosen Kombinationsspiel des Gegners: Iniesta passt in die Tiefe und Xavi spitzelt schließlich das Leder über Iker Casillas ins Netz – 1:0.

Da mit spielerischen Mitteln hier kein Blumentopf zu gewinnen ist, versucht Cristiano Ronaldo auf andere Weise, die Aufmerksamkeit auf sich zu lenken. Als Pep Guardiola beim Stand von 2:0 vor einem Einwurf den Ball an Reals Superstar vorbeiwirft, schubst dieser den Coach weg und löst damit tumultartige Szenen aus.

Nach dem Pausentee reichen zwei Steilpässe von Messi, um die gesamte Abwehr der Hauptstädter auszuhebeln und das Spiel zu entscheiden. David Villa lässt in beiden Fällen Keeper Casillas keine Chance. Die letzte halbe Stunde ist eine an Überheblichkeit grenzende Demonstration der spielerischen Macht. Real Madrid reagiert auf die Lehrstunde der Blaugrana irgendwann nur noch mit einigen rüden Fouls, die schließlich in Sergio Ramos' Affekthandlung münden.

José Mourinho sagt bei der anschließenden Pressekonferenz: »Es war eine Niederlage, aber keine Erniedrigung.« Die Agonie, in die der Portugiese in der zweiten Halbzeit verfallen war, hatte offenbar zu nachhaltigen Wahrnehmungsstörungen geführt.

# DAS SPIEL

03.09.1950, FDGB-Pokal, Finale

## SG Eisenhüttenwerk Thale – BSG KWU Erfurt

 **4:0**
(1:0)

| | |
|---|---|
| Weitkuhn (1.) | 1:0 |
| Wlassny (65.) | 2:0 |
| Oberländer (82.) | 3:0 |
| Gropp (89.) | 4:0 |

### Stadion
Walter-Ulbricht-Stadion, Berlin

### Zuschauer
15 000

### SG Eisenhüttenwerk Thale
Bernhardt, Bake, Grützemann, Klapproth, Trolldenier, Feuerberg, Weitkuhn, Apel, Oberländer, Wlassny, Gropp

### BSG KWU Erfurt
Senftleben, Hoffmeyer, Machts, Brock, Nordhaus, J. Müller, Franke, Hammer, Nitsche, Herz, Lipper

**03.09.1950**  **PLATZ 59**

## SG Eisenhüttenwerk Thale – BSG KWU Erfurt 4:0

# DAS WUNDER VON THALE

Aus dem Bergwerk zu höchsten Fußballweihen:
Die Elf der SG Eisenhüttenwerk Thale beim FDGB-Pokalfinale 1950.

**258    PLATZ 59**

Die Sensation wird streng nach den Richtlinien des noch jungen Sozialismus belohnt. Die Spieler von Ernst Ehrig bekommen jeweils einen Anzug aus einer Schneiderei in Thale sowie den überschaubaren Betrag von zwanzig Mark, um sich einen kleinen Wunsch zu erfüllen. Dabei ist der Betriebssportgemeinschaft aus dem Südharz vier Jahre nach ihrer Gründung ein Jahrhunderterfolg geglückt.

Das Spiel findet im Rahmen des dritten Kongresses des Freien Deutschen Gewerkschaftsbundes in Berlin statt. Die Erfurter sind klarer Favorit. Sie haben die Oberliga auf Platz vier abgeschlossen, während die Hüttenwerkler sich als Dritte in der Aufstiegsrunde nur mit Ach und Krach für die Eliteklasse qualifizieren konnten. Thale gilt als kampfstarke Elf ohne wirkliche spielerische Klasse. Die Spieler arbeiten den Fußball mehr, als dass sie ihn zelebrieren. Die Thüringer gehen folglich davon aus, dass die Kleinstädter nicht den Hauch einer Chance haben, wenn es ihnen gelingt, den Ball laufen zu lassen. Doch das Team aus Sachsen-Anhalt ist eine verschworene Gemeinschaft, die schon über Jahre zusammenspielt und über herausragende Einzelakteure verfügt: Helmut Feuerberg überzeugt als besonnener Spielgestalter. Angreifer Werner »Opel« Oberländer ist ein lebender Kleiderschrank, der keinem Zweikampf aus dem Weg geht und immer für ein Tor gut ist. Im Gegensatz dazu ist das Erfurter Team jedoch mit Nationalspielern wie Helmut Nordhaus und Jochen Müller gespickt. Die Hoffnungen auf einen Außenseitererfolg im relativ spärlich gefüllten Rund des Walter-Ulbricht-Stadions sind deshalb entsprechend gering.

Doch der Spielverlauf straft alle Experten Lügen. Ernst »Haken« Ehrig, der Thale im Pokalwettbewerb mit der Unterstützung von Kurt Vorkauf betreut, dem Landestrainer von Sachsen-Anhalt, hat seine Elf optimal eingestellt. Die Partie beginnt mit einem Paukenschlag: Bei regnerischem Wetter gelingt Günter Weitkuhn schon unmittelbar nach dem Anstoß das 1:0 für den Außenseiter aus dem 17 800-Seelen-Ort. Die von Otto Trolldenier straff organisierte Abwehr hält den Thüringer

Gegenangriffen tapfer stand. Die Erfurter Stürmer Wolfgang Nitsche und Winfried Herz laufen sich immer wieder im engmaschigen Verteidigungsnetz der rustikalen Bergarbeiter fest.

So gelingt es Thale, den Vorsprung mit in die Pause zu nehmen. Dreizehn Minuten nach dem Wiederanpfiff ereignet sich dann eine vorentscheidende Szene: Erfurts Torwart Heinz Senftleben rasselt im Strafraum derb mit Opel Oberländer zusammen und verletzt sich so schwer, dass er das Feld verlassen muss. Ihn ersetzt Stürmer Wolfgang Nitsche im Gehäuse. Doch der bemühte Angreifer kann den hervorragenden Routinier – einen der besten deutschen Keeper in dieser Ära – nicht ersetzen. Alle Souveränität des arrivierten Oberligisten ist wie weggeblasen.

---

**Helmut Nordhaus** »Wir hielten Thale für eine reine Kämpfertruppe, der wir spieltechnisch weit überlegen waren. Eine grandiose Fehleinschätzung.«

---

**K**urz darauf tankt sich Rudolf Wlassny durch die Hintermannschaft der nun dezimierten Erfurter und schießt zum 2:0 ein. Es ist die Entscheidung. Die Harzstädter beweisen in diesem Spiel eindrucksvoll ihre frisch erworbene Erstligatauglichkeit. Der Endstand von 4:0 ist eine Demütigung. Selten hat ein Außenseiter in der deutschen Fußballgeschichte ein Pokalfinale so souverän bestimmt wie die Thaler an diesem Nachmittag.

Der Sieg entpuppt sich keineswegs als Zufallserfolg. Die erste Oberligasaison schließt die BSG auf dem siebten Tabellenplatz, Opel Oberländer wird mit 31 Treffern drittbester Torschütze in der Eliteklasse. Das SED-Organ »Freiheit« veröffentlicht daraufhin in salbungsvollen Worten eine Ode auf den Transportleiter aus dem Thaler Hüttenwerk: »Oberländer steht nicht nur als erfolgreicher Torschütze im Kampf auf dem grünen Rasen an vorderster Stelle, sondern auch im Kampf für die Erhaltung des Friedens.«

# DAS SPIEL

19.05.2001, 1. Bundesliga, 34. Spieltag

## Hamburger SV – FC Bayern München

**1:1**
**(0:0)**

| Barbarez (90.) | 1:0 | |
| | 1:1 | Andersson (90. + 5) |

**Stadion**
Volksparkstadion, Hamburg

**Zuschauer**
55 400

**Hamburger SV**
Schober, Hertzsch, Hoogma, Kientz (Bester, 77.), Tøfting, Ujfaluši, Heinz, Hollerbach, Mahdavikia (Fischer, 90.), Präger (Yilmaz, 77.), Barbarez

**FC Bayern München**
Kahn, Kuffour, Andersson, Linke, Sagnol, Effenberg, Hargreaves, Lizarazu, Scholl (Sérgio, 68.), Elber (Santa Cruz, 88.), Jancker (Zickler, 78.)

19.05.2001　　　　　　　**PLATZ 60**

## Hamburger SV – FC Bayern München 1:1

# EIN DENKMAL DES DUSELS

Ein Münchner im Himmel: Oliver Kahn, das Symbol des »Bayern-Dusels«, auf dem Weg zur Eckfahne.

**262  PLATZ 60**

Der Mythos vom »Bayern-Dusel« hat inzwischen sogar einen eigenen Wikipedia-Eintrag. Der Begriff steht für das bisweilen unverschämte Glück, das Gegner dem deutschen Rekordmeister gerne andichten. Er impliziert aber auch die unverwüstliche Zuversicht, die dem Münchner Klub in vermeintlich aussichtslosen Momenten immer wieder magische Kräfte verleiht.

Welch grausame Konsequenzen sich aus diesem Erfolgswillen ergeben, hat wohl kein Verein schmerzlicher erfahren als der FC Schalke 04. Es ist ein Drama in 267 Sekunden am letzten Spieltag der Saison 2000/01. Den Münchnern reicht beim Auswärtsspiel in Hamburg ein Unentschieden, um den 17. Titel der Vereinsgeschichte einzufahren und den Rivalen aus Gelsenkirchen hinter sich zu lassen. Doch Schalke hat seine Hausaufgaben gemacht: Das Team von Huub Stevens liegt gegen die Spielvereinigung Unterhaching im heimischen Parkstadion mit 5:3 vorn. In Hamburg steht es in der Schlussminute 0:0. Das würde den Bayern reichen.

---

**Huub Stevens** »Ich muss heulen, das ist zu brutal.«

---

Die Vorbereitungen für die Siegerehrung sind bereits in vollem Gange, als um 17.16 Uhr und 29 Sekunden der Tscheche Marek Heinz in den Strafraum der Münchner flankt. HSV-Stürmer Sergej Barbarez ist mit dem Kopf jedoch einen Hauch schneller am Ball als Bayerns Innenverteidiger Patrik Andersson. Tor für den HSV. Die Voraussetzungen haben sich jetzt in nur einem Bruchteil eines Augenblicks geändert – jetzt ist Schalke 04 neuer Deutscher Meister.

Um 17.18 Uhr und zwölf Sekunden pfeift Schiedsrichter Hartmut Strampe aus Handorf das Spiel in Gelsenkirchen ab. Die Feier kann beginnen. Ein Feuerwerk wird gezündet. Der Pay-TV-Kanal Premiere baut zur Sicherheit alle Monitore ab. Rolf Fuhrmann, der Reporter des Bezahlsenders, führt mit Teammanager Andreas Müller im Kabinengang ein Interview. Fuhrmann teilt hinterher mit: »Es ist zu Ende in

Hamburg. Schalke ist Meister.« Spieler und Funktionäre liegen sich in den Armen. 20 000 Fans stürmen das Feld. Schalke 04 feiert die erste Meisterschaft seit 43 Jahren.

Die Party dauert 92 Sekunden. Um 17.19 Uhr und 44 Sekunden flackern auf der Videoleinwand plötzlich Bilder aus dem Volksparkstadion auf. Schockiert stellt die Feiermeute fest, dass die Partie in Hamburg wohl doch noch im Gange ist. 65 000 Menschen blicken nun mit stockendem Atem auf die in der Nachmittagssonne reflektierende Anzeigetafel und erleben den puren Horror: An der Strafraumgrenze spitzelt Tomáš Ujfaluši den Ball vor Bayern-Stürmer Paulo Sérgio weg. HSV-Keeper Matthias Schober wirft sich in Verkennung der Situation auf den Ball. Schiedsrichter Markus Merk erkennt einen Rückpass und entscheidet auf indirekten Freistoß im Strafraum. Im Schalker Stadion ist es inzwischen mucksmäuschenstill.

Oliver Kahn stürmt aus seinem Tor nach vorn, provoziert einige Gegenspieler, drängelt, schubst, redet auf Referee Markus Merk und die HSV-Spieler ein. Es vergehen schier endlose 72 Sekunden, ehe der Freistoß endlich ausgeführt werden kann.

17.20 Uhr und 56 Sekunden. Der Rechtsschuss von Patrik Andersson in die linke untere Torecke bringt ganz Gelsenkirchen an den Rand eines Infarkts. Ein Sonntagsschuss. Der Schwede gesteht später: »Ich habe keine Lücke gesehen, ich wollte den Ball nur durchpressen.« Der FC Bayern gleicht aus. Schalkes Manager Rudi Assauer verliert in diesem Moment sein Urvertrauen: »Der Fußballgott, sollte es ihn geben, ist für mich gestorben, denn er ist ungerecht.« Schalke ergeht sich in Tränen – und wird der Nachwelt als »Meister der Herzen« überliefert.

Als das Spiel in Hamburg abgepfiffen wird, rennt Oliver Kahn zur Eckfahne, reißt die Stange aus dem Rasen und fällt freudetrunken nach hinten. Von ihm stammt der Satz: »Es gibt kein Glück, man muss es erzwingen.« Sein exzentrischer Jubel wird zum Sinnbild des immensen Siegeswillens des FC Bayern – und so zum Denkmal des Dusels.

# DAS SPIEL

21.06.2000, Europameisterschaft, Vorrunde

## Jugoslawien – Spanien

  **3:4**
(1:1)

| Milošević (30.)   | 1:0        |                         |
|-------------------|------------|-------------------------|
|                   | 1:1        | Alfonso (38.)           |
| Govedarica (51.)  | 2:1        |                         |
|                   | 2:2        | Munitis (52.)           |
| Komljenović (75.) | 3:2        |                         |
|                   | 3:3        | Mendieta (90. + 2, FE)  |
|                   | 3:4        | Alfonso (90. + 5)       |

### Stadion
Jan-Breydel-Stadion, Brügge

### Zuschauer
22 000

### Jugoslawien
Kralj, Komljenović, Djukić, Mihajlović, Djorović (Stanković, 13.), Jokanović, Jugović (Govedarica, 46.), Drulović, Stojković (Savelijić, 69.), Milošević, Mijatović

### Spanien
Cañizares, Salgado (Munitis, 46.), Abelardo, Paco (Urzaiz, 65.), Sergi, Helguera, Guardiola, Fran (Etxeberria, 23.), Mendieta, Alfonso, Raúl

21.06.2000  PLATZ 61

## Jugoslawien – Spanien 3:4

# BRÜGGE SEHEN ... UND STERBEN?

Treffsicherer Bodyguard: Nach seinem Last-Minute-Treffer stellt sich Alfonso einem jugoslawischen Hooligan mutig in den Weg.

**266    PLATZ 61**

Als alles vorüber ist, mimt Spaniens Trainer José Antonio Camacho den Obercoolen: »Die Leute erwarten, dass ich nach so einem Sieg euphorisch bin, aber das liegt mir nicht.« Camachos große Qualität bestand schon zu aktiven Zeiten darin, dass er in hitzigen Situationen einen kühlen Kopf bewies. Angesichts der dramatischen Schlussminuten dieses EM-Spiels ist seine Gelassenheit aber doch ein wenig verwunderlich.

Denn bei Ablauf der regulären Spielzeit scheint an diesem Tag Spaniens größte Blamage in der Geschichte der Europameisterschaft bereits besiegelt zu sein. Jugoslawien führt mit 3:2. Nur ein Sieg könnte den Iberern noch zum Weiterkommen verhelfen. Ein Aus in der Vorrunde – Camachos Elf und auch der Coach selbst könnten sich auf einen Spießrutenlauf in der Heimat einstellen.

Doch der französische Unparteiische Gilles Veissière hat fünf Minuten Nachspielzeit angezeigt, weil einige jugoslawische Fans in der 62. Minute das Feld gestürmt haben. Die Störer haben es auf den Referee abgesehen, als dieser Slaviša Jokanović mit einer Gelb-Roten Karte bestraft. Es hat einige Zeit in Anspruch genommen, ehe der Schiedsrichter das Spiel wieder freigeben konnte.

Trotz der Überzahl ist es der spanischen Offensive seither nicht gelungen, die giftig verteidigenden Jugoslawen auszuspielen. Als nun der vierte Offizielle die Tafel mit der rot gefärbten Fünf in den Abendhimmel von Brügge reckt, schaufelt Camacho mit beiden Armen in Richtung jugoslawisches Tor. Es ist das letzte, verzweifelte Signal an seine Mannschaft, noch einmal alle Kräfte zu mobilisieren.

In der 92. Minute wirft der Unparteiische den Spaniern schließlich ein unsichtbares Rettungsseil zu. Nach einem harmlosen Schubser gegen Abelardo zeigt Gilles Veissière unbeirrt auf den Elfmeterpunkt. Gaizka Mendieta lässt sich diese Chance zum Ausgleich nicht entgehen.

Spanien hat in der Qualifikation zur Euro bewiesen, dass es eigentlich kaum etwas besser beherrscht, als Tore zu schießen: 42 Mal haben sie in gerade mal acht Spielen getroffen. Als der Ball nach dem verwandelten Elfmeter im Netz zappelt, scheinen sich die Spieler plötzlich wieder daran zu erinnern.

Nun bleiben ihnen noch drei lange Minuten, und das dezimierte Team aus Jugoslawien ist schon seit längerer Zeit am Ende seiner Kräfte angelangt. Sekunden vor dem Abpfiff gelingt Alfonso mit einem Volleyschuss das 4:3. Das Happy End – zumindest für seine Mannschaft. Denn während sich die Spanier jubelnd in den Armen liegen, bricht für Referee Veissière noch auf dem Platz ein Albtraum an. Erneut gelingt es einem jugoslawischen Hooligan, durch die Reihen der Ordner auf den Rasen zu stürmen. Der Mann ist derart schnell bei Gilles Veissière, dass Siegtorschütze Alfonso dem Unparteiischen zu Hilfe eilen muss, um eine handfeste Schlägerei zu verhindern. Als der Schiedsrichter kurz darauf mit Geleitschutz vom Feld geführt wird, regnet es Wurfgeschosse, eine Münze trifft ihn oberhalb des Auges, und der Franzose wird blutend in die Katakomben gebracht.

---

**Josep Guardiola** »Der Grat zwischen Heldentum und Katastrophe ist sehr schmal.«

---

Es ist das unrühmliche Ende einer denkwürdigen Partie. Während Jugoslawiens Coach Vujadin Boškov in seinem Groll fast geneigt ist, mit den Gewalttätern zu fraternisieren (»Fans sind nun mal so, wie sie sind«), analysiert sein tief entspannter Kollege Camacho die Ereignisse gewohnt rational: »Ich bin schon sehr lange im Fußballgeschäft tätig und erinnere mich an viele historische Spiele. Dies ist nur ein weiteres.«

# DAS SPIEL

01.11.1955, Europapokal der Landesmeister, Achtelfinale, Hinspiel

## AC Mailand – 1. FC Saarbrücken

**3:4**
(3:2)

|  | 0:1 | Krieger (5.) |
| --- | --- | --- |
| Frignani (15.) | 1:1 |  |
| Schiaffino (33. ) | 2:1 |  |
| Dal Monte (37.) | 3:1 |  |
|  | 3:2 | Philippi (43.) |
|  | 3:3 | Schirra (67.) |
|  | 3:4 | Martin (69.) |

### Stadion
Stadio San Siro, Mailand

### Zuschauer
18 000

### AC Mailand
Buffon, Ganzer, Maldini, Liedholm, Zagatti, Frignani, Bergamaschi, Schiaffino, Vicariotto, Dal Monte, Valli

### 1. FC Saarbrücken
Fischbach, Puff, Keck, Berg, Momber, Philippi, Otto, Martin, Krieger, Siedl, Schirra

01.11.1955  **PLATZ 62**

## AC Mailand – 1. FC Saarbrücken
## 3:4

# DIE STUNDE DES PROTEKTORATS

Aus der Traum: Saarbrücken verliert das Rückspiel mit 1:4.
Nils Liedholm springt höher als Herbert Martin.

**PLATZ 62**

Die politischen Wirren der Nachkriegszeit machen die Fußballer des 1. FC Saarbrücken zu Globetrottern. Durch die Autonomie des Saarlands wird der ruhmreiche Klub einige Jahre vom deutschen Spielbetrieb ausgeschlossen. Um konkurrenzfähig zu bleiben, unternehmen die Saarländer deshalb verschiedene Weltreisen, um sich mit Freundschaftsspielen in Rio de Janeiro, Liverpool oder La Coruña fit zu halten und die eigene Konkurrenzfähigkeit bei den Eliteklubs zu testen. Noch 1955 führt die Teilautonomie dazu, dass der FCS – obwohl er inzwischen wieder in der Oberliga Südwest antritt – als Repräsentant des französischen Protektorats am Europapokal der Landesmeister teilnehmen darf.

Im Achtelfinale des neu eingeführten Wettbewerbs, dem Europapokal der Landesmeister, bekommt es die Elf von Hans Tauchert mit dem Grande Milan zu tun. Die Mannschaft des uruguayischen Trainers Héctor Puricelli ist europaweit gefürchtet. Das Spiel der Italiener wird vom schwedischen Mittelfeldregisseur Nils Liedholm organisiert, der im Angriff traumwandlerisch mit seinem Landsmann Gunnar Nordahl und dem Weltmeister von 1950, Pepe Schiaffino, harmoniert.

---

**Jules Rimet** »Die interessanteste Mannschaft Europas kommt aus Saarbrücken.«

---

Während Milan über ein Team aus Vollprofis verfügt, gehen die Saarländer alle einer geregelten Arbeit nach. Hans Tauchert kann deshalb seinen Kader nur dreimal pro Woche zum Training begrüßen, die Reise nach Norditalien ist daher für viele eine willkommene Abwechslung zum tristen Arbeitsalltag. Doch die Erfahrung aus den vielen internationalen Matches hat die Saarbrücker selbstbewusst gemacht. Vier Jahre ist es nun her, dass ein großer Teil des Kaders Real Madrid mit 4:0 die erste Heimniederlage nach zwölf Jahren zugefügt hat.

So richtig ernst nehmen die Norditaliener den glücklichen Qualifikanten aus dem Saarland dennoch nicht. Topstürmer Gunnar Nordahl darf sich schonen und fehlt in der Startelf. Nur 18 000 Zuschauer haben sich ins riesige San-Siro-Stadion verirrt. Für den AC Mailand stellt das Duell allenfalls eine lästige Pflichtaufgabe auf dem Weg ins Finale dar.

Doch Hans Tauchert lässt mutig mit drei Stürmern spielen und kurz nach dem Anpfiff geht sein Team überraschend durch Peter Krieger in Führung. Der Trainer hat vorab Späher nach Mailand geschickt, um die taktische Ausrichtung von Milan zu ergründen. Um das Angriffstrio in Schach zu halten, stellt er Waldemar »Fips« Philippi ins Abwehrzentrum, der als beinharter Zerstörer gefürchtet ist. Sogar der nette Fritz Walter sagt: »Beim Gedanken an Fips dreht sich mir der Magen um.«

Dennoch gelingt es Milan bis zur 37. Minute, einen Vorsprung von 3:1 herauszuschießen. Kurz vor der Pause aber tankt sich Abwehrkoloss Philippi durch und erzielt den 3:2-Anschlusstreffer. Ein Tor, das den Hoffnungen Flügel verleiht. Milan hat sich nach der Pause aufs Ballhalten verlegt und will das Ergebnis über die Zeit bringen. Nur zwei Minuten reichen den Saarbrückern, um das Spiel zu drehen. Karl Schirra erzielt in der 67. Minute den Ausgleich, kurz darauf trifft Herbert Martin, der Torschützenkönig der Oberliga Südwest, zum 4:3.

Ist das ein Witz? Die Mailänder blicken sich Hilfe suchend um. Ihnen wurde gesagt, sie bekämen es mit einer Kneipenmannschaft zu tun. Jetzt ist schnelles Handeln gefragt. Doch es gelingt dem lethargischen italienischen Meister nicht mehr, auf Angriff umzuschalten. Beim Schlusspfiff des Schweizers Gottfried Dienst ist der größte Erfolg in der Vereinsgeschichte perfekt.

Doch die Euphorie über den sensationellen Auswärtssieg währt nur kurz: Beim Rückspiel im Stadion Kieselhumes nimmt Milan die Aufgabe gegen die Amateure ernster und spielt in Bestbesetzung. Der 1. FC Saarbrücken scheidet mit 1:4 aus dem Wettbewerb aus. Rechtsaußen Herbert Binkert, der im Hinspiel verletzungsbedingt fehlte, muss zugeben: »Die Mailänder waren letztlich fitter.«

# DAS SPIEL

18.09.1976, 1. Bundesliga, 6. Spieltag

## VfL Bochum – FC Bayern München

 **5:6**
(3:0)

| | | |
|---|---|---|
| Torstensson (24., ET) | 1:0 | |
| Kaczor (38.) | 2:0 | |
| Ellbracht (43.) | 3:0 | |
| Pochstein (53.) | 4:0 | |
| | 4:1 | Rummenigge (55.) |
| | 4:2 | Schwarzenbeck (57.) |
| | 4:3 | G. Müller (63.) |
| | 4:4 | G. Müller (74.) |
| | 4:5 | U. Hoeneß (75.) |
| Kaczor (80.) | 5:5 | |
| | 5:6 | U. Hoeneß (89.) |

**Stadion**
Ruhrstadion, Bochum

**Zuschauer**
17 000

**VfL Bochum**
Scholz, Gerland, Franke (Ellbracht, 11.), Herget, Lameck, Eggert, Miß, Tenhagen, Trimhold, Pochstein, Kaczor

**FC Bayern München**
Maier, Horsmann, Beckenbauer, Schwarzenbeck, Andersson, Kapellmann, Torstensson (Künkel, 85.) Dürnberger, U. Hoeneß, G. Müller, Rummenigge

18.09.1976　　　　　　　　**PLATZ 63**

## VfL Bochum – FC Bayern München 5:6

# DER TAG DES OFFENEN TORS

Es hätte alles so schön sein können: Uli Hoeneß ruiniert mit seinem Tor zum 5:6 die Hoffnungen der braven Bochumer.

**S**epp Maier ist inzwischen alles egal. Nach dem 3:0 für den VfL Bochum steht der Münchner Schlussmann am Anstoßkreis und geht wie eine Furie auf Schiedsrichter Walter Horstmann los. Der Referee hat in seinem 100. Bundesligaspiel auf Tor entschieden, obwohl sein Linienrichter eine Abseitsposition angezeigt hat und die Bayern ein Handspiel gesehen haben. Das lässt der frustrierte Nationalkeeper nicht durchgehen. Das Spiel läuft schon wieder, da steht Maier immer noch in der Mitte des Feldes und redet wütend auf den Unparteiischen ein. Der Bochumer Matthias Herget nutzt die Gelegenheit, zieht aus 45 Metern Entfernung ab und verfehlt das leere Tor nur um ein paar Zentimeter.

Das Ligaspiel auf der Baustelle des Ruhrstadions ist für den amtierenden Europacupsieger trister Bundesligaalltag. Wegen der Renovierung können nur 17 000 Zuschauer das Spiel live verfolgen, viele müssen auf dem frisch getrockneten Zement der Stufen Platz nehmen. Einen Teil des Runds säumen Baukräne. Nicht unbedingt optimale Voraussetzungen für ein Jahrhundertspiel.

VfL-Trainer Heinz Höher hofft ohnehin, glimpflich aus der Partie herauszukommen, denn mit Spielmacher Hans-Jürgen Köper, Stürmer Heinz-Werner Eggeling und Hartmut Fromm fehlen ihm drei Stammspieler. Und in der elften Minute muss auch noch Klaus Franke verletzt vom Platz.

Der Elf aus dem Ruhrgebiet bleibt jetzt nur noch die Flucht nach vorn – und die hat Erfolg: Als Bayerns Conny Torstensson vor dem einschussbereiten Bochumer Harry Ellbracht zu klären versucht, berechnet der Schwede den Ball falsch und Bochum geht glücklich durch ein Eigentor in Führung. Für den 23-jährigen VfL-Stürmer Jupp Kaczor ist es das Signal zum Angriff. Er springt wie ein biegsamer Leopard durch die träge Bayern-Defensive, lässt Franz Beckenbauer ins Leere laufen und erhöht auf 2:0.

Beim Stand von 3:0 gibt Heinz Höher in der Pause seinen euphorisierten Profis die Anweisung, es nun etwas ruhiger angehen zu lassen.

Doch die Spieler hören gar nicht hin. Sie wollen jetzt die Bayern vorführen. Anstatt nach Sammy Pochsteins 4:0 das Ergebnis gönnerhaft zu verwalten, trachtet plötzlich jeder Bochumer danach, sich in den Fußballlexika mit einem Treffer gegen die Bayern zu verewigen. Sogar Libero Jupp Tenhagen stürmt inzwischen mit.

---

**Jupp Kaczor** »Was da abgelaufen ist, gibt's sonst nur im schlechten Film. Wir machten alles falsch, nichts gelang mehr.«

---

Während die VfL-Elf noch wie eine Maus vor den Augen einer müden Katze ihr Tänzchen aufführt, erwacht das Bayern-Spiel langsam zum Leben. Die Abwehr der Ruhrpottkicker scheint dem Größenwahn anheimgefallen – die Verteidiger lassen nun sogar Gerd Müller im Sturmzentrum Freiräume.

Die Rache der Bayern könnte grausamer kaum sein. In nur zwanzig Minuten schießen sie fünf Tore. Die Bochumer Träume von einem Schützenfest gegen den Europacupsieger zerplatzen wie ein Lederball unter den Rädern eines Sattelschleppers. Als Jupp Kaczor in der 80. Minute nochmals zum 5:5 ausgleicht, muss die Partie im Fotofinish entschieden werden: Eine Minute vor dem Abpfiff verliert der VfL-Angreifer nach einem verunglückten Fallrückzieher im Bayern-Strafraum den Ball und die Münchner brechen zu einem finalen Konter auf.

Der letzte Verbliebene in der Bochumer Hintermannschaft ist Erich Miß. Uli Hoeneß lässt ihn wie einen Pappkameraden stehen und stellt den Endstand her. Dettmar Cramer konstatiert später im Stile des Fußballphilosophen: »Am Tag des offenen Tores hat die bessere Mannschaft gewonnen.«

# DAS SPIEL

23.05.1954, Deutsche Meisterschaft, Finale

## Hannover 96 – 1. FC Kaiserslautern

**5:1** (1:1)

|  |  |  |
|---|---|---|
|  | 0:1 | Eckel (13.) |
| Tkotz (45.) | 1:1 |  |
| Kohlmeyer (48., ET) | 2:1 |  |
| Wewetzer (77.) | 3:1 |  |
| Kruhl (81.) | 4:1 |  |
| Paetz (84.) | 5:1 |  |

### Stadion
Volksparkstadion, Hamburg

### Zuschauer
76 000

### Hannover 96
Krämer, Geruschke, Kirk, W. Müller, Bothe, Gehrke, Wewetzer, Paetz, Tkotz, Zielinski, Kruhl

### 1. FC Kaiserslautern
Hölz, Baßler, Kohlmeyer, Eckel, Liebrich, Render, Scheffler, F. Walter, O. Walter, Wenzel, Wanger

23.05.1954  **PLATZ 64**

## Hannover 96 – 1. FC Kaiserslautern 5:1

# KALTNERVIGE PRÄZISIONS- MASCHINE

Schenken sich nichts: der Weltmeister in spe, Werner Kohlmeyer (r.), gegen Hannovers Heinz Bothe.

**PLATZ 64**

Den entscheidenden Tipp gibt Helmut Kronsbein in der Pause: »Stürmt, Jungens, stürmt, bis ihr das zweite Tor geschossen habt. Kaiserslautern ist jetzt konditionsschwächer.« Der stark erkältete Trainerfuchs weiß, dass der Gegner aus der Pfalz nach den schweren Spielen um die Finalteilnahme gegen den 1. FC Köln und Eintracht Frankfurt wacklig auf den Beinen ist. Kronsbein liegt mit seiner Einschätzung richtig: In der zweiten Hälfte fügt sein Team dem amtierenden Meister eine Schmach zu, wie sie die goldene Generation des FCK um Lichtgestalt Fritz Walter noch nie erlebt hat.

Tagelang hat sich Hannover 96 in einem geheimen Quartier im Vorort Harburg versteckt, um sich auf das Endspiel vorzubereiten. Helmut »Fiffi« Kronsbein hat englische Klubs wie Arsenal, Tottenham und Fulham besucht, um das Training zu beobachten und sich in Sachen Teamfindung weiterzubilden. Denn er weiß: Den Spitzenkräften aus Kaiserslautern ist nur über mannschaftliche Geschlossenheit beizukommen. Kronsbeins Elf plagen arge Verletzungssorgen: Mit Willi Hundertmark fehlt ein Leistungsträger. Hannes Kirk muss wegen einer Sehnenreizung Tabletten schlucken, die nicht nur den Schmerz lindern, sondern nebenbei auch sein Lampenfieber. Die neunzig Minuten in diesem Finale erlebt der Linksverteidiger gelinde gesagt positiv benebelt.

Nach 45 Minuten steht es 1:1. Hans Tkotz hat nur Sekunden vor dem Halbzeitpfiff mit einem Schuss von der Strafraumgrenze für Hannover ausgeglichen. Kaiserslauterns Coach Richard Schneider ist stinksauer – auch wegen der einseitigen Haltung der Zuschauer im Stadion. Denn den langen Weg aus der Pfalz an die Elbe haben nur 2000 Fans angetreten, viele können sich die weite Anfahrt schlichtweg nicht leisten. Aus der niedersächsischen Landeshauptstadt hingegen sind zehnmal so viele Anhänger nach Hamburg ins Volksparkstadion gekommen.

Nachdem Hannover 96 in der Vorwoche mit einem 3:1-Sieg gegen den VfB Stuttgart das Ticket für das Endspiel gelöst hat, steht die Stadt an der Leine Kopf. Umso erstaunlicher ist, wie rational die Mannschaft in der zweiten Hälfte den Anordnungen ihres Trainers Folge leistet und das Pfälzer Staraufgebot regelrecht auseinandernimmt. Das »Sportmagazin« schreibt: »Jetzt rollt langsam, aber unerhört methodisch, planvoll und kaltnervig die Präzisionsmaschine des norddeutschen Titelträgers an.«

---

Fritz Walter »Nach der Pause ist der Gegner wie ein wirbelnder Sturmwind über uns weggefegt.«

---

Nur drei Minuten nach dem Wiederanpfiff springt Werner Kohlmeyer in einen harmlosen Schuss von Tkotz und fälscht den Ball unhaltbar für Schlussmann Willi Hölz zum 2:1 für Hannover ab. Das Match wird nun ruppiger. Nationalverteidiger Horst Eckel verletzt sich am Knie und verbringt die verbleibende Spielzeit auf Linksaußen. Der Bewacher von Fritz Walter, der 21-jährige Rolf Gehrke, muss für Minuten an der Seitenlinie behandelt werden und folgt dem trägen Lauterer Kapitän fortan nur noch schlurfend.

In der 77. Minute drückt Heinz Wewetzer im Fallen einen Pass von Heinz Kruhl zum 3:1 über die Linie.

Die Lauterer müssen nun aufmachen. Doch die Löcher, die auf diese Weise in der Abwehr entstehen, nutzt Hannover mit der Zielsicherheit eines Heckenschützen aus. Am Ende stehen fünf Pfälzer Nationalspieler, die wenige Wochen später den Weltmeisterpokal in den regnerischen Himmel von Bern recken werden, wie begossene Pudel auf dem Rasen des Volksparks. Dabei ist es noch glimpflich abgegangen. Denn Fiffi Kronsbein sagt, dass seine Kicker Gnade vor Recht ergehen ließen: »Diese Leistungssteigerung hat sogar mich restlos erschlagen. Eine Katastrophe von 1:6, 1:7 drohte den Lauterern.«

# DAS SPIEL

05.11.2003, Champions League, Vorrunde

## AS Monaco FC – RC Deportivo La Coruña

**8:3**
**(5:2)**

| | | |
|---|---|---|
| Rothen (2.) | 1:0 | |
| Giuly (11.) | 2:0 | |
| Pršo (26.) | 3:0 | |
| Pršo (28.) | 4:0 | |
| | 4:1 | Tristán (39.) |
| | 4:2 | Scaloni (45.) |
| Pršo (45.) | 5:2 | |
| Plašil (47.) | 6:2 | |
| Pršo (49.) | 7:2 | |
| | 7:3 | Tristán (52.) |
| Cissé (67.) | 8:3 | |

### Stadion
Stade Louis II, Monaco

### Zuschauer
17 000

### AS Monaco FC
Roma, Givet, Squillaci, Rodriguez, Evra (Ibarra, 83.), Plašil (Zikos, 67.), Bernardi, Giuly, Rothen, Cissé, Pršo (Adebayor, 75.)

### RC Deportivo La Coruña
Molina (Munúa, 46.), Pablo (Munitis, 46.), Andrade, Naybet, Romero, Da Silva, Scaloni, Valerón, Sergio (Pandiani, 60.), Amavisca, Tristán

05.11.2003  PLATZ 65

## AS Monaco FC – RC Deportivo La Coruña 8:3

# HAPPY BIRTHDAY, LIEBER DADO!

Zwei mal zwei gleich vier: Dado Pršo trägt sich mit imaginären Colts in jeder Hand in die Geschichtsbücher ein.

**W**elcher Teufel hat ihn nur geritten? Augusto Lendoiro, der Präsident von Deportivo La Coruña, steht auf der Ehrentribüne im Stade Louis II und mag jetzt einfach nicht mehr hinschauen. Hatte er sich nicht geschworen, nie wieder mit der Mannschaft zu Spielen ins Ausland zu reisen? Im März 2000 war das bereits schiefgegangen. Damals setzte es für die Galizier im UEFA-Cup beim FC Arsenal eine 5:1-Klatsche. Danach hatte es der Präsident vorgezogen, Auswärtsspiele lieber im Fernsehen anzuschauen. Warum also war er in Monaco?

Nach einer guten Stunde liegt seine Elf mit 8:3 im Rückstand. Es ist das torreichste Spiel im Landesmeisterpokal seit 23 Jahren. Damals demütigte der FC Liverpool einen Fußballzwerg aus Finnland, Oulu PS, mit 10:1.

Aber diese Partie ist kein Duell David gegen Goliath, sondern das Aufeinandertreffen zweier Spitzenteams. Deportivo ist mit einer Serie von acht Siegen in Folge in die Saison gestartet. Auch der AS Monaco liegt unangefochten an der Spitze der französischen Liga.

Den Monegassen aber fehlt ihr wichtigster Spieler: Angreifer Fernando Morientes laboriert derzeit an einer Oberschenkelzerrung. Trainer Didier Deschamps muss deshalb den Spanier durch Miladin »Dado« Pršo ersetzen. Der Kroate feiert ausgerechnet an diesem Tag seinen 29. Geburtstag. Deschamps hat erst am Nachmittag zu ihm gesagt: »Glückwunsch, mein Lieber, mein Geschenk ist ein Einsatz. Ich hoffe, du kannst was damit anfangen.«

In zehn Ligaeinsätzen hat der Reservestürmer mit dem Pferdeschwanz erst zweimal getroffen. An diesem Tag aber wird er Geschichte schreiben. Monaco führt bereits mit 2:0, als die Zeit von Pršo nach einem Eckball beginnt. Er steigt im Strafraum hoch und nickt die Kugel lässig ein. Kurz darauf gelingt ihm nach einer Flanke aus identischer Position bereits ein zweiter Treffer.

Die Fans aus La Coruña sind aufgrund des 4:0-Rückstands nach einer halben Stunde mehr als bedient. Die Kurve wendet sich bereits demonstrativ vom Spielfeld ab. Das schadenfreudige Desinteresse des Anhangs zeigt bei der Mannschaft allerdings Wirkung. Die Verteidigung des Fürstentums ist angesichts des beruhigenden Vorsprungs auf Standby gegangen. Diego Tristáns Tor aus der Drehung erweckt ebenso wenig wie Lionel Scalonis Abstaubertor zum 4:2 den Eindruck, als hätten die Monegassen etwas gegen die Ergebniskorrektur einzuwenden. Die Elf aus dem Zwergstaat hegt offenbar keinen Zweifel an ihrer absoluten Dominanz in diesem Kräftemessen. Denn schon im direkten Gegenzug erhöht erneut Pršo mit seinem dritten Treffer auf 5:2.

**Dado Pršo** »In Trainingsspielen habe ich schon Hattricks erzielt, aber vier Tore in einem Spiel sind etwas Neues für mich.«

**D**eportivos verzweifelter Trainer Javier Irureta zieht in der Pause die Konsequenzen. Keeper Molina, der sich auf der Kabinenbank ohne Unterlass ins Bein kneift, um den Wirklichkeitsgehalt der Ereignisse in der ersten Hälfte zu überprüfen, wird durch Gustavo Munúa ersetzt. Aber auch der Ersatzmann kann die Torflut nicht eindämmen. Seine Statistik ist gerade mal zwei Minuten unbefleckt, da verlässt er seinen Sechzehnmeterraum und stürzt sich in einen Steilpass, um diesen aus der Gefahrenzone zu köpfen. Doch sein Abwehrversuch gerät leider zu kurz, und Jaroslav Plašil erzielt mit einem gefühlvollen Heber das 6:2.

Dann ist Dado Pršo endgültig reif für die Fußballalmanache. Mit seinem Treffer zum 7:2 ist er nach Marco van Basten und Simone Inzaghi der dritte Spieler in der Geschichte der Champions League, dem es gelingt, in nur einem Spiel vier Tore zu erzielen.

Als der Kroate in der 75. Minute beim Stand von 8:3 ausgewechselt wird, lässt sich Augusto Lendoiro oben auf der Haupttribüne zur Beruhigung der Nerven einen steifen Mokka servieren. Für ihn steht endgültig fest: Nie wieder wird er auswärts ein Europacupspiel seiner Mannschaft besuchen.

# DAS SPIEL

26.10.1974, DFB-Pokal, 2. Runde

## VfB Eppingen – Hamburger SV

 **2:1** (0:0)

| | | |
|---|---|---|
| Störzer (60.) | 1:0 | |
| Störzer (70.) | 2:0 | |
| | 2:1 | Bertl (79.) |

**Stadion**
Kraichgaustadion, Eppingen

**Zuschauer**
15 000

**VfB Eppingen**
Gebhard, Lietzau, Kern, Schieck, Götter, Rupp, Wirth, Störzer (Kaltwasser, 79.), Welz (Volandt, 87.), Bräunig, Autz

**Hamburger SV**
Kargus, Memering, Krobbach, Hidien, Kaltz, Björnmose, Eigl (Bertl, 46.), Mackensen, Sperlich, Reimann, Volkert

26.10.1974　　　　　　　　**PLATZ 66**

## VfB Eppingen – Hamburger SV
## 2:1

# RENDEZVOUS MIT
# DIETER KÜRTEN

Ein Dorf im Ausnahmezustand: Ein euphorisierter Eppinger
küsst die Goldhände von Volker Gebhard.

## PLATZ 66

Wenige Tage nach dem Spiel ist Weltspartag. Als Stargäste sind die Bundesligastars Karl-Heinz Körbel und Jürgen Grabowski in einer Eppinger Sparkasse zu Besuch. Der Filialleiter hat aber auch Gerd Störzer zur Autogrammstunde geladen. Die Unterschrift des Lehramtsstudenten von der Heidelberger Uni ist in diesen Tagen fast gefragter als die der Profis. Denn Störzer ist der Grund, warum im 14 500-Seelen-Ort seit Tagen der Ausnahmezustand herrscht.

Eine Woche vorher hatte er in der Umkleidekabine noch geflachst, wer vom kleinen VfB Eppingen nach dem Pokalspiel gegen den Hamburger SV wohl im »aktuellen sportstudio« auftreten darf. In seinem Team stehen acht Studenten, trainiert wird nur zweimal pro Woche. Doch die Feierabendkicker spielen eine herausragende Saison: In der Amateurliga Nordbaden geht es um die Meisterschaft und in der ersten Hauptrunde des DFB-Pokals hat der Klub den Zweitligisten Röchling Völklingen geschlagen.

Der HSV jedoch scheint übermächtig. Abgesehen von Libero Peter Nogly treten die Hansestädter mit der Elf an, die nur Tage zuvor Steagul Roşu Braşov im UEFA-Pokal mit 8:0 abgefertigt hat. Die Kraichgauer aber fürchten sich nicht vor einer Schmach. Coach Harald Meichelbeck lässt deshalb mutig mit drei Stürmern spielen.

Gerd Störzer will es sich in diesem Match noch einmal selbst beweisen. Der 25-Jährige ist um Haaresbreite an einer Profikarriere vorbeigeschrammt. Als A-Jugendlicher absolvierte er ein Probetraining beim FC Bayern. In der Saison 1971/72 kam der Schnauzbartträger auf sieben Regionalligaeinsätze für 1860 München. Weil es mit der ganz großen Karriere nicht zu klappen schien, entschied er sich, sein Studium fortzusetzen.

Als nach der Halbzeit noch immer kein Tor gefallen ist, wittern die Eppinger ihre Chance. Gerd Störzer: »Wir spürten, dass uns der HSV unterschätzt hatte. Im Spiel spontan die Einstellung zu ändern, ist dann immer schwer.« Er fasst sich an der Mittellinie ein Herz, umkurvt die gesamte HSV-Abwehr und schießt unhaltbar für Rudi Kargus ein. Wegen des Zuschauerandrangs ist der VfB von seinem Sportplatz ins wenige Hundert Meter entfernte Stadion umgezogen. Doch auch hier gibt es keine befestigten Tribünen. Die Zuschauer stehen bis zur Außenlinie.

Als Störzer zehn Minuten später mit einem erneuten Alleingang für die Vorentscheidung sorgt, rennen bereits die ersten Zuschauer auf den Platz, um ihn zu umarmen. Der Mittelfeldregisseur jedoch ist am Ende seiner Kräfte und lässt sich auswechseln. »Ich lebte stets von meiner Schnelligkeit. Ich war kaputt.«

---

**Gerd Störzer** »Wir bekamen Glückwunschtelegramme von Eppingern, die in die USA ausgewandert waren. Sogar dort hatte man von dem Sieg gehört.«

---

Ohne den Spielmacher wird es für den VfB in der Schlussphase noch einmal eng. Horst Bertl hat auf 2:1 verkürzt. Der HSV kommt zwar zu etlichen Chancen, doch die Abwehr um Libero Jürgen Schieck und den hervorragenden Keeper Volker Gebhard kann den knappen Sieg halten.

Beim Abpfiff stürmen 15 000 Zuschauer beseelt den Rasen. Gerd Störzer, der die letzten Minuten bibbernd im Trikot auf der Holzbank am Feldrand verbracht hat, flüchtet in kurzen Hosen durch den anliegenden Wald zu den Umkleideräumen. Dort erreicht ihn die Nachricht, dass er es ist, der zu Dieter Kürten ins »aktuelle sportstudio« nach Wiesbaden eingeladen wurde.

Das Eppinger Pokalwunder geht anschließend noch weiter. In der dritten Runde können die Kraichgauer den Amateurligisten SV Sandhausen ausschalten. Bis zum Ausscheiden im Achtelfinale gegen Werder Bremen spült das Team gut 350 000 D-Mark in die Vereinskasse. Die Studenten im Kader profitieren davon jedoch kaum. »Für den Sieg gegen den HSV bekam jeder 1000 D-Mark«, erinnert sich Gerd Störzer. »Aber was soll's, wir haben Geschichte geschrieben.«

# DAS SPIEL

03.08.1996, Olympisches Fußballturnier, Finale

## Nigeria – Argentinien

**3:2**
(1:1)

|  |  |  |
|---|---|---|
|  | 0:1 | López (3.) |
| Babayaro (28.) | 1:1 |  |
|  | 1:2 | Crespo (50., FE) |
| Amokachi (74.) | 2:2 |  |
| Amunike (90.) | 3:2 |  |

### Stadion
Sanford Stadium, Athens (Georgia)

### Zuschauer
86 117

### Nigeria
Dosu, Babayaro, West, Okechukwu, Kanu, Babangida, Okocha (Lawal, 59.), Ikpeba (Amunike, 72.), Amokachi, Oliseh, Oparaku (Oruma, 62.)

### Argentinien
Cavallero, Ayala, Chamot, Zanetti, Almeyda, Sensini, López, Crespo, Ortega, Morales (Simeone, 58.), Bassedas

03.08.1996  PLATZ 67

## Nigeria – Argentinien 3:2

# DIE LANDUNG DER ADLER

Die Welt steht Kopf: Celestine Babayaro geht nach seinem Tor kopfüber. Jay-Jay Okocha findet's witzig.

**PLATZ 67**

**F**ür Daniel Passarella ist das Finale wie ein Requiem. Argentiniens Coach beabsichtigt nämlich, den Gewinn der Goldmedaille seinem verstorbenen Sohn zu widmen. Er hat verfügt, dass alle Spieler in seinem Kader angemessene Kurzhaarfrisuren tragen müssen. Axl-Rose-Wiedergänger Claudio Caniggia hat deshalb dankend auf seine Teilnahme an Olympia verzichtet.

Doch Passarella weiß, dass gegen Nigeria kein gekämmter Scheitel reicht, um oben aufs Siegertreppchen zu kommen. Seine Elf startet hoch motiviert in die Partie. Bereits den ersten Angriff schließt Claudio López mit einem Kopfballtor zum 1:0 ab.

Doch die Nigerianer sind es gewohnt, Rückständen nachzulaufen. Im Halbfinale haben sie ein 1:3 gegen Brasilien noch ausgeglichen und das Team um die Superstars Ronaldo, Rivaldo und Bebeto in der Verlängerung per Golden Goal aus dem Wettbewerb bugsiert.

Schon lange fragt sich die Fachwelt, wann es einer afrikanischen Mannschaft gelingt, zur Weltelite im Fußball aufzuschließen. Das nigerianische Team scheint für diese Pioniertat prädestiniert zu sein: Alle Spieler, die der niederländische Trainer Jo Bonfrere für das Finale aufbietet, stehen bei europäischen Spitzenklubs in Lohn und Brot.

Nach der frühen Führung agiert Argentinien seltsam pomadig. Das Ausgleichstor von Celestine Babayaro ist die logische Folge aus einer Reihe hochkarätiger Chancen, die Nigeria herausspielt. Passarellas Team muss zunehmend zu unlauteren Mitteln greifen, um überhaupt noch mithalten zu können. Fünf Minuten nach der Pause lässt sich Ariel Ortega nach einem harmlosen Zweikampf mit Taribo West im Strafraum fallen. Der schwache Referee Pierluigi Collina entscheidet auf Strafstoß und Hernán Crespo nimmt das Geschenk dankend an.

Doch an diesem heißen Sommernachmittag ist die Moral der Nigerianer durch nichts zu beeinträchtigen. Erneut antworten die »Super Eagles« mit sportlichen Mitteln: Daniel Amokachi vollendet einen Querschläger im Strafraum mit einem Heber zum erneuten Ausgleich. Es scheint fast, als versuche Argentinien zu ignorieren, wie dominant die Nigerianer spielen. Als es kurz vor Schluss einen Freistoß vor der Strafraumgrenze gibt, proben Roberto Sensini und José Chamot, die Routiniers im Abwehrzentrum, ein bizarres Manöver. In dieser überaus prekären Situation entscheiden sie, die nigerianischen Stürmer in eine Abseitsfalle laufen zu lassen – und plumpsen selbst hinein.

---

**Jay-Jay Okocha** »Dieser Sieg ist das Großartigste, was den Nigerianern jemals passiert ist. Er bringt die Menschen in unserem Land zusammen.«

---

**E**in Treppenwitz der Geschichte: Waren es bisher meist afrikanische Mannschaften, die bei großen Meisterschaften durch naive Fehler ausschieden, sind es diesmal die überheblichen Südamerikaner. Während Argentiniens komplette Abwehrkette wie eine Herde Wildpferde beim Freistoß von Nwankwo Kanu aus dem Strafraum galoppiert, sieht Schiedsrichter Collina Emmanuel Amunike im Moment der Ballabgabe nicht im Abseits. Die Fernsehbilder weisen dem Italiener zwar eine weitere Fehlentscheidung nach. Doch das Risiko, das die Verteidiger eingehen, ist provozierend hoch. Amunike kann frei stehend in aller Ruhe zum Siegtreffer verwandeln.

Als Collina in der vierten Minute der Nachspielzeit abpfeift, fällt im fernen Lagos, wo es auf Mitternacht zugeht, der Strom aus. In der nigerianischen Hauptstadt sind nach dem Match zu viele Stromquellen auf einmal in Betrieb. Statt eines feierlichen Requiems wird das olympische Endspiel zur feurigen Lambada-Party. Afrika dockt endgültig beim Weltfußball an. Grund genug für Nigerias Jay-Jay Okocha, gleich mal zu den Sternen zu greifen: »Was als Nächstes kommt? Das WM-Finale 1998, da bin ich ganz sicher.«

# DAS SPIEL

08.11.2009, Ligue 1, 13. Spieltag

## Olympique Lyon – Olympique Marseille

**5:5**
**(2:2)**

| Pjanić (3.) | 1:0 | |
| | 1:1 | Diawara (12.) |
| Govou (13.) | 2:1 | |
| | 2:2 | Cheyrou (44.) |
| | 2:3 | Koné (48.) |
| | 2:4 | Brandão (79.) |
| Lisandro (80.) | 3:4 | |
| Lisandro (83., HE) | 4:4 | |
| Bastos (90.) | 5:4 | |
| | 5:5 | Toulalan (90. + 3, ET) |

### Stadion
Stade Municipal de Gerland, Lyon

### Zuschauer
38 000

### Olympique Lyon
Lloris, Gassama, Cris, Cissokho, Makoun, Källström (Bastos, 68.), Ederson (Gomis, 56.), Toulalan, Govou, Pjanić, Lisandro

### Olympique Marseille
Mandanda, Heinze, Hilton, Diawara, Bonnart, Cheyrou (Cissé, 67.), Mbia, Abriel, Niang, Koné (Valbuena, 58.), Brandão

08.11.2009  PLATZ 68

## Olympique Lyon – Olympique Marseille 5:5

# RALLEY OLYMPIQUE

Zwei linke Hände: Lyons angehender Nationalkeeper Hugo Lloris patzt nach dem Schuss von Benoît Cheyrou.

## PLATZ 68

Die einzigen Verlierer am Ende dieser rauschhaften Nacht sind die Keeper. Hugo Lloris und Steve Mandanda rangeln um die Nummer 1 im Tor der französischen Nationalmannschaft. Doch an diesem Abend überbieten sie sich gegenseitig mit ihren Stilblüten. Lloris drückt schon in der ersten Halbzeit zwei Bälle so ungelenk ins eigene Netz, als handle es sich dabei um Geschosse aus Unrat. Mandanda hat erst in der Nachspielzeit seinen großen Auftritt, als er wie ein Bohemien nach einem zünftigen Abend durch seinen Strafraum taumelt und so die tragische Schlusspointe ermöglicht: das Eigentor von Jérémy Toulalan.

Die Montagsschlagzeile der Sportzeitschrift »L'Equipe« könnte kaum treffender sein: »Die große Sonntagabend-Show«. Denn das Spiel schlägt nicht nur dramaturgische Kapriolen wie ein Tarantino-Streifen, es besitzt auch das rasante Tempo eines frühen Spielberg-Epos. Die Elf aus Marseille steht vor dem Anpfiff auf einem enttäuschenden achten Tabellenplatz. Coach Didier Deschamps weiß, dass ein Sieg im Ligaklassiker die Kritik milde stimmen könnte, denn Lyon ist auf dem Sprung an die Spitze.

Das Team von Claude Puel darf jedoch den Torreigen eröffnen. Miralem Pjanić hämmert den Ball bereits nach drei Minuten mit einer Kompromisslosigkeit unter die Latte, als versuche er, damit das Aluminium von Marseilles Gehäuse zu spalten. Der Treffer wirkt wie eine Adrenalininjektion. Die Partie beginnt bei 180 Stundenkilometern, und die Spieler nehmen bis zum Abpfiff ihre Füße nicht mehr vom Gaspedal. Es geht offenbar nur noch darum, den Gegner mit Toren aus dem Konzept zu bringen.

Als Souleymane Diawara nach einem Eckball ausgleicht, beantwortet Sidney Govou diese Provokation nur eine Minute später bereits mit seinem 2:1. Für Momente scheint es fast, als könne Puels Elf das Spiel kontrollieren, doch Lyons Torwart Lloris torpediert jegliche Form von taktischer Struktur und wirft sich unmittelbar vor der Halbzeit einen Fernschuss von Benoît Cheyrou ins eigene Gehäuse.

Die Szene ist wie eine Blaupause für die Ereignisse, die sich nach dem Wiederanpfiff ereignen. Bis zur 79. Minute gelingt es Marseille, dem Namensvetter aus Lyon zwei weitere Treffer zu servieren. Als nach Bakary Koné auch Brandão nach einer Ecke artistisch mit der Schuhsohle zum 2:4 trifft, glaubt keiner der 2200 mitgereisten Fans aus Marseille, dass ihnen dieser Sieg noch aus der Hand zu nehmen ist.

Doch die letzten zehn Spielminuten wirken, als wäre der Wagen auf dieser Achterbahn vollends aus der Spur geraten: Der Argentinier Lisandro trägt sich in den Spielberichtsbogen ein, nachdem er Vitoris Hilton entkommt, Steve Mandanda austanzt und zum Anschluss einschießt. Weil es so schön war, besorgt der Südamerikaner per Elfmeter nur Augenblicke später den Ausgleich, nachdem Gabriel Heinze den Ball im Strafraum mit der Hand gespielt hat. Schließlich ist es Michel Bastos, der nach einem Doppelpass in der Schlussminute die Aufholjagd vollendet und Olympique Lyon ein vermeintliches Happy End beschert.

---

**Didier Deschamps** »Es wird problematisch, wenn man sechs Tore schießen muss, um zu gewinnen – vor allem auswärts.«

---

Die ironische Cocktailkirsche auf dieses pirouettendrehende Sahnehäubchen von einem Fußballspiel folgt in der dritten Minute der Nachspielzeit. Der Einwurf des eingewechselten Mathieu Valbuena wird zur Flanke. Die Kugel geht am Fünfmeterraum wie an einem Seil gezogen in die Luft. Drei Spieler steigen hoch, einer ist Lyons Verteidiger Jérémy Toulalan. Umringt von Gegnern kommt er in leichte Schräghaltung, der Ball senkt sich beim Herunterkommen auf seine rechte Wade und springt ins Netz.

Die Ereignisse sind derart unwirklich, dass Marseilles Fabrice Abriel nach dem Abpfiff den Ertrag der Partie vor laufender Kamera erst einmal nachrechnen muss: »Fünf Tore – ein Punkt? Na ja, eigentlich ein bisschen zu wenig.«

# DAS SPIEL

22.06.1992, Europameisterschaft, Halbfinale

## Dänemark – Niederlande

**7:6**
(n. V., n. E.)
(2:1, 2:2, 2:2)

| | | |
|---|---|---|
| Larsen (5.) | 1:0 | |
| | 1:1 | Bergkamp (23.) |
| Larsen (32.) | 2:1 | |
| | 2:2 | Rijkaard (86.) |
| | 2:3 | Koeman (ES) |
| Larsen (ES) | 3:3 | |
| | -:- | van Basten (ES) |
| Povlsen (ES) | 4:3 | |
| | 4:4 | Bergkamp (ES) |
| Elstrup (ES) | 5:4 | |
| | 5:5 | Rijkaard (ES) |
| Vilfort (ES) | 6:5 | |
| | 6:6 | Witschge (ES) |
| Christofte (ES) | 7:6 | |

**Stadion**
Nya Ullevi, Göteborg

**Zuschauer**
37 500

**Dänemark**
Schmeichel, Olsen, Sivebaek, Piechnik, Andersen (Christiansen, 70.), Larsen, Christofte, Jensen, Vilfort, Povlsen, B. Laudrup (Elstrup, 58.)

**Niederlande**
van Breukelen, R. Koeman, F. De Boer (Kieft, 46.), van Tiggelen, Wouters, Witschge, Bergkamp, Gullit, Rijkaard, van Basten, Roy (van 't Schip, 116.)

22.06.1992    PLATZ 69

## Dänemark – Niederlande 7:6
## (n. V., n. E.)

# DAS FAST-FOOD-MÄRCHEN

Erholte Urlauber: Während die Dänen feiern, wirkt Ronald Koeman (v.), als habe er zu viel Junkfood intus.

**298    PLATZ 69**

Der geniale Einfall stammt von Flemming Povlsen. In einem Interview behauptet der Stürmer nämlich, das Erfolgsgeheimnis der dänischen Elf bestünde darin, dass sich die Spieler von Big Macs und Cola ernährten. Man befände sich schließlich im Urlaub. Die Legende von den Ferienfußballern trägt das Team von Richard Møller Nielsen wie auf einer Wolke durch das EM-Turnier 1992.

Dabei sind die Dänen unter denkbar schlechten Voraussetzungen nach Schweden gereist. Erst zehn Tage vor dem Eröffnungsspiel haben sie erfahren, dass sie anstelle der per UNO-Dekret disqualifizierten Jugoslawen zur Euro fahren dürfen. Coach Møller Nielsen ist gerade dabei, seine Küche zu renovieren, als er von der Nachnominierung im Radio hört.

Während des Turniers kultiviert er bewusst das Außenseiterimage. Er gibt einigen Spielern sogar den Auftrag, sich beim Biertrinken von Journalisten fotografieren zu lassen. Bei so viel Show fällt niemandem mehr auf, dass der Kader zum Großteil aus gestandenen Profis mit internationaler Erfahrung besteht. Dänemark tänzelt beinahe widerstandslos ins Halbfinale.

Dort trifft es auf Titelverteidiger Holland, das in der Vorrunde Weltmeister Deutschland deklassiert hat. Die Mannschaft von Trainer-Oldie Rinus Michels ist ein über Jahre eingespieltes Starensemble, das durch die kongeniale Achse des AC Mailand angetrieben wird: Ruud Gullit, Frank Rijkaard und Marco van Basten.

Als die Spieler zum Warmlaufen auf den Platz kommen, erkennt Møller Nielsen aber seine Chance. Er sagt später: »Die Holländer haben von oben auf uns herabgeschaut.« Der Glaube an ihre spielerische Qualität hat die Elftal überheblich gemacht. Als nach der sechsten Minute jedoch Henrik Larsen den Führungstreffer für die Skandinavier erzielt, blickt man in den holländischen Reihen in fragende Gesichter. Offenbar kapieren die Spieler erst jetzt, dass sie es keineswegs mit einer lustigen Freizeittruppe zu tun haben. Marco van Basten wird von Torben Piechnik zur Bedeutungslosigkeit verdonnert. Das Abwehrbollwerk der Dänen um Lars Olsen lässt kaum Kombinationen zu. Im Gegenteil. Ständig besteht für die anrennenden Niederländer die Gefahr, in einen dänischen Konter über die flinken Außenstürmer Flemming Povlsen und Brian Laudrup zu laufen. Auch als Dennis Bergkamp den Ausgleich köpft, brechen die tapferen Dänen nicht ein. Die holländische Sturm-und-Drang-Phase beantwortet Larsen eiskalt mit seinem 2:1.

**Schlachtruf der dänischen Fans** »We are red, we are white, we are Danish Dynamite!«

In der 71. Minute muss die dänische Deckung einen herben Ausfall verkraften. Bei einem unglücklichen Zusammenprall mit van Basten erleidet Henrik Andersen einen Trümmerbruch in der linken Kniescheibe. Der Wechsel bringt Unruhe, zumal auch John Sivebaek sich mit einem Muskelfaserriss übers Feld schleppt und selbst Libero Olsen angeschlagen ist.

Vier Minuten vor dem Abpfiff bekommen die Dänen im Strafraum den Ball nicht weg. Per Zufall kommt die Kugel zu Frank Rijkaard, der aus drei Metern Entfernung den Ausgleich markiert.

Die Entscheidung fällt schließlich im Elfmeterschießen. Ein ausgewiesener Experte in Sachen Toreschießen patzt: Marco van Basten wird zum tragischen Helden, sein Elfmeter ist der einzige Fehlschuss in dem Nervenspiel. Es soll die letzte Aktion des Wunderstürmers im Oranje-Dress sein. Van Basten tritt unmittelbar nach dem Spiel aus der Nationalelf zurück.

Er folgt damit Bondscoach Rinus Michels, der nach 32 Jahren als »General« seine glorreiche Trainerkarriere beendet. Michels bleibt bei seinem Abschied nur eine ernüchternde Bilanz, die sich ironischerweise auf viele Spiele der holländischen Fußballhistorie übertragen ließe: »Unsere Spieler wollten durchs Spielen gewinnen. Für eine zu lange Zeit vergaßen sie, dass man auch kämpfen muss.«

# DAS SPIEL

21.12.2005, DFB-Pokal, Achtelfinale

## FC St. Pauli – Hertha BSC Berlin

**4:3**
(n. V.)
(1:2, 2:2)

|  | | |
|---|---|---|
|  | 0:1 | Pantelic (8.) |
|  | 0:2 | Gilberto (40.) |
| Mazingu-Dinzey (45. + 1) | 1:2 | |
| Luz (86.) | 2:2 | |
|  | 2:3 | Marcelinho (100.) |
| Lechner (104.) | 3:3 | |
| Palikuča (109.) | 4:3 | |

**Stadion**
Millerntor, Hamburg

**Zuschauer**
19 800

### FC St. Pauli
Hollerieth, Lechner, Morena, Gunesch, Joy, Boll (Palikuča, 72.), Schultz (Wojcik, 68.), Brückner, Shubitidse (Sulentic, 68.), Mazingu-Dinzey, Luz

### Hertha BSC Berlin
Fiedler, Samba, Friedrich, Fathi (Neuendorf, 110.), Madlung, Baştürk (Marx, 81.), Kovač, Gilberto, Marcelinho, Pantelic, Cairo (Boateng, 74.)

21.12.2005  PLATZ 70

## FC St. Pauli – Hertha BSC Berlin
## 4:3 (n. V.)

# TIPP-KICK
# AUF KROATISCH

Schönes Haar ist dir gegeben: Sein Ausgleichstor kurz vor dem Abpfiff verleiht St. Paulis Beau, Felix Luz, Flügel.

## PLATZ 70

Städtenamen mit dem Anfangsbuchstaben »B« sind in der Pokalsaison 2005/06 ein gutes Omen für den FC St. Pauli. Nach Siegen gegen den SV Wacker Burghausen und den VfL Bochum erwartet den Regionalligisten im Achtelfinale das dicke B von der Spree: Hertha BSC Berlin. Doch das Spiel ist praktisch nach vierzig Minuten für die Elf von Falko Götz entschieden. Der Bundesligist hat die mutigen Angriffe der Hamburger lässig abgefedert und liegt mit einem beruhigenden 2:0 in Führung. St.-Pauli-Trainer Andreas Bergmann hat vorab verkündet, dass der Pokal aus seiner Sicht nur eine Nebensächlichkeit darstellt. Hauptsache, am Saisonende klappt es für seine Elf mit dem Aufstieg in die zweite Liga.

In der Nachspielzeit der ersten Hälfte gelingt Michél Mazingu-Dinzey jedoch der überraschende Anschlusstreffer. Coach Bergmann veranlasst nun einen geordneten Sturmlauf, doch es kommt in der zweiten Hälfte lange nichts Zählbares dabei heraus. Erst in der 86. Minute ruft Kapitän Fabio Morena vor einem Eckball dem blonden Beau Felix Luz, der sich gerade im Sturmzentrum der Paulianer befindet, zu: »Jetzt mach das Ding einfach mal rein!« Der Wunsch ist für den Angreifer mit dem Babyface und den wallenden Haaren in diesem Moment wie ein Befehl. Endlich ist er einen Schritt schneller als Nationalverteidiger Arne Friedrich, und es gelingt ihm ein Flugkopfball, der später sogar zum Tor des Monats gewählt werden sollte.

Die Aufholjagd jedoch hat Kraft gekostet. In der Verlängerung pfeifen die Gastgeber aus dem Amüsierviertel längst aus dem letzten Loch, zumal ihr Trainer das gesamte Wechselkontingent bereits ausgeschöpft hat. Und dann ist auch noch der psychologische Vorteil des späten Ausgleichs dahin: In der 100. Minute erzielt Marcelinho mit einem Fernschuss aus dreißig Metern Entfernung das 2:3. Die Entscheidung?

Florian Lechner schüttelt sich gerade einen Krampf aus dem Bein, als er sieht, dass Felix Luz mit dem Rücken zum Tor am Strafraum der Berliner in Ballbesitz kommt. Der blonde Angreifer erkennt den frei stehenden Lechner, der gerade im Hintergrund über den Platz humpelt, und passt ihm aus der Bedrängnis heraus den Ball zu. Lechner überlegt einen Moment, was er tun soll. Von Schmerzen geschüttelt, fällt ihm nichts Besseres ein, als die Kugel auf das Berliner Tor zu feuern. Auf dem Weg dorthin wird der Ball zweimal abgefälscht und schlägt unhaltbar für Christian Fiedler ein.

---

**Florian Lechner** »Als ich beim Jubeln die Fäuste ballte, hatte ich sogar in den Fingern Krämpfe.«

---

**D**en Herthanern geht diese Situation nun deutlich an die Nieren. Zweimal haben sie einen Vorsprung gegen den Regionalligisten verspielt – und auf den Rängen ist inzwischen der Teufel los. Sie fangen an, sich gegenseitig Vorwürfe zu machen. Für die Elf des FC St. Pauli erwächst daraus die nicht mehr für möglich gehaltene Hoffnung auf den Sieg. In der 109. Minute tritt der Berliner Niko Kovač an der linken Strafraumgrenze den eingewechselten Robert Palikuča um. Sein Teamkollege Ive Sulentic schlendert zum Freistoß und ruft im Vorbeigehen dem Gefoulten auf Kroatisch zu, er möge doch am zweiten Pfosten auf seine Flanke warten. Sulentic serviert den Ball exakt so wie versprochen. Palikuča sieht die Flanke wie beim Tipp-Kick-Spiel nahen und rauscht lehrbuchartig aus dem Hintergrund heran. In diesem Augenblick ist er sich seiner Sache ganz sicher, er wird das Tor machen: »Ich hatte den Ball noch nicht berührt, aber schon ein Grinsen im Gesicht.«

Als die Kiezkicker nach dem Schlusspfiff mit den Fans den 4:3-Sieg feiern, streifen sie ein frisches T-Shirt über. »Wir sind Pokal« steht vorn drauf – und auf der Rückseite in Anspielung auf die bislang im Wettbewerb eliminierten Gegner aus Burghausen, Bochum und Berlin: »Das nächste ›B‹ bitte.« Auch dieser Wunsch wird erfüllt. Im Viertelfinale bekommt die Elf vom Millerntor Werder Bremen zugelost – und im Halbfinale schließlich sogar den großen FC B-B-B-Bayern.

# DAS SPIEL

**19.06.1994, Weltmeisterschaft, Vorrunde**

## Rumänien – Kolumbien

 **3:1**
**(2:1)**

| | | |
|---|---|---|
| Răducioiu (16.) | 1:0 | |
| Hagi (34.) | 2:0 | |
| | 2:1 | Valencia (43.) |
| Răducioiu (88.) | 3:1 | |

### Stadion
Rose Bowl Stadium, Pasadena

### Zuschauer
91 586

### Rumänien
Stelea, Petrescu, Belodedici, Popescu, Prodan, Mihali, Lupescu, Munteanu, Hagi, Dumitrescu (Selymes, 68.), Răducioiu (Păpura, 90.)

### Kolumbien
Córdoba, Escobar, Herrera, Pérez, Perea, Álvarez, Valderrama, Gomez, Rincón, Valencia, Asprilla

19.06.1994  PLATZ 71

## Rumänien – Kolumbien 3:1

# KANONISATION IN KALIFORNIEN

Rumänisches Kunstwerk: Die »Spielertulpe« mit
Gheorghe Hagi als emporgehobener Triumphator.

**PLATZ 71**

Gheorghe Hagi ist bereits mit reichlich Vorschusslorbeeren zur Weltmeisterschaft in die USA gereist. Der Ruf des »Karpaten-Maradona« eilt dem Rumänen voraus, doch niemand glaubt ernsthaft, dass er seinem Pendant aus Südamerika wirklich das Wasser reichen kann. In der 34. Minute brennt sich der 1,74 Meter kleine Spielmacher jedoch ins kollektive Gedächtnis der weltweiten Fußballfans ein: Von der Außenlinie narrt er Kolumbiens Torhüter Oscar Córdoba mit einem kunstvollen Heber aus 35 Metern Entfernung – und erzielt einen Treffer für die Ewigkeit.

Fast wäre der äußerst wendige Strippenzieher zu diesem Turnier gar nicht angetreten. Bis kurz vor der Abreise führte er eine Spielerrevolte gegen den Verband an und feilschte um die Prämien der Nationalspieler. Nun aber zeigt sich, wie wertvoll er tatsächlich für das rumänische Spiel ist.

Eigentlich ist Kolumbien der große Favorit in diesem ersten Vorrundenmatch. In der Qualifikation hat die Mannschaft von Francisco Maturana Argentinien mit 5:0 geschlagen. Brasiliens Fußballgott Pelé erklärt das Team daraufhin zum Geheimtipp. Schriftsteller Gabriel García Márquez wettet sogar um einen Mercedes, dass seine Landsleute in den USA den Titel holen.

Doch die Gerüchteküche brodelt. Es heißt, die Mannschaft stünde unter dem Einfluss der mächtigen kolumbianischen Drogenmafia. Coach Maturana hat Morddrohungen erhalten für den Fall, dass er bestimmte Spieler nicht für den WM-Kader berücksichtigt. Angeblich sollen bei dem Kantersieg über die »Gauchos« auch Wettsyndikate ihre Finger im Spiel gehabt haben.

Davon, dass die Elf unter Druck steht, ist in der Anfangsphase gegen Rumänien aber nichts zu spüren. Im Mittelfeld lassen Carlos Valderrama, Leonel Álvarez und Freddy Rincón die Bälle laufen und schnüren die Elf von Anghel Iordănescu in der eigenen Hälfte ein. Siegessicher beginnen die Südamerikaner bereits, erste Kabinettstückchen vorzuführen, da erschüttert ein Steilpass von Hagi die Machtverhältnisse im Rose Bowl in ihren Grundfesten. Der Ball findet sein Ziel in Florin Răducioiu, der im Strafraum drei Kolumbianer aussteigen lässt und aus sechzehn Metern Entfernung die Führung erzielt.

---

**Florin Răducioiu** »Unser Vorteil war, dass uns niemand, wirklich niemand auf der Rechnung hatte.«

---

Das Tor gibt den Europäern Auftrieb. Hagi zieht nun im Mittelfeld konzentrische Kreise und treibt die Bälle aus der eigenen Abwehr in die Spitze. Wie sicher der Spielmacher in seinen Aktionen ist, beweist sein Treffer zum 2:0. Ansatzlos schlenzt er den Ball aus vollem Lauf über den überraschten Córdoba, der das Spiel entspannt am Rand seines Fünfmeterraums verfolgt. Adolfo Valencia gelingt per Kopf zwar noch der Anschlusstreffer, doch der Kraftaufwand für eine Aufholjagd in der kalifornischen Nachmittagssonne ist einfach zu hoch. Dem kolumbianischen Mittelfeld gehen langsam, aber sicher im dichtmaschigen Abwehrnetz der Rumänen die Ideen aus.

Zwei Minuten vor dem Ende schlägt Mastermind Hagi erneut einen langen Ball in die Spitze, den der heraneilende Córdoba unbeholfen passieren lässt. Florin Răducioiu, der eine frustrierende Saison als Bankdrücker beim AC Mailand hinter sich hat, schnappt sich die Kugel und schießt zum Endstand ein.

Sein grandioser Auftritt in Pasadena rückt Gheorghe Hagi in seiner Heimat postwendend in den Rang eines Heiligen. Wegen seiner Eskapaden hatten viele Funktionäre gefordert, ihn nicht mit in die USA zu nehmen. Nun sagt keiner mehr ein Wort. Sein Tor gegen Kolumbien wird schließlich zum fünftschönsten Tor der WM-Geschichte gewählt.

# DAS SPIEL

09.05.1981, 1. Bundesliga, 30. Spieltag

## DSC Arminia Bielefeld – TSV 1860 München

 **3:2** (1:1)

|  |  |  |
|---|---|---|
|  | 0:1 | Năstase (17.) |
| Schock (28.) | 1:1 |  |
|  | 1:2 | Năstase (77.) |
| Schröder (88.) | 2:2 |  |
| Eilenfeldt (90.) | 3:2 |  |

**Stadion**
Alm, Bielefeld

**Zuschauer**
23 000

**DSC Arminia Bielefeld**
Kneib, Dronia, Bregman, Pohl, Angele (Pagelsdorf, 74.), Eilenfeldt, Schröder, Krobbach, Geils, Schock, Sackewitz (Graul, 55.)

**TSV 1860 München**
Zander, Scheller, Strack, Wohlers, Schreml, Sidka, Herberth, Raubold, Năstase, Senzen, Völler

**09.05.1981**  **PLATZ 72**

## DSC Arminia Bielefeld – TSV 1860 München 3:2

# HAPPY END DER CHAOSTAGE

Der schönste Tag im Leben des Norbert E.: Eilenfeldt (M.) bewahrt Arminia vor dem Abstieg.

**PLATZ 72**

Bei Arminia herrscht mal wieder Chaos. Manager Willi Nolting wird zum Saisonende sein Amt abgeben. Trainer Horst Franz bittet den Vorstand inständig, ihn mit seinem Nachfolger bekannt zu machen, der angeblich bereits seinen Vertrag in Bielefeld unterzeichnet hat. Der selbstbewusste Franz hat vorsorglich Sondierungsgespräche mit dem MSV Duisburg und Fortuna Düsseldorf aufgenommen, auch wenn er im »Kicker« mitteilt: »Ich erfülle meinen Vertrag bis Sommer 1982. Ein zwangloses Gespräch kann niemandem schaden.« Dabei kann sich seine Bilanz durchaus sehen lassen. Aus den letzten sechs Spielen hat seine Mannschaft immerhin 11:1 Punkte gesammelt. Die Unruhe auf der geschäftlichen Ebene kommt zu einem denkbar schlechten Zeitpunkt. Arminia ist fünf Spieltage vor Saisonende noch immer Tabellenletzter, könnte mit einem Sieg aber zu den Münchner Löwen aufschließen, die aktuell auf Platz 14 liegen. Das Hinspiel hat Bielefeld mit 2:1 verloren, weil Charly Herberth nur Augenblicke vor dem Abpfiff den Siegtreffer erzielte. Ein Drama, für das sich die Ostwestfalen revanchieren werden.

Die Sechzger sind bis zur 80. Minute hochüberlegen. Arminias Defensive bekommt die ständig variierenden Sturmspitzen, Rudi Völler und den Rumänen Viorel Năstase, nicht in den Griff. Eigene Offensivaktionen bekommt das Team von Horst Franz fast gar nicht zustande. Aus Angst, in einen Konter zu laufen, bleibt ein Großteil der Spieler ständig in der eigenen Hälfte stehen. Dabei hat das Präsidium der Mannschaft 250 000 D-Mark versprochen, wenn sie in der Liga bleibt.

Als in der 77. Minute Năstase zum 2:1 für die Gäste trifft, glaubt auf der Tribüne der Alm kaum noch jemand an den Klassenerhalt.

Tausende machen sich enttäuscht auf den Nachhauseweg. Auch den Sechzgern scheint das Tor Genugtuung zu verschaffen, und das Team von Carl-Heinz Rühl verabschiedet sich gedanklich allmählich aus dem Match.

Nun will es die Bielefelder Offensive doch noch einmal wissen. Helmut Schröder gibt mit seinem abgefälschten Freistoßtor zwei Minuten vor Schluss den verbliebenen Anhängern auf den Tribünen neue Hoffnung. Gut sechzig Sekunden später erlebt dann Norbert Eilenfeldt die Sternstunde seines Fußballerlebens: Der Mann, der 1976 für 70 000 D-Mark nach Bielefeld kam, ist auf dem Absprung. Am Ende der Saison wird der 1. FC Kaiserslautern eine Million locker machen, um den Angreifer in die Pfalz zu holen. Eilenfeldt ist schon einmal mit Arminia abgestiegen, das will er nicht noch mal erleben. Er hat versprochen: »Bis zum letzten Spieltag werde ich mich für Arminia voll einsetzen.«

---

**Horst Franz** »War das eine Anspannung. Da wird man in neunzig Minuten um ein Jahr älter.«

---

Viele Besucher, die bereits auf dem Nachhauseweg waren, sind wegen des Jubels zurück ins Stadion gekommen. Sie erleben, wie der eingewechselte Volker Graul von rechts den Ball in den Strafraum zieht. Der Ball kommt zum frei stehenden Eilenfeldt, der völlig unbedrängt zum 3:2-Siegtreffer einschießen kann.

Auf das Chaos der letzten Tage folgt nun die totale Ekstase. Horst Franz bemüht sich nach dem Schlusspfiff gar nicht erst um eine gewählte Ausdrucksweise. Er grölt in die Reportermikrofone: »Das hält ja kein Schwein aus!«

Das Herzschlagfinale wird den Arminen das entscheidende Quäntchen Selbstvertrauen für das Saisonfinale einhauchen. Trotz einer 0:1-Niederlage am letzten Spieltag in Kaiserslautern, die Franz später als »die schönste seines Lebens« bezeichnen wird, bleibt Bielefeld in der Eliteklasse – einen Punkt vor den unglücklichen Löwen, die den Gang in die zweite Liga antreten müssen.

# DAS SPIEL

06.05.2001, Serie A, 29. Spieltag

## Juventus Turin – AS Rom

  **2:2** (2:0)

| | | |
|---|---|---|
| Del Piero (4.) | 1:0 | |
| Zidane (6.) | 2:0 | |
| | 2:1 | Nakata (79.) |
| | 2:2 | Montella (90. + 1) |

### Stadion
Stadio delle Alpi, Turin

### Zuschauer
69 000

### Juventus Turin
van der Sar, Tudor, Juliano (Ferrara, 90.), Montero, Pessotto, Tacchinardi, Davids, Zidane, Inzaghi (Kovačević, 84.), Del Piero (Conte, 80.), Zambrotta

### AS Rom
Antonioli, Zebina, Samuel, Aldair, Cafu, Tommasi, C. Zanetti (Assunção, 60.), Candela, Totti (Nakata, 60.) Batistuta, Delvecchio (Montella, 46.)

06.05.2001  PLATZ 73

## Juventus Turin – AS Rom 2:2

# PARAGRAFEN-
# HENGST
# FABIO CAPELLO

Majestätisch: Noch lässt Zinédine Zidane die Hauptstädter
wie Zinnsoldaten stehen. Das wird sich ändern …

**PLATZ 73**

Ein ungeschriebenes Gesetz in der italienischen Serie A lautet, dass am Ende stets die Juve gewinnt. Da geht es den Italienern wie den Deutschen mit dem FC Bayern München. Gegen die Dominanz und Nervenstärke des Spitzenklubs ist selten ein Kraut gewachsen. Der AS Rom aber schlägt sich wacker in dieser Spielzeit. Seit Dezember hat die Mannschaft von Fabio Capello die Tabellenführung nicht mehr abgegeben. Das Team spürt jedoch den heißen Atem der »Alten Dame«, die ihr mit sechs Punkten Rückstand folgt. Noch liegen sechs Saisonspiele vor beiden Mannschaften, doch die Presse ist sich sicher: Die »Mutter aller Spiele« wird beweisen, ob die Roma reif ist für ihren ersten Scudetto seit 1983.

Juve-Coach Carlo Ancelotti hat eine Weltauswahl beisammen: Im Tor steht der niederländische Titan Edwin van der Sar, der einen neuen Typus des spielenden Keepers kreiert hat. Frankreichs Genie Zinédine Zidane und Edgar Davids – beide im Zenit ihrer Schaffenskraft – bestimmen im Mittelfeld die Temperatur der Partie. Der linkische Filippo Inzaghi und die fleischgewordene Verheißung italienischen Offensivfußballs, Alessandro Del Piero, komplettieren eine lyrisch anmutende Elf, die schon gleich nach Anpfiff ihre Dominanz unter Beweis stellt.

6000 angereiste Roma-Tifosi müssen nun miterleben, wie die Juve ihre Titelhoffnung in nur sechs Minuten durch den Schredder jagt. Die traumhaft herausgespielten Tore von Del Piero und Zidane sind Ausdruck einer majestätischen Spielfreude. Turin brilliert, während die Hauptstadtprofis auf das Format von Provinzkickern schrumpfen. Kapitän Francesco Totti gelingen nicht mal Pässe über wenige Meter. Stoßstürmer Gabriel Batistuta versucht derweil, einen Rekord im Weitschuss aufzustellen, so oft landen seine Bälle auf den ausverkauften Tribünen.

Dem langjährigen Drama der römischen Erfolglosigkeit scheint sich mit diesem Spiel ein weiterer Akt hinzuzufügen.

Am Vorabend der Partie hat das Verbandsgericht der Federcalcio eine Regeländerung beschlossen, lautet, dass es ab sofort keine Beschränkung mehr für Nicht-EU-Ausländer in der Serie A gibt. In seiner Verzweiflung macht sich Fabio Capello dies nun bei seiner Aufstellung zunutze. Nach der Einwechselung des Brasilianers Marcos Assunção und des Japaners Hidetoshi Nakata stehen ab der 60. Minute fünf Nicht-EU-Ausländer für den AS Rom auf dem Spielfeld.

Juve-Ehrenpräsident Umberto Agnelli hat die VIP-Tribüne wie gewohnt bereits einige Minuten vor Beginn der Schlussphase verlassen, um nach dem Sieg nicht dem Pöbel begegnen zu müssen, da erzielt Nakata mit einem Sonntagsschuss aus dreißig Metern Entfernung den Anschluss.

---

**Carlo Ancelotti** »Im Herzen empfinde ich eine Niederlage, aber vor den Augen habe ich eine großartige Juventus.«

---

**D**as Tor verändert alle bestehenden Vorzeichen. Waren es eben noch die Römer, die wie unter Valium völlig benommen über den Platz staksten, verkrampft nun das Starensemble aus Turin. Coach Ancelotti erkennt den Schock, der seine Spieler erfasst hat. Im Abstand von je fünf Minuten wechselt er dreimal aus, um den Sieg noch über die Zeit zu retten.

Doch in der Nachspielzeit passiert das Unfassbare: Aus halb linker Position schießt Nakata erneut aufs Tor. Die Nervosität seiner Vorderleute ist inzwischen auch auf Edwin van der Sar übergesprungen. Der Niederländer lässt nach vorn abprallen und mit dem Hauch einer Berührung gelingt es Vincenzo Montella schließlich, die Kugel über den liegenden Keeper hinwegzuheben.

Es ist ein Tor, das die Roma-Tifosi nahe an den Rand einer Begeisterungsohnmacht bringt. In der Nacht feiern sie ausgelassen in den Gassen Turins ein vermeintlich schnödes Unentschieden, das sich als Schlüssel zur Meisterschaft vier Wochen später entpuppen soll. Was bleibt, ist die Erkenntnis, dass Ausnahmen manchmal auch Fußballgesetze bestätigen.

# DAS SPIEL

**21.06.1964, Europapokal der Nationen, (heute: EM), Finale**

## Spanien – Sowjetunion

 **2:1** (1:1)

| | | |
|---|---|---|
| Pereda (6.) | 1:0 | |
| | 1:1 | Chussainow (8.) |
| Marcelino (84.) | 2:1 | |

### Stadion
Estadio Santiago Bernabéu, Madrid

### Zuschauer
79 115

### Spanien
Iribar, Calleja, Olivella, Rivella, Zoco, Fusté, Amancio, Pereda, Marcelino, Suárez, Lapetra

### Sowjetunion
Jaschin, Mudrik, Schesternjew, Anitschkin, Schustikow, Kornejew, Chussainow, Iwanow, Ponedjelnik, Tschislenko, Woronin

21.06.1964  PLATZ 74

## Spanien – Sowjetunion 2:1

# DER SPÄTE SIEG DER STEINE

Die Miliz feiert mit: Luis Suárez (l.) und Trainer José Villalonga auf den Schultern der Sicherheitskräfte.

**Platz 74**

Es ist ein Ereignis von höchster politischer Brisanz. Die Machthaber der beiden Finalländer sind seit Jahrzenten tief verfeindet. Im Spanischen Bürgerkrieg belieferte der Kreml die Gegner des Faschisten Franco mit Waffen, während der Generalissimus später Freiwillige zur Unterstützung des Hitler-Regimes an die Ostfront schickte. Als Spanien 1960 im Viertelfinale des Europacups der Nationen die Sowjetunion zugelost wurde, fürchtete der Madrider Diktator, ein Misserfolg könne den Linken in seinem Land Auftrieb geben – und verbot seiner siegessicheren Elf kurzerhand, zum Spiel nach Moskau zu reisen.

Der Eklat brachte das Team um die »cuatro leyendas«, die »vier Legenden« Francisco Gento, Ladislao Kubala, Luis Suárez und Alfredo di Stéfano um den Lohn ihrer Arbeit. Spanien wurde am grünen Tisch zum Verlierer erklärt, die UdSSR ging als erster Europameister in die Geschichte ein.

Als es im Madrider Heiligtum Estadio Santiago Bernabéu zur Neuauflage des Duells kommt, ist nur noch eine der vier Legenden im Team übrig: Luis Suárez.

---

**Luis Suárez** »Als wir für den Sieg einen Orden bekamen, kostete mich mein Lächeln mehr Kraft als alle Spiele meines Lebens zusammen.«

---

Die Russen haben sich mit einer frühen Form der Videoanalyse vorbereitet: Den 2:1-Halbfinalsieg der Spanier über Ungarn haben sie gemeinsam im Fernsehen geschaut und sich im Kollektiv auf eine Strategie geeinigt. Spaniens Coach José Villalonga hingegen greift auf Psychotricks zurück. Er malt beim Training ein Feld in den Sand, stellt mit Steinen seine Spieler dar und mit Kiefernzapfen die sowjetischen Akteure. Jesús »Chus« Pereda sagte damals: »Er trichterte uns ein, dass Steine stärker als Zapfen seien.«

Als das Spiel bei strömendem Regen angepfiffen wird, ist das Selbstbewusstsein der Iberer hart wie das Herz eines Findlings. Offenbar hat

## Spanien – Sowjetunion 319

das krisselige TV-Bild den Russen nicht alle Informationen über den Gegner übermittelt, denn Pereda erzielt schon in der sechsten Minute die Führung.

In den Stadionkatakomben herrscht eine Atmosphäre wie in einem Agentenfilm. Überall sichern Beamte der spanischen Geheimpolizei das Gelände ab. Franco, der von seiner Loge auf den Rasen blickt, will die Massen unter Kontrolle haben, sollte doch das Unmögliche eintreten – und die Sowjets ihren Titel verteidigen.

Als Stürmer Galimzian Chussainow nur zwei Minuten später mit einem Freistoß den Ausgleich erzielt, herrscht auf den Tribünen ratloses Schweigen. Dräut unter dem düsteren Madrider Himmel da etwa die sozialistische Revolution?

Aber es gelingt den Russen nicht, ihr strukturiertes Angriffsspiel zu initiieren. Sturmspitze Valeri Woronin bekommt aus dem Mittelfeld von seinen Kollegen viel zu wenig Unterstützung. Die Spieler der roten Furie aber flitzen über den nassen Rasen wie Kiesel über einen ruhigen See. Mehrfach scheitern sie am gut aufgelegten Lew Jaschin im Tor, doch sechs Minuten vor dem Abpfiff hat das Nervenspiel ein Ende. Pereda flankt den Ball vom rechten Flügel. Marcelino Martínez fliegt wie ein Klinker beim Straßenkampf durch den sowjetischen Strafraum und lässt mit seinem Kopfball dem »schwarzen Panther« nicht den Hauch einer Chance.

Der Titelgewinn hat für die Spanier einen bitteren Beigeschmack. Franco sonnt sich feist in dem Triumph der Spieler. Er lässt die Elf zu einer Ordensverleihung antreten, die Luis Suárez nur mit Mühe erträgt. Er muss daran denken, wie der Diktator vier Jahre zuvor seinen Freunden aus dem Legendenrechteck den Titel stahl. Er sagt später: »Ich habe in spanischen Mannschaften gespielt, die viel besser waren als das Team von 1964 – aber diese Teams haben nie was erreicht.«

# DAS SPIEL

**05.05.1966, Europapokal der Pokalsieger, Finale**

## FC Liverpool – Borussia Dortmund

**1:2**
(n. V.)
(0:0, 1:1)

|  |  |  |
|---|---|---|
|  | 0:1 | Held (61.) |
| Hunt (68.) | 1:1 |  |
|  | 1:2 | Libuda (106.) |

### Stadion
Hampden Park, Glasgow

### Zuschauer
70 400

### FC Liverpool
Lawrence, Lawler, Yeats, Stevenson, Byrne, Milne, Smith, Callaghan, Hunt, St John, Thompson

### Borussia Dortmund
Tilkowski, Cyliax, Paul, Assauer, Redder, Kurrat, Schmidt, Sturm, Libuda, Held, Emmerich

05.05.1966  **PLATZ 75**

## FC Liverpool – Borussia Dortmund 1:2 (n. V.)

# DIE HAUT TEUER VERKAUFT

Nicht ernst genommen: Borussia Dortmund holt als erstes deutsches Team einen Europapokal.

**322 PLATZ 75**

Der Platzwart im Glasgower Hampden Park hat gut geschlafen – trotz des großen Spiels am nächsten Abend. Zu gut, wie sich am Morgen darauf herausstellt, denn in der Nacht sind Liverpooler Anhänger über die Stadionmauer geklettert und haben die Torpfosten rot angemalt. Damit nicht genug, auch auf der Außenmauer haben die Malergesellen sich ausgetobt. »Liverpool – Champion – Roger Hunt« steht dort zu lesen. Und an Optimismus mangelt es der Liverpooler Mannschaft ebenfalls nicht, die am 5. Mai 1966 das Endspiel um den Europapokal der Pokalsieger bestreitet. »Wir sind unschlagbar«, hat Trainerlegende Bill Shankly verkündet, und wer etwas vom Fußball versteht, kann ihm nur beipflichten. Denn wer steht da schon als Gegner auf dem Platz? Ein deutscher Vertreter namens Borussia Dortmund, ohne internationales Renommee, ohne bekannte Namen, ohne Erfahrung in internationalen Endspielen.

Dortmunds Trainer Willi »Fischken« Multhaup sieht das ähnlich und gibt in der Kabine die Parole aus: »Meine Herren, wir wollen unsere Haut möglichst teuer verkaufen.« Das klingt nicht besonders zuversichtlich. Und wie zu erwarten, beginnt so auch das Spiel. Vor der stimmgewaltigen Kulisse will zunächst kein Ball zum Nebenmann, die Spieler kämpfen mit ihrer Nervosität. Erst allmählich befreien sich die Dortmunder, lösen sich die offensiven Rudi Assauer, Wolfgang Paul und Lothar Emmerich aus der Umklammerung der Reds aus Liverpool. Vorn wirbelt mutig der Dribbelkönig Stan Libuda, argwöhnisch belauert von gleich drei Gegenspielern.

Kurz nach der Pause riecht es plötzlich nach einer Sensation. Daheim in Dortmund werden die Radiogeräte lauter gedreht, denn Siegfried Held hat in der 61. Minute mit einem Volleyschuss für den Außenseiter getroffen. Doch Liverpool reagiert wie ein angeschossenes Tier, geht nun giftig in die Zweikämpfe und drängt auf den Ausgleich. Der gelingt rasch, sieben Minuten später, natürlich durch den Stürmerstar Roger Hunt. »Ein irregulärer Treffer, denn der Ball hatte zuvor die Auslinie überquert«, sagt heute Dieter Kurrat, aber damals, 1966, sind alle Proteste vergebens. Hunderte Anhänger des FC Liverpool laufen auf den Platz, umringen ihre Helden, der Ausgleich für den Favoriten wirkt in diesem Moment wie ein Sieg.

**Willi Multhaup** »Von zehn Spielen gegen diese Mannschaft verlieren wir neun. Heute ist das zehnte Spiel.«

Doch als neunzig Minuten verstrichen sind, ist im Hampden Park immer noch kein Gewinner gefunden. In der Verlängerung erkämpft sich die Borussia ein Übergewicht. Auch weil für viele Dortmunder Spieler dieses Match der Höhepunkt ihrer Karriere ist. Zwar nicht für Emmerich und Tilkowski, die zur Weltmeisterschaft fahren werden, wohl aber für Redder, Kurrat, Paul und die anderen, die mit schweren Beinen auf dem holprigen Boden versuchen, so etwas wie ein Kombinationsspiel aufzuziehen.

Das Spiel ist 106 Minuten alt, als Siegfried Held wieder einmal durchgebrochen ist. Liverpools fülliger Torhüter Lawrence, den die eigenen Anhänger liebevoll »das fliegende Schwein« nennen, spurtet ihm und dem Ball entgegen und wirft sich in die Schussbahn. Das gelingt, doch der abgeprallte Ball fliegt dreißig Meter weit zu Stan Libuda. Der fackelt nicht lange und hebt den Ball gefühlvoll über den zurückeilenden Keeper hinweg. Er springt gegen den Pfosten, von dort gegen den Rumpf des mitgelaufenen Verteidigers Ron Yeats und ins Tor. Die Führung und die Entscheidung.

Vierzehn Minuten später ist Schluss. Wolfgang Paul, der Kapitän, hebt den Pokal in den Glasgower Nachthimmel. Dann tragen die Spieler Trainer Fischken Multhaup auf den Schultern in die Kabine. Sie haben – er hat es vorher gewusst – ihre Haut teuer verkauft.

# DAS SPIEL

26.05.1985, DFB-Pokal, Finale

## FC Bayer 05 Uerdingen – FC Bayern München

**2:1**
(1:1)

|  |  |  |
|---|---|---|
|  | 0:1 | D. Hoeneß (8.) |
| Feilzer (9.) | 1:1 |  |
| Schäfer (67.) | 2:1 |  |

### Stadion
Olympiastadion, Berlin

### Zuschauer
70 400

### FC Bayer 05 Uerdingen
Vollack, van de Loo, Wöhrlin, Herget, Brinkmann, Buttgereit, W. Funkel, F. Funkel, Feilzer (Loontiens, 60.), Schäfer, Gudmundsson (Thomas, 82.)

### FC Bayern München
Aumann, Dremmler, Augenthaler, Eder, Willmer (M. Rummenigge, 71.), Matthäus, Lerby, Pflügler, Wohlfahrt (Beierlorzer, 51.), D. Hoeneß, Kögl

26.05.1985　　　　　　　　**PLATZ 76**

## FC Bayer 05 Uerdingen – FC Bayern München 2:1

# MIT DEM POKAL INS BETT

Uerdinger Auferstehung: Wolfgang Schäfer (2. v. r.) trifft per Flachschuss zum 2:1, und Bayer 05 holt den DFB-Pokal.

**326    PLATZ 76**

Die Angestellten im Düsseldorfer Flughafen staunen nicht schlecht, denn das Flugzeug aus Berlin ist gerade gelandet und statt der üblichen Schar von Geschäftsleuten verlässt eine feuchtfröhliche Truppe junger Männer den Flieger. Unter großem Gejohle drehen zwei aus der Gruppe mit einem goldenen Pokal auf dem Gepäckband eine Ehrenrunde. Es sind die Mannschaftsbetreuer Hennes Strater und Werner Sauer von Bayer 05 Uerdingen, und es ist der DFB-Pokal, den sie in den Händen halten. 2:1 im Finale gegen die Bayern aus München, ein Außenseiter schlägt den haushohen Favoriten, und zum umjubelten Pokalhelden ist am Abend zuvor der schnauzbärtige Stürmer Wolfgang Schäfer geworden. Ausgerechnet Wolfgang Schäfer. Denn es ist eine Geschichte, die der Fußball nur selten schreibt, die Geschichte eines Gefallenen.

Die Karriere von Wolfgang Schäfer stellt bis zu diesem 26. Mai 1985 keine dieser knallbunten Erfolgsstorys von Ehrgeiz, Disziplin und Siegerlächeln dar, sondern eine triste Parabel über die Schattenseiten des Ruhms. Offenbar hat Schäfer den Wechsel vom biederen Zweitligaklub Union Solingen in die Glitzerwelt der Bundesliga nicht recht verkraftet. Statt zu trainieren, wird er bald zum Dauergast auf Partys und Empfängen, die Tassen hoch und ein Prosit auf den Bundesligastar. Die mahnenden Worte von Trainer Kalli Feldkamp prallen an ihm ab, ebenso wie die dauernden Streitereien mit Ehefrau Rita, die daheim mit den Töchtern Andrea und Sandra sitzt. Irgendwann ist er dann sogar ausgezogen, hat seine Koffer gepackt und im Hotel geschlafen. Niemand hätte zu diesem Zeitpunkt gedacht, dass er in nur drei Monaten wieder in einem Hotelbett liegen würde, aber in Berlin, mit Frau Rita und dem Pokal.

Doch er hat irgendwie die Kurve bekommen und plötzlich anständig trainiert, ist wenige Wochen vor dem Pokalfinale sogar wieder heimgekehrt zu seiner Frau. Woher diese Einsicht gekommen ist – wer weiß. Es ist wohl aber auch nicht so wichtig. Vor allem nicht in der 67. Minute des Pokalfinales. Es steht 1:1, unentschieden. Dieter Hoeneß hat sich zunächst durch den Strafraum gewühlt und mit einem Flachschuss an

Keeper Vollack vorbei die Führung erzielt. Im Gegenzug hat Uerdingen ausgeglichen, Horst Feilzer ist mutterseelenallein im Strafraum zum Schuss gekommen, ein trockener Volley besiegelt den Ausgleich. In der zweiten Halbzeit wogt das Spiel hin und her, beide Mannschaften drängen auf die Entscheidung. Bis zu ebenjener 67. Minute: Vielleicht hat Schäfer geahnt, dass sein Mannschaftskollege Gudmundsson den Ball mit der Hacke weiterleiten würde. Er ist in den Strafraum gerannt und hat die Kugel ins rechte Eck gezimmert, vorbei an Bayern-Keeper Raimond Aumann, der längst in die andere Richtung unterwegs war.

---

**Werner Vollack** »Ich denke noch oft an diesen wunderbaren Tag. Was haben wir die Bayern gehetzt!«

---

Der Rest des Spiels ist Zittern und Jubel. Als die Mannschaft mit dem Bus ins Hotel fährt, stehen viele Tausend Bayer-Fans auf dem Kurfürstendamm und rufen Schäfers Namen. Sein Mannschaftskollege Horst Feilzer hat sich durch die Dachluke gezwängt und präsentiert dem Volk den Pokal auf dem Busdach. »Lass uns den Ku'damm noch mal rauf und runter fahren«, schlägt er vor. Spätabends schnappt sich Schäfer den Pokal und seine Frau und marschiert hinauf in sein Zimmer. »Ich bin richtig besoffen, aber wer will mir das verübeln?«, ruft er noch den Journalisten zu. »Ich bin zwar nur ein Allerweltsfußballer mit einem Allerweltsnamen, aber heute spricht ganz Deutschland von mir.«

# DAS SPIEL

06.06.1997, Regionalliga Süd, Aufstiegsspiel

## FC Memmingen – Kickers Offenbach

 **3:2**
(2:0)
(in der 89. Minute abgebrochen)

| | | |
|---|---|---|
| Keller (37.) | 1:0 | |
| Schummer (39., ET) | 2:0 | |
| | 2:1 | Dolzer (64.) |
| | 2:2 | Simon (74.) |
| M. Kramer (78.) | 3:2 | |

**Stadion**
Rhein-Neckar-Stadion, Mannheim

**Zuschauer**
12 000

**Aufstellung FC Memmingen**
Stedtnitz, Purović, Jüttner, Kröger, Herold (Manz, 53.), J. Kramer, M. Kramer, Methfessel, Gösel, Keller, Sauer (Draganović, 81.)

**Aufstellung Kickers Offenbach**
Keffel, Dolzer, Schummer, Gramminger, Koutsoliakos (Walz, 46.), Kastner, Scholl (Giersch, 82.), Simon, Dama, Roth, Hartmann

**06.06.1997**  **PLATZ 77**

## FC Memmingen – Kickers Offenbach 3:2 (Spiel abgebrochen)

# SPIEL IM DUNKELN

Beschwerlicher Aufstieg: Kickers Offenbachs Stefan Dolzer auf dem langen Weg zurück in die Regionalliga.

**330** **PLATZ 77**

Wenn sich ein Spiel dem Ende zuneigt, braucht man nicht aufs Spielfeld zu schauen, um zu erfahren, wie es steht – ein Blick auf die Zuschauerränge genügt. Werfen wir also einen Blick auf die Ränge des Rhein-Neckar-Stadions in Mannheim. 12 000 Zuschauer sind gekommen, um sich das Aufstiegsspiel in der Regionalliga Süd zwischen Kickers Offenbach und dem FC Memmingen anzuschauen. Fast 11 000 von ihnen sind Offenbacher. Sie haben ihre Mannschaft durch die Oberliga begleitet, über Dorfsportplätze und Provinzstadien. Es wird höchste Zeit, dass der ruhmreiche OFC die vierte Liga wieder nach oben verlässt. Doch nun stehen sie in der Kurve und haben die Hände in den Hosentaschen vergraben. Verzweiflung ist in ihren Gesichtern zu erkennen, und wer nicht betreten schweigt, meckert über Gott und die Fußballwelt und die dunklen Mächte, die sich gegen die Kickers verschworen haben.

Einige wenige Zuschauer sind aus dem bayerischen Memmingen mitgekommen, sie jubeln und singen, die Stimmung ist prächtig, denn in der 78. Minute hat Kramer für Memmingen zum 3:2 getroffen. Es ist das Tor zum Aufstieg, zumal seither schon wieder zehn Minuten vergangen sind und die Offenbacher mit erlahmendem Kampfesmut und bangem Blick auf die Stadionuhr den Ball führen.

Doch dann wird es plötzlich dunkel, stockdunkel sogar. Ein ganzes Stadion ist in die Schwärze der Nacht getaucht, gerade sieht man noch die Hand vor Augen, das Flutlicht ist erloschen, eine Minute vor dem Abpfiff, eine Minute vor dem Memminger Aufstieg.

Erst raunt das Publikum, dann johlt es. »Der Stadionsprecher beruhigte immer mal wieder das Publikum und kündigte eine rasche Wiederaufnahme des Spiels an«, erinnert sich später Memmingens Präsident Dieter Degenhardt. »Es herrschte jedoch zwischenzeitlich das pure Chaos, lediglich eine Lampe über dem Haupteingang spendete noch Licht. Die Polizei bildete einen schützenden Kreis um die Mannschaften!« Der Hessische Rundfunk befragt im schwachen Scheinwerferlicht den OFC-Manager Gerster, wie es weitergeht. Der hat jedoch so etwas auch noch nicht erlebt. Erst nach mehreren Minuten in dunkler Nacht, als das Flutlicht partout nicht wieder angehen will, begreifen die Kickers-Anhänger, welch göttliche Fügung ihnen soeben zuteilwird. Wenn das Flutlicht nicht wieder angeht, wird es ein neues Spiel geben. Ein Sprechchor bricht sich Bahn: »Wir wollen ein neues Spiel!« Die Polizei postiert sich vor dem Kickers-Block, die Veranstalter befürchten Ausschreitungen. Doch die Fans bleiben ruhig, denn sie wissen, dass die Zeit für sie arbeitet.

---

**Klaus Gerster** »Ich selbst wurde ja als Urheber dieses Vorfalls verdächtigt. Das ist geschmacklos!«

---

**H**inter der Haupttribüne herrscht derweil hektische Betriebsamkeit. Ordner, Techniker, Offizielle rennen durcheinander, testen Kabel, überprüfen Stecker. Es muss irgendetwas Ernstes sein, weil auch der übertragende Hessische Rundfunk keinen Strom mehr in den Übertragungswagen hat. Mittlerweile ist der Lichtausfall bereits eine halbe Stunde her und von Minute zu Minute hebt sich die Laune der Offenbacher Zuschauer. Donnernde Gesänge füllen nun das Rhein-Neckar-Stadion und steigern sich zum Orkan, als der Stadionsprecher um 22.50 Uhr verkündet, dass nur noch fünf Minuten bleiben, dann wird das Spiel abgebrochen.

Die kommenden fünf Minuten gehören zu den längsten und schönsten vieler Fans. Aber es bleibt dunkel, und ein Sprecher gibt schließlich den Abbruch bekannt. Später schreibt das Offenbacher Fanmagazin »Erwin«, die »Kraft der 10 000 Herzen« sei für den glücklichen Ausgang verantwortlich gewesen. OFC-Manager Klaus Gerster verweist auf eine banale Ursache des Stromausfalls: »Die Übertragungswagen des Hessischen Rundfunks hatten das Stromnetz des Stadions überlastet, eine Hauptsicherung war durchgebrannt.« Ein paar Tage später wird das Spiel wiederholt. Der OFC siegt gegen ersatzgeschwächte Memminger souverän mit 2:0.

# DAS SPIEL

02.05.1953, FA Cup, Finale

## Blackpool FC – Bolton Wanderers

 **4:3** **(1:2)**

|  |  |  |
|---|---|---|
|  | 0:1 | Lofthouse (2.) |
| Mortensen (32.) | 1:1 |  |
|  | 1:2 | Moir (38.) |
|  | 1:3 | Bell (55.) |
| Mortensen (66.) | 2:3 |  |
| Mortensen (88.) | 3:3 |  |
| Perry (90.) | 4:3 |  |

### Stadion
Wembley-Stadion, London

### Zuschauer
100 000

### Blackpool FC
Farm, Shimwell, Garrett, Fenton, Johnston, Robinson, Matthews, Taylor, Mortensen, Mudie, Perry

### Bolton Wanderers
Hanson, Ball, Banks, Wheeler, Barrass, Bell, Holden, Moir, Lofthouse, Hassall, Langton

**02.05.1953**  **PLATZ 78**

## Blackpool FC – Bolton Wanderers 4:3

# ANTÄUSCHEN UND VORBEIGEHEN

Links antäuschen, rechts vorbeigehen:
Blackpools Stan Matthews und sein berühmtester Trick.

## PLATZ 78

**S**tan Mortensen war zweifelsfrei ein Ausnahmestürmer seiner Zeit. Wieselflink und wendig, weshalb er manchmal »Zitteraal« genannt wurde. Dazu war er auch noch extrem torgefährlich, was 197 Tore in 320 Ligaspielen eindrucksvoll belegen. Diese Vollstreckerqualitäten (für die Three Lions traf er in 25 Einsätzen stolze 24 Mal) brachten ihm dann zusätzlich den Spitznamen »The Blackpool Bombshell« ein. Doch für die meisten war er einfach nur der »andere Stan«.

Den Nimbus des eigentlichen, des einzigartigen Stans konnte ein Normalsterblicher wie Mortensen nicht ansatzweise erreichen, nicht in Blackpool, nicht im übrigen England und erst recht nicht in der restlichen Welt. Daran änderten auch jene drei Tore nichts, mit denen er an diesem Tag in einer atemberaubenden Aufholjagd seines Klubs das FA-Cup-Finale entschied. Nie zuvor hatte bisher ein einzelner Spieler im ältesten und prestigeträchtigsten Vereinswettbewerb dreimal getroffen und seitdem ist es auch keinem mehr gelungen. Trotzdem wird dieses Endspiel für alle Zeiten Stan-Matthews-Finale heißen, und das aus gutem Grund. 1953 gilt »The Wizzard of Dribble« längst als nationale Institution, doch im für einen Außenstürmer biblischen Alter von 38 Jahren scheint sich seine Laufbahn unaufhaltsam dem Ende zuzuneigen. Niemand ahnt damals, dass er noch zwölf weitere Jahre Profifußball spielen wird. Dass sich das Spiel unauslöschlich ins Bewusstsein der Engländer einbrennen wird, liegt auch daran, dass so viele von ihnen zuschauen können wie noch nie zuvor. In diesen Tagen des Jahres 1953 schnellt nämlich der Verkauf von Fernsehgeräten sprunghaft in die Höhe, weil genau einen Monat später Elizabeth II. zur Königin gekrönt werden soll.

Das Spiel, das keinen eindeutigen Favoriten hat, beginnt mit einem Paukenschlag. Nat Lofthouse, Boltons bulliger Mittelstürmer, bringt sein Team mit einem Distanzschuss, der durchaus haltbar ist, schon nach neunzig Sekunden in Front. Blackpool ist sichtlich schockiert und kommt nur schwer in die Gänge. Besonders der Mann mit der Nummer 7 auf dem mandarinfarbenen Trikot wirkt seltsam gehemmt, so als ob er seine Kräfte bewusst für das furiose Finale schonen wolle. Matthews läuft nicht gern weiten Vorlagen hinterher, er besteht darauf, dass man ihm den Ball millimetergenau in den Fuß spielt. Genau das aber wissen die Trotters, die mehrere Chancen hatten, ihre Führung auszubauen, lange Zeit zu verhindern.

**Gianfranco Zola** »Stan Matthews erzählte mir, dass er für zwanzig Pfund in der Woche gespielt hat. Heute würde er alles Geld, das in der Bank of England liegt, verdienen.«

**N**achdem Mortensen ausgeglichen hat, dauert es nur wenige Minuten, bis Kapitän Moir zu Boltons erneuter Führung einköpfen kann, wobei Schlussmann Farm abermals schlecht aussieht. Die Dominanz der Trotters hält auch zu Beginn der zweiten Halbzeit an und ist umso erstaunlicher, weil sie ab der 20. Minute praktisch zu zehnt spielen. Doch ausgerechnet Außenläufer Bell, der sich verletzt hat und als Statist an der Seitenlinie herumhumpelt, köpft zum scheinbar vorentscheidenden 3:1 ein. Dann patzt zur Abwechslung Boltons Keeper Hanson, der einen abgefangenen Flankenball Mortensen vor die Füße fallen lässt. Erst ganz zum Schluss beginnt Matthews aufzudrehen. Er spielt seinen Kontrahenten Tommy Banks mehrfach schwindlig und serviert eine Maßflanke nach der anderen. Der Ausgleich fällt jedoch durch einen Freistoß, den Mortensen aus rund zwanzig Metern Entfernung ins Netz hämmert.

Als sich bereits alle auf eine Verlängerung eingestellt haben, zelebriert Stan schließlich seinen längst weltberühmten Matthews-Trick (innen antäuschen, außen vorbeigehen) noch einmal in reinster Form. Seine anschließende Maßvorlage schmettert Linksaußen Bill Perry zum kaum noch für möglich gehaltenen Siegtreffer ins Tor. Die englische Fußballgeschichte ist wieder um eine weitere Legende reicher – eine ihrer schönsten.

# DAS SPIEL

29.05.1968, Europapokal der Landesmeister, Finale

## Manchester United FC – Benfica Lissabon

**4:1**
(n. V.)
(0:0, 1:1)

| Charlton (53.) | 1:0 | |
| | 1:1 | Jaime Graça (81.) |
| Best (93.) | 2:1 | |
| Kidd (95.) | 3:1 | |
| Charlton (100.) | 4:1 | |

### Stadion
Wembley-Stadion, London

### Zuschauer
100 000

### Manchester United FC
Stepney, Brennan, Dunne, Crerand, Foulkes, Stiles, Best, Charlton, Kidd, Sadler, Aston

### Benfica Lissabon
Henrique, Adolfo, Humberto, Jacinto, Cruz, Jaime Graça, Coluna, José Augusto, Torres, Eusébio, Simões

29.05.1968  PLATZ 79

## Manchester United FC – Benfica Lissabon 4:1 (n. V.)

# DIE SUCHE NACH DEM HEILIGEN GRAL

Zum Gedenken: Brian Kidd und seine Mannschaftskollegen erfüllen das Vermächtnis der Busby Babes.

**PLATZ 79**

In zahlreichen Dichtungen vergangener Jahrhunderte war der Gral ein unterschiedlich beschriebener, aber stets heiliger Gegenstand, der seinem Besitzer irdisches und himmlisches Glück verleiht. Für Manchester United hat der Heilige Gral 1968 eine sehr konkrete Gestalt, nämlich die des Europapokals der Landesmeister, der bisher zwölfmal ausgespielt worden war. Die schreckliche Flugzeugkatastrophe von München, bei der im Februar 1958 ein Team vernichtet wurde, das eine reelle Chance hatte, dem damals schier übermächtigen Real Madrid die Trophäe zu entreißen, sie kann erst endgültig verarbeitet werden, wenn man sich die Krone des europäischen Vereinsfußballs aufsetzt. Und zwar nicht irgendwann in ferner Zukunft, sondern zu Amtszeiten von Manager Matt Busby.

**Matt Busby** »Es war eine sehr einfache Kabinenansprache. Ich habe gesagt: ›Immer wenn es möglich ist, gebt George den Ball!‹«

Folglich jagt Manchester United mit verzweifelter Besessenheit einem Ziel hinterher, das damals viel schwerer zu erreichen war als heute, denn man musste in der wohl ausgeglichensten Spitzenliga Europas schon Meister werden, um überhaupt zur Jagd zugelassen zu werden. Denn zwei Jahre zuvor war man an Partizan Belgrad gescheitert, hatte aber, im vielleicht besten Spiel der Vereinsgeschichte, Benfica Lissabon, das Real sozusagen als führendes Team Europas abgelöst hatte (vier Endspielteilnahmen und zwei Titel innerhalb von sieben Jahren), auswärts mit einem beeindruckenden 5:1 bezwungen.

Das portugiesische Starensemble um Eusébio ist zu jener Zeit also ein angemessener, wenn auch nicht idealer Gegner, um den Heiligen Gral endlich zu erobern. Rückblickend erkennt man leicht, dass es für beide Mannschaften, die überaltert sind und längst ihren Zenit überschritten haben, auf viele Jahre die letzte Chance ist. Wer aber konnte damals ahnen, dass George Bests Stern schon bald verglühen würde und

## Manchester United FC – Benfica Lissabon 339

dass auch Johnny Aston und Brian Kidd nie halten würden, was sie an diesem für britische Verhältnisse so schwülen Abend verhießen? Wie zwei alternde, in unzähligen Schlachten bewährte und aus vielen Wunden blutende Samuraikrieger stehen sich die Mannschaften gegenüber, lange Zeit abwartend. In der ersten Halbzeit geschieht so gut wie nichts. United genießt einen gewissen Vorteil sicherlich dadurch, in England spielen zu können, muss aber Denis Law ersetzen und wirkt durch den selbst auferlegten Druck wie gelähmt. Kurz nach der Pause platzt dann der Knoten. Best schlägt den Ball von rechts hoch über den Strafraum zu Aston, dessen präzise Flanke der freigelaufene Charlton einnickt. Ein Kopfballtor von Bobby Charlton ist in etwa so ungewöhnlich wie die blaue Kluft, die United tragen muss. In der anschließenden Drangperiode hätte David Sadler, der für Law spielt, drei Tore schießen können. Doch ab der 70. Minute dominiert nur noch Benfica. Eusébio entzieht sich mehr und mehr der Bewachung durch Nobby Stiles und feuert aus allen Rohren. Alex Stepney hält einen seiner Volleys, was im englischen Geschichtsverständnis als die zweitgrößte Torwartleistung aller Zeiten gilt. Kopfschüttelnd geht der Torschützenkönig der Weltmeisterschaft 1966 auf den Torhüter zu, um ihm per Handschlag zu gratulieren. Aber gegen den Flachschuss Graças nach einer Kopfballablage ist kein Kraut gewachsen. Benfica hat sich die Verlängerung – erst die zweite in einem Landesmeisterfinale – redlich verdient. Doch in deren erster Hälfte fällt alle Anspannung von den Spielern Uniteds ab. So als würde man ein Puzzle in die Luft werfen und jedes einzelne Teil landete an der richtigen Stelle, erzielen sie innerhalb kürzester Zeit drei Traumtore, von denen man sich jedes unter dem Titel »The Joy of Football« als Fotoserie an die Wand hängen könnte: ein Sololauf Bests, ein Kopfballtreffer im zweiten Versuch von Kidd, eine mit unglaublicher Wucht ins Netz gehämmerte Direktabnahme Charltons. Dann ist es geschafft. Als Bobby Charlton den Heiligen Gral in den Händen hält, sieht er erstmals wie ein alter Mann aus.

# DAS SPIEL

21.06.1978, Weltmeisterschaft, Zwischenrunde

## Österreich – Deutschland

|  |  |  |
|---|---|---|
|  | 0:1 | K.-H. Rummenigge (19.) |
| Vogts (59., ET) | 1:1 |  |
| Krankl (66.) | 2:1 |  |
|  | 2:2 | Hölzenbein (68.) |
| Krankl (88.) | 3:2 |  |

**Stadion**
Estadio Olímpico Chateau Carreras, Córdoba

**Zuschauer**
38 300

**Österreich**
Koncilia, Sara, Pezzey, Obermayer, Strasser, Hickersberger, Krieger, Prohaska, Kreuz, Krankl, Schachner (Oberacher, 71.)

**Deutschland**
Maier, Vogts, Rüssmann, Dietz, Kaltz, Bonhof, Beer (H. Müller, 46.), K.-H. Rummenigge, Abramczik, Hölzenbein, D. Müller (Fischer, 61.)

21.06.1978　　　　　　　　**PLATZ 80**

## Österreich – Deutschland 3:2

# BUSSERL FÜR HANSI-BURLI

Die Schmach von Córdoba: Nach einem desaströsen Auftritt verpasst Deutschland das Spiel um Platz 3.

**PLATZ 80**

Wir schreiben den 21. Juni 1978. Es ist mitten im argentinischen Winter. Das Estadio Chateau Carreras in Córdoba erwartet eine Partie, in der es nur noch für einen der beiden Kontrahenten um etwas geht. Die Österreicher sind bei der WM 1978 längst ausgeschieden, die Deutschen dürfen sich hingegen noch vage Hoffnungen auf das Spiel um den dritten Platz machen. Und mit arg verbogenem Rechenschieber wäre sogar noch das Finale drin, aber nur dann, wenn sie dem bulligen Torwart Friedl Koncilia mindestens fünf Tore einschenken.

Verbissen rennen die Rüssmänner und Operettenkicker eine Halbzeit lang gegeneinander an. Mau und zäh bleibt die Partie, auch nachdem Karl-Heinz Rummenigge zur deutschen Führung getroffen hat. Einmal mehr erweist sich, dass die Mannschaft nur noch den Namen und das Trikot gemein hat mit jener Mannschaft, die seit Beginn der 1970er-Jahre den europäischen Fußball dominiert und die Probleme auf spielerische, nicht auf kämpferische Weise löst. Den Österreichern geht es nicht viel besser, sie benötigen gar Berti Vogts, um ein Tor zu machen. Der springt ungelenk in eine Flanke, der Ball rollt ins eigene Tor.

---

**Hans Krankl** »Steif wie ein Stock ist er gewesen, der Kaltz, der Herr Weltklasse-Libero. Zweimal hab ich geschwänzelt, und dann war ich an ihm vorbei.«

---

Edi Finger, der Kommentator des österreichischen Fernsehsenders ORF, steigert sich derweil in einen melodischen Singsang. Er herzt die rot-weiß-roten Kicker mit Worten und allmählich auch wie von Sinnen: »… jetzt aber wieder unsere Burschen am Leder! Herrlich, Prohaska, Hickersberger sofort zu Krieger, zu Sara. Sara-Burli streichelt den Balli, das Balli. Da springt der Hicki, na, der Hicki braucht net springen. Und jetzt brauch ma mal a bissl Massl noch, denn heute geht's um Sein oder Nichtsein!«

Ein paar Minuten später ist allerdings auch Edi Finger beinahe sprachlos, weil aus dem 1:1 plötzlich ein 2:1 für Österreich geworden ist.

## Österreich – Deutschland

Hans Krankl hat eine Flanke mit dem rechten Fuß angenommen und mit dem linken an Keeper Sepp Maier vorbei ins Netz gedonnert. Was Finger poetisch so verpackt: »Da steht der Krankl, der Hansi-Burli, ach, also der Papa, der Straßenbahner wird sich aber freuen, also schöner kammas gar net machen, da fehlen mir die Worte.«

Dann verstummt der ORF-Reporter tatsächlich, weil Bernd Hölzenbein sein gelocktes Haupt in eine Flanke von Rummenigge gehalten hat. Der Ausgleich katapultiert die Deutschen zumindest für den Moment tatsächlich ins kleine Finale, es wäre ein Triumph des spielverhindernden Fußballs, des einschläfernden Catenaccios. Doch dann, es läuft bereits die 88. Minute, schlägt abermals die Stunde des österreichischen Stürmers Hans Krankl, der auch wegen dieses Spiels nach der WM zum FC Barcelona wechseln wird. Er tankt sich durch die Abwehrreihen, die deutschen Defensivspieler jedoch machen nur wenig Anstalten, ihm zu folgen. Mit den Worten Edi Fingers: »Und jetzt kann Sara sich noch einen aussichtslos scheinenden Ball einholen, Pass nach links herüber, es gibt Beifall für ihn, da kommt Krankl, vorbei diesmal an seinem Bewacher, ist im Strafraum – Schuss … Tooor, Tooor, Tooor, Tooor, Tooor, Tooor! I wer' narrisch! Krankl schießt ein – 3:2 für Österreich! Meine Damen und Herren, wir fallen uns um den Hals, der Kollege Rippel, der Diplom-Ingenieur Posch – wir busseln uns ab. 3:2 für Österreich durch ein großartiges Tor unseres Krankl.«

Es ist die Entscheidung und zugleich das Ende dieser Weltmeisterschaft für beide Teams. Und doch feiert ganz Österreich, in Deutschland hingegen herrscht Entsetzen. Die Reaktionen zwischen Flensburg und Oberammergau sind verheerend. Ein Bonner Fußballfreund entleibt sich durch einen Sturz aus dem Fenster, eine Nonne vom Orden der Barmherzigen Schwestern springt wütend einem jubelnden Busfahrer an den Hals. Wegen der Schmach von Córdoba respektive des Wunders von Córdoba – je nach Perspektive.

# Das Spiel

19.05.2014, Relegation zur 2. Bundesliga, Rückspiel

## DSC Arminia Bielefeld – SV Darmstadt 98

 **2:4**
n.V.
(0:1, 1:3)

|  | 0:1 | Dominik Stroh-Engel (23.) |
|---|---|---|
|  | 0:2 | Behrens (51.), |
| Burmeister (53.) | 1:2 |  |
|  | 1:3 | Gondorf (79.) |
| Przybylko (110.) | 2:3 |  |
|  | 2:4 | da Costa (122.) |

### Stadion
Alm, Bielefeld

### Zuschauer
26 200 (ausverkauft)

### DSC Arminia Bielefeld
Ortega, Strifler, Burmeister, Salger, Feick, Schütz, Riese, Przybylko, Christian Müller (17. Schönfeld), Sahar (72. Hille), Klos (87. Appiah)

### SV Darmstadt 98
Zimmermann, Sirigu (97. Berzel), Sulu, Gorka, Stegmayer, Marcel Heller, Behrens, Gondorf (111. da Costa), Ivana (70. Landeka), Stroh-Engel, Sailer

19.5.2014  **PLATZ 81**

## DSC Arminia Bielefeld – SV Darmstadt 98 2:4 n.V.

# DER FUSSBALL-GOTT IST DARMSTÄDTER

Jubel und Entsetzen: Soeben hat Elton da Costa das vierte Tor für die »Lilien« erzielt. Die Zuschauer auf der Alm ringen um Fassung.

**346    Platz 81**

Es ist bereits alles gerichtet für die große Feier. Das erste Relegations-
spiel zwischen dem Drittletzten der 2. Bundesliga und dem Drittplat-
zierten der 3. Liga hat der Zweitligist Arminia Bielefeld am Darmstädter
Böllenfalltor mit 3:1 für sich entschieden und dabei nicht den Eindruck
erweckt, als würde sich das Team den Klassenerhalt noch von irgendje-
mandem wegnehmen lassen. Also wird vor dem Anpfiff des Rückspiels
auf der Pressetribüne bereits der Ort anschließender ostwestfälischer
Feierlichkeiten durchgereicht. Dass jedoch nach dem Schlusspfiff nur im
Darmstädter Fanblock gelärmt wird, ist das Ergebnis eines schier unglaublichen Spiels, das in 120 Minuten all das vereint, was den Fußball
so faszinierend macht: Dramatik, Kampfesmut, Tragik und Taumel.
Dass das 1:3 aus dem Hinspiel noch nicht die Entscheidung war, hat
Darmstadts Coach Schuster vage angekündigt. Seine Prognose, dass das
»Wunder noch möglich« sei, klang allerdings beinahe verzagt. Dann
aber geht es los wie die Feuerwehr. Nach 40 gespielten Sekunden er-
kämpfen sich die Darmstädter den ersten Eckball. Der führt zwar zu
nichts, gibt aber gleichmal die Richtung vor, in die der Ball rollen soll.
Fortan bedrängen die Lilien vehement das Bielefelder Tor, die offenbar
völlig verunsicherten Ostwestfalen beschränken sich darauf, die Bälle
hoch und weit nach vorne zu schlagen. »Wenn man ehrlich ist, muss
man zugeben, dass Darmstadt uns physisch überlegen war«, wird Bielefelds Coach Norbert Meier später feststellen. Im Fußball bleibt so etwas
nicht folgenlos. Torjäger Dominik Stroh-Engel, der schon in der Drittli-
ga-Saison am Fließband getroffen hat, schließt in der 23. Minute zum
1:0 ab, Hanno Behrens mit einer feinen Direktabnahme zum 2:0. Nack-
tes Entsetzen bei den Arminia-Anhängern, deren Nervenkostüm auch
durch den zwischenzeitlichen Anschlusstreffer durch Felix Burmeis-
ters wuchtigen Kopfball nicht sonderlich gestärkt wird. Exspieler wie
Mathias Hain und Matthias Westerwinter kauen auf der Westtribüne
Nägel und müssen mitansehen, wie Darmstadt anrennt, kämpft und
drängt, während die Bielefelder mit bleischweren Beinen hinterher-

staksten. Es ist dann Jerome Gondorf, der in der 79. Minute mit einem Schuss in den Knick das Hinspielergebnis egalisiert. Verlängerung und noch mehr Dramatik in diesem ohnehin schon nervenaufreibenden Spiel. Während das Stadion hüben wie drüben tobt, sitzt nur Bielefelds Coach Norbert Meier regungslos auf seinem weißen Campingstuhl vor der Trainerbank. Auch in der Verlängerung spielt zunächst nur eine Mannschaft, Darmstadt 98.

---

**Dirk Schuster:** »Es gibt einen Fußball-Gott, der uns heute für den Aufwand belohnt hat, den wir betrieben haben.

---

Doch im Abschluss bleiben die Lilien glücklos: Schiedsrichter Jochen Drees verweigert einen glasklaren Handelfmeter, dazu vergeben die Hessen gleich mehrere formidable Einschussmöglichkeiten. Stattdessen drischt Bielefelds Stürmer Kacper Przybylko in der 110. Minute den Ball mit dem Mute der Verzweiflung ins Netz. Die Rettung der Arminia scheint nahe. Bis zur dritten Minute der Nachspielzeit. Da jagt der Darmstädter Elton da Costa den Ball aus 20 Metern auf den Bielefelder Kasten – das Tor zum 2:4. Jubel und Trubel im Gästeblock und kaum ein Darmstädter bekommt noch mit, wie Arminia nur wenige Sekunden später noch einmal den Ball vors Tor bringt und nur der Pfosten verhindert, dass dieses wahnwitzige Spiel eine noch wahnwitzigere Wendung nimmt. So feiert Darmstadt den unverhofften Aufstieg und Dirk Schuster stellt strahlend fest: »Es gibt doch einen Fußballgott!« Wenn dem so wäre, müssten die Bielefelder an diesem Abend zu Atheisten geworden sein.

# Das Spiel

30.07.2011, DFB-Pokal, 1. Runde

## Dynamo Dresden – Bayer 04 Leverkusen

   **4:3**
n.V.
(0:2, 3:3)

|  |  |  |
|---|---|---|
|  | 0:1 | Derdiyok (6.) |
|  | 0:2 | Sam (12.) |
|  | 0:3 | Schürrle (49.) |
| Schuppan (68.) | 1:3 |  |
| Koch (70.) | 2:3 |  |
| Koch (86.) | 3:3 |  |
| Schnetzler (117.) | 4:3 |  |

### Stadion
Glücksgas-Stadion, Dresden

### Zuschauer
26 000

### Dynamo Dresden
Eilhoff, Jungwirth, Bregerie, Stoll, Schuppan (Schnetzler, 100.), Solga, Fiél, Heller (Knoll, 81.), Trojan (Pfeffer, 106.), Koch, Fort

### Bayer 04 Leverkusen
Yelldell, Balitsch, Reinartz, Toprak, Kadlec, L. Bender, Rolfes (Ballack, 63.), Sam, Schürrle, Renato Augusto (Gonzalo Castro, 80.), Derdiyok (Kießling, 63.)

30.07.2011  **PLATZ 82**

## Dynamo Dresden – Bayer Leverkusen 4:3 n.V.

# FÜR RACHE GIBT ES KEIN VERFALLSDATUM

Seid umschlugen: Alexander Schnetzler (M.) wird nach seinem 4:3-Siegtreffer von Sascha Pfeffer (r.) und Marvin Knoll geherzt.

**Platz 82**

Dieses Buch beweist, dass Duelle zwischen Dynamo Dresden und Werkteams des Bayer-Konzerns seit jeher einer besonderen Brisanz unterliegen. Die legendäre Aufholjagd von Bayer Uerdingen im Uefa-Cup 1986 (siehe Platz 1) war ein Sittengemälde deutsch-deutscher Fußballgeschichte. Doch das Duell fand noch auf Augenhöhe statt. Von einem Spitzenteam ist die Dresdner Mannschaft, die in der ersten Runde des DFB-Pokals 2011/12 Bayer Leverkusen zugelost bekommt, hingegen soweit entfernt wie Sachsen von der Sonne. Gerade erst ist den Elbstädtern nach Jahren in den Niederungen des Fußballs die Rückkehr in die zweite Liga geglückt. Der Gast aus dem Rheinland reist als Champions-League-Teilnehmer an, den Kader mit Nationalspielern gespickt. Trainer Robin Dutt lässt verdiente Kräfte wie Sturmspitze Stefan Kießling und Weltstar Michael Ballack sogar auf der Bank schmoren.

**Ralf Loose, Coach Dynamo Dresden** »Heute dürfen sich die Spieler das ein oder andere Bierchen erlauben.«

Der Coach scheint mit seiner Taktik richtig zu liegen. Auf dem feuchten Geläuf – es regnet seit 24 Stunden unaufhörlich – schlingern die Hausherren ins Spiel. Noch keine Viertelstunde ist rum, als der Gast aus dem Westen bereits mit 2:0 in Führung liegt: Ein Kopfballtreffer von Kießling-Ersatz Eren Derdiyok und Sidney Sams cleverer Lupfer über den angeschlagenen Keeper Dennis Eilhoff machen deutlich, dass es an diesem Tag nur einen Sieger geben darf. Als André Schürrle in der 49. Minute im strömenden Regen zum 0:3 einschlenzt, machen sich erste Dresdner bereits auf den Heimweg.

Die Gelehrten werden später darüber streiten, warum das Spiel so dramatisch kippte, als Stefan Kießling und Michael Ballack in der 63. Minute eingewechselt wurden. Der 34-jährige »Capitano« erlebt in Leverkusen die schwersten Wochen seiner Laufbahn. Er passt nicht mehr ins Spielsystem von Robin Dutt. Seine Einwechslung in einer Phase, in der es nur noch um Ergebnisverwaltung geht, gleicht einem Gnadenbrot. Ballack macht keine gravierenden Fehler, dennoch fehlt dem Leverkusener Spielfluss fortan jegliche Dynamik.

Verteidiger Sebastian Schuppan fällt ein Freistoß von Cristian Fiél auf den Kopf. 1:3. Der Treffer hat befreiende Wirkung. Nur zwei Minuten danach köpft Robert Koch ein. 2:3. Der Wind hat sich schlagartig gedreht. Nun stehen 26 000 Besucher auf ihren Sitzen. Der Regen, die aufgeheizte Stimmung, der sanfte Hauch von Sensation, der in der Luft liegt, beflügeln den Zweitligisten. Das macht sich in der 86. Minute erneut Robert Koch zunutze. Leverkusens Keeper David Yelldell, der den verletzten René Adler ersetzt, klebt bei einer Flanke von Filip Trojan wie paralysiert auf der Linie, sodass der Dresdner Angreifer ungehindert einnickt.

In der Verlängerung wird Dynamo wie in seligen Oberliga-Zeiten von der Euphorie getragen. Drei Minuten ehe der Sieger im Shootout ermittelt werden muss, setzt Alexander Schnetzler aus der eigenen Hälfte zu einem Sprint über die linke Seite an. Hanno Balitsch verliert den Zweikampf gegen Sascha Pfeffer, der den frei stehenden Schnetzler mit einem langen Pass bedient. Der eben erst eingewechselte Dynamo-Verteidiger überläuft die komplette Bayer-Abwehr, nimmt das Zuspiel auf und überlupft mit der Beiläufigkeit eines Cristiano Ronaldo den fassungslosen Torwart Yelldell.

Es ist die Rache für die Schmach, die die Dresdner Vätergeneration dereinst in der Krefelder Grotenburg hinnehmen musste. Stefan Kießling, sonst eher ein rationaler Kopf, ringt nach Spielende sichtbar um Fassung: »Ich bin ein bisschen sprachlos«, sagt der Goalgetter, »und ich komme mir vor wie im falschen Film.«

# DAS SPIEL

29.06.1963, Deutsche Meisterschaft, Finale

## Borussia Dortmund – 1. FC Köln

 **3:1** (1:0)

| | | |
|---|---|---|
| Kurrat (9.) | 1:0 | |
| Wosab (57.) | 2:0 | |
| Schmidt (65.) | 3:0 | |
| | 3:1 | Schnellinger (73.) |

### Stadion
Neckarstadion, Stuttgart

### Zuschauer
75 000

### Borussia Dortmund
Wessel, Burgsmüller, Geisler, Kurrat, Paul, Bracht, Wosab, Schmidt, Schütz, Konietzka, Cyliax

### 1. FC Köln
Ewert, Pott, Schnellinger, Benthaus, Wilden, Sturm, Thielen, Schäfer, Regh, Ripkens, Hornig

29.06.1963  **PLATZ 83**

## Borussia Dortmund – 1. FC Köln 3:1

# EIN LETZTES MAL ENDSPIEL

Letzte Ausfahrt: Das Endspiel des Jahres 1963
bestreiten Borussia Dortmund und der 1. FC Köln.

**354 PLATZ 83**

Zeitenwende, verspäteter Aufbruch in die Moderne, Ende einer Ära: Es ist nicht gerade das beste, beileibe auch nicht das schlechteste, aber eben das letzte Endspiel um die Deutsche Fußballmeisterschaft, ausgetragen in einem Jahr, in dem ohnehin manches anders wird. Langsam, aber unaufhaltsam brechen verkrustete Strukturen auf. Der greisenhafte Konrad Adenauer tritt endlich zurück, Egon Bahr stellt das Konzept einer Politik »des Wandels durch Annäherung« vor, und die deutsch-französische Zusammenarbeit wird vertraglich fixiert. Die ersten Hits der Beatles läuten die popkulturelle Revolution ein, die leichtere Verfügbarkeit der Antibabypille die sexuelle. Und im deutschen Fußball geht die Zeit der Kleinstaaterei zu Ende, die Bundesliga ist beschlossene Sache.

Letztmalig wird der nationale Meister in einer Endrunde der besten Oberligamannschaften ermittelt, deren Krönung und Abschluss dann das auf neutralem Platz ausgetragene Endspiel ist. Vor dem Beginn der Gruppenspiele ergreift der »Kicker« wie eh und je Partei für das Althergebrachte: »Die Bundesliga wird sich anstrengen müssen, um die Endrunde vergessen zu machen, vor allem das Endspiel. Die Endrunde hatte ihre romantischen Seiten. Das neue Fußballzeitalter dürfte ungleich nüchterner sein.« Wenige Monate später erweist sich diese Prophezeiung als Nonsens. Die Bundesliga verleiht dem deutschen Fußball den erhofften Qualitätsschub, das aufgewertete Pokalfinale zeigt sich tauglich als Endspielersatz.

Zum letzten Hurra der guten alten Zeit treffen im ersten rein westdeutschen Kräftemessen seit 1933 die Titelverteidiger 1. FC Köln und Borussia Dortmund aufeinander. Die Domstädter, die beide Oberligapartien gewonnen und in den sechs Gruppenspielen gegen Nürnberg, Kaiserslautern und Hertha BSC stolze 29 Tore erzielt haben, gelten in dieser Deutschen Meisterschaft nun als hoher Favorit, was den Dortmundern entgegenkommt.

Im Stuttgarter Talkessel ist es drückend heiß, so wie 1949, als die Borussen dort in einer anderen Sonnenschlacht sensationell gegen den

VfR Mannheim verloren hatten. Ihrer Kontertaktik kommt gelegen, dass sie schon früh durch einen Distanzschuss Kurrats, den die meisten B-Jugendtorhüter gehalten hätten, in Führung gehen. Von diesem Schock sollen sich die Geißböcke nie mehr erholen. Hinten wirkt nicht nur Torhüter Ewert fahrig, auch vorn macht sich das verletzungsbedingte Fehlen von Goalgetter Christian Müller, der in den Gruppenspielen neunmal getroffen hat, schmerzlich bemerkbar. Bis zur Pause kontrollieren die Dortmunder das Spiel aus einer sicheren Abwehr heraus souverän. Die zweite Hälfte beginnt mit wütenden Attacken der Kölner, die jedoch allesamt verpuffen. Zwei Gegenangriffe, die wiederum von kapitalen Abwehrschnitzern begünstigt werden, genügen den Borussen, um nach rund einer Stunde schließlich durch Wosab und Aki Schmidt alles klarzumachen. Köln kommt in einer verzweifelten Schlussoffensive lediglich noch durch den nach vorn gezogenen Schnellinger zum Ehrentreffer, dem ein Missverständnis zwischen Torhüter Wessel und Stopper Paul mit Slapstickcharakter vorausgeht. Viel mehr passiert dann allerdings im Glutofen Neckarstadion nicht mehr.

**Helmut Bracht** »Die Freude über die dritte Meisterschaft war besonders groß. Nicht nur Dortmund, das ganze Ruhrgebiet jubelte mit dem BVB.«

»**W**illi Burgsmüller mit seinem blutdurchtränkten Kopfverband und der silbernen Meisterschaftsschale wurde zum Symbol des Dortmunder Kampfgeistes, der den Favoriten niederzwang und das letzte einer langen Reihe von Endspielen gewann, denen große Namen wie Schalke, Hertha, Dresden, Nürnberg, Fürth, Stuttgart und Kaiserslautern Gewicht und Bedeutung gaben«, bilanziert Jo Viellvoye in einer zeitgenössischen Vereinschronik.

# DAS SPIEL

08.05.1974, Europapokal der Pokalsieger, Finale

## 1. FC Magdeburg – AC Mailand

 **2:0** (1:0)

Lanzi (40., ET)                  1:0
Seguin (74.)                     2:0

### Stadion
Feijenoord-Stadion, Rotterdam

### Zuschauer
4900

### 1. FC Magdeburg
Schulze, Zapf, Gaube, Abraham, Enge, Tyll, Pommerenke, Seguin, Raugust, Sparwasser, Hoffmann

### AC Mailand
Pizzabella, Schnellinger, Anquiletti, Lanzi, Sabadini, Maldera, Benetti, Rivera, Tresoldi, Bigon, Bergamaschi (Turini, 59.)

08.05.1974  PLATZ 84

## 1. FC Magdeburg – AC Mailand 2:0

# HELDEN IN BADEMÄNTELN

Tor für Magdeburg: Jürgen Sparwasser bejubelt ein Eigentor Milans, als wäre es sein eigenes.

**358    PLATZ 84**

Um 22.15 Uhr flackern im beinahe menschenleeren Stadion De Kuip in Rotterdam die rot-schwarzen Fahnen, verbrannt von enttäuschten Anhängern des AC Milan. Nicht der Gastgeber Feijenoord Rotterdam ist für die schlechte Laune verantwortlich, sondern eine Mannschaft, deren Spieler in Europa beinahe niemand kennt. Es sind die Kicker des 1. FC Magdeburg, die derweil unten auf dem Rasen mit dem Europapokal der Pokalsieger auf eine Ehrenrunde gehen. Entrückte Gesichter, heftige Umarmungen, der silberne Henkeltopf und strahlend weiße Malimo-Bademäntel aus der Fertigung in Limbach-Oberfrohna, die ihnen die Mannschaftsbetreuer nach dem Schlusspfiff fürsorglich übergeworfen haben.

Es ist ein Triumph in einem merkwürdigen Spiel. Nicht einmal 5000 Zuschauer sind zugegen, weil die Fans des 1. FC Magdeburg nicht reisen dürfen, die Holländer sich nicht für das Finale interessieren und die Tifosi die Partie schon vor dem Anpfiff entschieden wähnen. Hier die Weltstars aus Mailand um Gianni Rivera und Karl-Heinz Schnellinger, dort eine Magdeburger Regionalauswahl. International unbekannte Burschen: Manfred Zapf, Jürgen Sparwasser, Axel Tyll und Wolfgang »Paule« Seguin, dazwischen ein Junge aus der Bezirksligareserve, Helmut Gaube, den Trainer Heinz Krügel für den gesperrten Klaus Decker in die Mannschaft genommen hat. Er verfolgt Weltstar Rivera über neunzig Minuten auf Schritt und Tritt.

Sie alle stammen aus Magdeburg direkt oder aus der Umgebung, aus Wegeleben, Stapelburg, Darlingerode und Gommern. Junge Kerle, die meisten Anfang zwanzig. Viele von ihnen sind beim SKET beschäftigt, dem Schwermaschinen-Kombinat Ernst Thälmann. Trainiert wird abends, mit dem Fahrrad fahren sie zum Vereinsgelände im Stadtteil Cracau. Die Karriere als Fußballer verschafft ihnen die Mehrraumwohnung im Neubau. Sie sind eine Truppe, die für ihre Kameradschaft berühmt ist. Was auch an Trainer Krügel liegt, der nichts gegen ein Bierchen einzuwenden hat, solange die Jungs nach dem Training den Ball

## I. FC Magdeburg – AC Mailand    359

alle einmal ins »O« auf der Bandenwerbung für die »Magdeburger Volksstimme« gezirkelt haben.

---

**Artemio Franchi** »Selten wurde ein Favorit so von einem begeisterungsfähigen jungen Außenseiter überrascht.«

---

**A**uf der anderen Trainerbank sitzt Giovanni Trapattoni. Er ist sich vor dem Spiel sicher: »Wer das erste Tor schießt, gewinnt!« Dass er der festen Überzeugung ist, dass es sich dabei nur um das eigene Team handeln kann, muss er nicht ausdrücklich erwähnen. Und es ist tatsächlich Milan, das trifft – allerdings ins eigene Tor. Detlef Raugust hat kurz vor der Pause geflankt und Verteidiger Lanzi grätscht so unglücklich hinein, dass Keeper Pizzabella dem Ball nur noch entgeistert hinterherstarren kann. Gemäß der Prophezeiung Trapattonis könnte das Spiel nun eigentlich abgepfiffen werden, zumal sich Milan damit schwertut, ihren berühmten Abwehrriegel zugunsten verstärkter Offensivbemühungen aufzulösen. Stattdessen kombinieren nun die jungen Magdeburger, lassen die italienischen Stars laufen. »Wie es im Leben so ist«, erinnert sich Manfred Zapf später. »Wenn man unterschätzt wird, dann wird man stark.« So stark, dass in der 74. Minute die Magdeburger nachlegen. Jürgen Sparwasser bekommt den Ball, von Martin Hoffmann hereingegeben, nicht unter Kontrolle, Axel Tyll spritzt heran, noch eine Flanke, diesmal auf Wolfgang Seguin. Der lässt sich Zeit und drischt den Ball schließlich aus spitzem Winkel ins Netz.

Jubel bei den 350 Magdeburger Anhängern im Stadion, die mit sechs Flugzeugen nach Holland geflogen sind. Ein linientreuer, zuverlässiger Kader, nicht unbedingt leidenschaftliche Fußballfans. Die sitzen daheim in Magdeburg an den Rundfunkgeräten und bangen noch weitere zwanzig Minuten. Dann ist es vorbei, und der 1. FC Magdeburg gewinnt sensationell den Europapokal der Pokalsieger mit einer besseren Lokalauswahl gegen ein hoch bezahltes Starensemble.

# DAS SPIEL

19.02.1958, FA Cup, 5. Gruppe

## Manchester United FC – Sheffield Wednesday FC

 **3:0**
(1:0)

| | |
|---|---|
| Brennan (27.) | 1:0 |
| Brennan (64.) | 2:0 |
| Dawson (85.) | 3:0 |

### Stadion
Old Trafford, Manchester

### Zuschauer
60 000

### Manchester United FC
Gregg, Foulkes, Greaves, Goodwin, Cope, Crowther, Webster, E. Taylor, Dawson, Pearson, Brennan

### Sheffield Wednesday FC
Ryalls, Martin, Johnson, McEvoy, Curtis, Kay, Wilkinson, Quixall, Froggatt, Fantham, Finney

19.02.1958                                          **PLATZ 85**

## Manchester United FC – Sheffield Wednesday FC 3:0

# GERANNT UM IHR LEBEN

Alex Dawson attackiert Sheffields Keeper Ryalls im wohl bewegendsten Spiel der Geschichte Uniteds.

**362    PLATZ 85**

Im Programmheft, dort, wo für gewöhnlich die Mannschaftsaufstellung zu lesen ist, erscheinen nur elf Leerstellen. Bis kurz vor dem Anpfiff weiß niemand, wer im ersten Spiel, das Manchester United nach der verheerenden Flugzeugkatastrophe von München zu bestreiten hat, tatsächlich auflaufen würde. Wie auch, seit dem Unglück sind gerade einmal dreizehn Tage vergangen.

Mit einem Pokalkampf soll an diesem nasskalten Mittwoch so etwas wie die Rückkehr in den Fußballalltag eingeläutet werden. Mehr als zwei Wochen Schonfrist werden trotz aller Anteilnahme, die United von überallher entgegenschlug, nicht gewährt. Es muss weitergehen. Irgendwie. Aber mit wem? Sechs Spieler sind tot, ein weiterer, Duncan Edwards, wird ihnen zwei Tage später folgen. Mehrere andere liegen unterschiedlich stark verletzt in Münchner Krankenhäusern, wo auch Manager Matt Busby noch immer um sein Leben ringt. Diejenigen, die nach Manchester zurückgekehrt sind, erscheinen nur körperlich unversehrt.

---

**Albert Quixall** »Niemand, der dabei war, wird dieses Spiel jemals vergessen.«

---

Die Zuschauer harren folglich zunächst in stummer Ergriffenheit aus, spürbar unsicher, ob sie einer Gedenkfeier oder einer Sportveranstaltung beiwohnen. Torhüter Harry Gregg und Verteidiger Bill Foulkes sind die einzigen vertrauten Gesichter, die sie zu sehen bekommen. Ian Greaves, Freddie Goodwin, Ron Cope und Colin Webster sind Ergänzungsspieler, die unter normalen Umständen niemals einen festen Platz in der ersten Mannschaft gefunden hätten. Jeder von ihnen absolviert aber in den nächsten anderthalb Jahren, in denen United sensationell das Cupfinale erreicht und Vizemeister wird, Partien, in denen sie in einem Maß über ihr eigentliches Leistungslimit hinauswachsen, das rational kaum erklärbar ist. Mark »Pancho« Pearson, Alex Dawson und

Shay Brennan kommen aus dem Nachwuchs und zählen schon zur nächsten Generation. Brennan spielt bei seinem Debüt mangels Alternative Linksaußen. Dass ausgerechnet er, der technisch wahrlich nicht besonders beschlagen ist, United mit einem direkt verwandelten Eckball in Führung bringt, zählt zu jenen seltenen Wundern, die einen an die Existenz eines Fußballgotts glauben lassen können.

Stan Crowther schließlich ist ein bissiger Außenläufer, der mit Aston Villa im Cupfinale 1957 United jede Menge Schaden zugefügt hat. Das Problem ist nur, dass Crowther nicht aus Birmingham weg möchte. Er lässt sich aber von seinem Manager Eric Houghton dazu überreden, mit ihm nach Manchester zu fahren, um sich das Spiel anzuschauen. Dass sich der mit United bereits über die Transfersumme geeinigt hatte, ahnt er nicht. Die ganze Fahrt über redet Houghton auf seinen Spieler wie auf einen kranken Gaul ein, ob er es nicht als seine moralische Pflicht empfinde, einem so schwer vom Schicksal gestraften Verein zu helfen, und zwar sofort. Zu guter Letzt fällt Crowther als Gegenargument nur noch ein, dass er doch gar keine Fußballschuhe dabeihabe. »Die habe ich vorsorglich eingepackt«, erwidert Houghton trocken. Eine halbe Stunde vor dem Anpfiff unterschreibt Crowther dann bei seinem neuen Arbeitgeber.

So sieht er also aus, der bunt zusammengewürfelte Haufen, der sich in einem der bewegendsten Spiele, die je ausgetragen worden sind, einem Gegner stellt, der zwar Schlusslicht (und späterer Absteiger) der First Division ist, dennoch aber als Pokalschreck gilt. Nationalspieler Albert Quixall, der damals für die Owls spielte und ein Jahr später zu United wechselte, erinnert sich noch Jahrzehnte später tief bewegt: »Uniteds Spieler sind gerannt, als ob es um ihr Leben ginge. Wir hätten noch so gut spielen können, sie hätten uns geschlagen. Irgendwie spielten sie so, als ob eine höhere Kraft ihnen Inspiration verlieh.«

# DAS SPIEL

16.06.1984, Europameisterschaft, Vorrunde

## Dänemark – Jugoslawien

 **5:0**
**(2:0)**

| | |
|---|---|
| Arnesen (8.) | 1:0 |
| Berggreen (18.) | 2:0 |
| Arnesen (68., FE) | 3:0 |
| Elkjær Larsen (82.) | 4:0 |
| Lauridsen (84.) | 5:0 |

### Stadion
Stade Municipal de Gerland, Lyon

### Zuschauer
34 800

### Dänemark
Qvist, Rasmussen (Sivebæk, 60.), Olsen, Busk, Nielsen, Berggreen, Lerby, Bertelsen, Arnesen (Lauridsen, 78.), M. Laudrup, Elkjær Larsen

### Jugoslawien
Ivković, N. Stojković, Katanec (Halilović, 55.), Radanović, Zajec, Miljuš, Gudelj, Baždarević (D. Stojković, 27.), Cvetković, Sušić, Vujović

16.06.1984       PLATZ 86

## Dänemark – Jugoslawien 5:0

# DÄNISCHES DYNAMIT

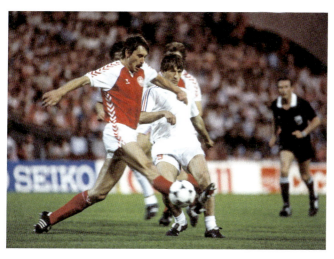

Rot-weißes Dynamit: Nielsen zieht locker an Safet Sušić vorbei,
Dänemark schlägt Jugoslawien mit 5:0.

## PLATZ 86

Der deutsche Sportreporter Heribert Faßbender kommt dann doch ins Straucheln. Gerade hat er die fantastische Stimmung der dänischen Fans während der Europameisterschaft 1984 loben wollen, die ihre Mannschaft so friedlich und fröhlich gefeiert haben, da hakt es bei der Übersetzung: »Da singen sie: ›We are red, we are white, we are Danish Dynamite.‹ Wir sind rote, wir sind weiße, wir sind dänische … äh …« Faßbender ist nicht der Einzige, der sich hat beeindrucken lassen von den vielen Tausenden dänischen Fans, die zur Europameisterschaft 1984 nach Frankreich gekommen sind, aber auch von einer dänischen Mannschaft, die sich mit berauschendem Tempofußball in die Herzen der Zuschauer gespielt hat. Dass dieses kleine Land, das fußballerisch immer im Schatten der Nachbarn Deutschland und Schweden gestanden hat, sich überhaupt qualifizieren konnte – zum ersten Mal in der Verbandsgeschichte –, hat im Vorfeld des Turniers dazu geführt, dass das Magazin »World Soccer« das Team zur »Besten Nationalmannschaft des Jahres in Europa« gekürt hat.

Doch die Auftritte in Frankreich übertreffen noch die Erwartungen. Im Auftaktspiel sind sie dem späteren Europameister Frankreich ein ebenbürtiger Gegner. In Erinnerung bleibt bei der unverdienten 0:1-Niederlage gegen den Gastgeber vor allem der hässliche Kopfstoß Amoros' gegen Stürmer Preben Elkjær Larsen. Im letzten Gruppenspiel ringen die Dänen Belgien nach einem 0:2-Rückstand noch mit 3:2 nieder. Aber vor allem ein Spiel gerät zu einem Fest des Angriffsfußballs. Es ist das zweite Gruppenspiel in Lyon gegen Jugoslawien, das sich ebenfalls noch Hoffnungen auf den Halbfinaleinzug macht.

Mit der dänischen Aufstellung für dieses Spiel wird auf einen Blick klar, warum das kleine Land nördlich von Deutschland so erfolgreich ist. Die Stützen des Teams haben sich in den großen europäischen Ligen einen Namen gemacht: Søren Lerby bei Ajax Amsterdam und Bayern München, Frank Arnesen beim FC Valencia und RSC Anderlecht, Michael Laudrup bei Lazio Rom. Zum Symbol des dänischen Aufschwungs jedoch wird Preben Elkjær Larsen, ein wuchtiger Stoßstürmer mit dem Antlitz eines verwegenen Wikingers. Nicht umsonst wird ihn später der Spitzname »Crazy Horse« begleiten, und als er mit seinem Mannschaftskollegen Hans-Peter Briegel eine Probefahrt im neuen Auto unternimmt, resümiert der Deutsche hinterher: »Ich bin froh, dass ich mit dem Leben davongekommen bin.«

---

**Sepp Piontek** »Ich will im Fußball aus Liliput einen Drachen machen.«

---

**W**ie entschlossen die Dänen dieses Spiel angehen, zeigt sich schon kurz nach dem Anpfiff. Sie attackieren, schnüren den perplexen Jugoslawen die Luft ab. Jeder panisch von Katanec, Zajec, Radanović nach vorn gedroschene Ball kehrt binnen Sekunden zurück. Resultat des Pressings sind schnelle Tore. Nach achtzehn Minuten haben Arnesen und der schnauzbärtige Klaus Berggreen vom italienischen Zweitligisten Pisa Calcio ein beruhigendes 2:0 herausgeschossen. Anstatt jedoch nun einen Gang herunterzuschalten, drückt Dänemark weiter aufs Tempo. Nur sporadisch kommen die Jugoslawen einmal vor das Tor von Ole Qvist. Eine halbe Stunde vor Schluss – die Jugoslawen haben nur mit Mühe kein weiteres Tor kassiert – brechen dann alle Dämme. Angetrieben von Laudrup und dem mit heruntergezogenen Stutzen unermüdlich ackernden Søren Lerby fallen die Tore wie reife Früchte. Arnesen mit einem Foulelfmeter und Preben Elkjær Larsen mit einem Heber über Jugoslawiens Keeper Ivković hinweg schießen die Entscheidung heraus. Einwechselspieler John Lauridsen setzt mit dem 5:0 den umjubelten Schlusspunkt eines dänischen Galaauftritts, der die Mannschaft von Sepp Piontek zum gefährlichsten Gegenspieler für den designierten Europameister aufsteigen lässt.

Das dänische Märchen endet jedoch später im Halbfinale. Im Elfmeterschießen vergibt Preben Elkjær Larsen. So brutal kann Fußball manchmal sein.

# DAS SPIEL

21.06.1986, Weltmeisterschaft, Viertelfinale

## Frankreich – Brasilien

  **5:4**
(n. V., n. E.)
(1:1, 1:1, 1:1)

|  |  |  |
|---|---|---|
|  | 0:1 | Careca (17.) |
| Platini (40.) | 1:1 |  |
|  | -:- | Sócrates (ES) |
| Stopyra (ES) | 2:1 |  |
|  | 2:2 | Alemão (ES) |
| Amoros (ES) | 3:2 |  |
|  | 3:3 | Zico (ES) |
| Bellone (ES) | 4:3 |  |
|  | 4:4 | Branco (ES) |
| Platini (ES) | -:- |  |
|  | -:- | César (ES) |
| Fernández (ES) | 5:4 |  |

### Stadion
Estadio Jalisco, Guadalajara

### Zuschauer
65 000

### Frankreich
Bats, Amoros, Battiston, Bossis, Tusseau, Fernández, Platini, Giresse (Ferreri, 87.), Tigana, Rocheteau (Bellone, 99.), Stopyra

### Brasilien
Carlos, Edinho, Júnior (Silas, 91.), Müller (Zico, 71.), Careca, Josimar, César, Alemão, Branco, Sócrates, Coelho

21.06.1986  **PLATZ 87**

## Frankreich – Brasilien
## 5:4 (n. V., n. E.)

# DUELL DER VIERECKE

Die Ecke geahnt: Frankreichs Keeper Joël Bats pariert den entscheidenden Elfmeter von Brasiliens Zico.

**370    PLATZ 87**

Wenn zwei Favoriten bereits im Laufe eines Turniers aufeinandertreffen, ist den Medien schnell das bedauernde Schlagwort des »vorweggenommenen Endspiels« zur Hand. Selten jedoch trifft dieses Etikett so zu wie beim Viertelfinale der Weltmeisterschaft 1986 in Mexiko zwischen Frankreich und Brasilien. Denn ohne dem Genie dieses Jahrzehnts, Diego Armando Maradona, zu nahe zu treten, aber den schönsten, schnellsten und kreativsten Fußball der 1980er-Jahre spielen diese beiden Mannschaften.

Es ist an diesem brütend heißen Tag in Guadalajara vor allem das Duell zweier magischer Vierecke im Mittelfeld. Auf der einen Seite die französische Equipe um Kapitän Michel Platini, dem vor allem der elegante Jean Tigana und Alain Giresse zuarbeiten. Die Mannschaft ist Europameister geworden und strebt nun den nächsten, noch größeren Triumph an. Auf der brasilianischen Seite zieht Sócrates die Fäden. Er ist der Motor des viel gerühmten »futebol arte«, des brasilianischen Kunstfußballs. Sócrates, Alemão und Zico setzen dem europäischen Lauffußball, der die Athletik und Kondition der Spieler betont, ein spielerisches, technisches und kreatives System entgegen, das den Spielgestaltern im Mittelfeld alle nur erdenklichen Freiheiten gibt. Dass es mitunter auch beeindruckend ineffektiv ist und oftmals vergisst, dass ein Fußballspiel durch Tore entschieden wird und nicht durch Ballstafetten im Mittelfeld, wird achselzuckend hingenommen. Schönheit, finden sie, hat eben ihren Preis.

Seine große Niederlage hat dieses System ohnehin bereits vier Jahre zuvor erlitten. Im entscheidenden Zwischenrundenspiel gegen Italien bei der WM 1982 hätte der Seleção ein Unentschieden genügt. Dennoch spielte sie beim Stand von 2:2 weiter nach vorn und bezahlte das bitter mit dem Siegtreffer für Italien. Zico hält heute dieses Spiel als wegweisend für die Entwicklung des Weltfußballs. Damals, so seine Überzeugung, habe die Fußballwelt zwischen Ästhetik und Athletik wählen müssen – und sich gegen die Schönheit entschieden. Und so kämpfen

Zico und Co. 1986 eigentlich in einer bereits verlorenen Schlacht. Trotzdem lassen die Brillanz und das Tempo dieses Spiel zu einem der unvergesslichen Duelle der WM-Geschichte werden. Die Tore während der regulären Spielzeit geben dabei nur ungenügend Auskunft über die Vielzahl an Chancen auf beiden Seiten. Nachdem Careca, im Strafraum unfassbar frei stehend, für die Brasilianer getroffen und Platini kurz vor der Pause aus der Nahdistanz ausgeglichen hat, geht es nahezu im Minutentakt hin und her, was ein wenig der drückenden Hitze geschuldet sein mag, die den Spielern bei fortgeschrittenem Spiel die Kraft raubt. Vor allem aber werfen beide Teams irgendwann jeden Gedanken an Absicherung und Defensive über Bord. Allein Joël Bats, der Torwart von Paris Saint-Germain, fischt reihenweise Unhaltbare aus den Ecken. Sein Meisterstück vollbringt der Lockenkopf in der 74. Minute. Zico hat Branco mit einem weiten Pass auf die Reise geschickt, Bats muss den wieselflinken Brasilianer in höchster Not von den Beinen holen. Den anschließenden Strafstoß, vom »weißen Pelé« Zico rätselhafterweise mit seinem schwachen rechten Fuß geschossen, wehrt Bats souverän ab und hält so seine Franzosen im Spiel.

**Tele Santana** »Fußball kann so grausam sein.«

In der Verlängerung scheinen beide Mannschaften durchzuschnaufen. Auch diese dreißig Minuten sehen einige hochkarätige Torchancen, die Intensität der regulären Spielzeit erreichen sie jedoch nicht.

Das Elfmeterschießen, sonst stets der dramatische Höhepunkt eines solchen Turniers, fällt gegen die urwüchsige Spannung der vorangegangenen 120 Minuten ab. Sócrates verschießt gleich zum Auftakt, am Ende knallt auch noch Júlio César den Ball gegen die Stange. Der Traum vom vierten Weltmeistertitel für Brasilien bleibt unerfüllt. Aber auch Frankreich scheitert, und zwar im Halbfinale gegen Deutschland. Das »vorweggenommene Finale« hat letztendlich zu viel Kraft gekostet.

# DAS SPIEL

01.07.1912, Freundschaftsspiel

## Deutschland – Russland

 **16:0**
(8:0)

| | |
|---|---|
| Fuchs (2.) | 1:0 |
| Förderer (6.) | 2:0 |
| Fuchs (9.) | 3:0 |
| Fuchs (21.) | 4:0 |
| Förderer (27.) | 5:0 |
| Fuchs (28.) | 6:0 |
| Burger (30.) | 7:0 |
| Fuchs (34.) | 8:0 |
| Fuchs (46.) | 9:0 |
| Fuchs (51.) | 10:0 |
| Förderer (53.) | 11:0 |
| Fuchs (55.) | 12:0 |
| Oberle (58.) | 13:0 |
| Fuchs (65.) | 14:0 |
| Förderer (66.) | 15:0 |
| Fuchs (69.) | 16:0 |

**Stadion**  Olympiastadion, Stockholm

**Zuschauer**  2000

**Deutschland**
Werner, Reese, Hempel, Burger, Glaser, Ugi, Uhle, Förderer, Fuchs, Oberle, Thiel

**Russland**
Favorsky, Sokolov, Rimscha, Uversky, Khromov, Yakovlev, Smirnov, Zhitarev, Butusov, Nikitin, Filippov

01.07.1912   PLATZ 88

## Deutschland – Russland 16:0

# OLYMPISCHER REKORD

Rekord in der Trostrunde: Die Nationalelf hat bei Olympia keine Chance, erzielt aber den höchsten Länderspielsieg aller Zeiten.

**374     PLATZ 88**

Sommer 1912. Wir befinden uns in den Anfangsjahren des Fußballs. Die Weltmeisterschaften sind noch nicht erfunden, also sind die Olympischen Fußballturniere das Hochamt des internationalen Fußballs. Der Sieger wird im K.-o.-System ermittelt, und streng genommen ist damit für die deutsche Mannschaft das Turnier mit der 1:5-Schlappe gegen den Nachbarn Österreich im Stockholmer Råsunda-Stadion bereits beendet.

Damit sich für die Mannschaften die weite Anreise lohnt, haben die Veranstalter eine Trostrunde ersonnen, in der sich die Unterlegenen der ersten Runden miteinander messen. Aus diesem Grund treffen am 1. Juli die beiden Verlierer Deutschland und Russland aufeinander.

Es wird ein Duell, das Geschichte schreibt. Nicht weil sich hier zwei Giganten des Weltfußballs auf Augenhöhe treffen, sondern weil die russische Mannschaft einem geselligen Beisammensein nun Tribut zollt. Am Abend zuvor haben die Deutschen nämlich bereits eine spezielle Form der Gegnerbeobachtung betrieben. Es hat ein Bankett beider Mannschaften gegeben, und beide Teams hatten einen guten Grund, zur Flasche zu greifen: Die Deutschen wähnen sich im Spiel gegen die Österreicher ungerecht behandelt. Ihr Keeper hat sich bei einem Zusammenprall mit dem Pfosten eine Gehirnerschütterung zugezogen. Hätten die Österreicher eingewilligt, hätte er ausgetauscht werden können. Haben sie aber nicht, was die deutschen Spieler noch im Nachhinein erzürnt. Also ist eine Flasche nach der anderen geleert worden. Die russischen Spieler dagegen, rekrutiert aus dem Fundus der angereisten Ruderer und Sprinter, haben sich als ausgesprochen trinkfest erwiesen. Nun aber stolpern sie eher hilflos über den Platz, während die deutsche Mannschaft für die damaligen Verhältnisse beeindruckend sicher kombiniert. Bereits nach gut zwanzig Minuten steht es 4:0 für Deutschland, weil Gottfried Fuchs vom Karlsruher FC allein dreimal getroffen hat.

Der Klub aus dem Badischen ist der damals wohl beste Fußballverein Deutschlands und hätte, wenn es nur nach dem Leistungsvermögen der

Spieler gegangen wäre, vier oder fünf Spieler in der Auswahl haben müssen. Doch im ersten Match gegen die Österreicher hat mit Julius Hirsch nur ein Karlsruher mitmachen dürfen, im zweiten Spiel gegen Russland sind es mit Fuchs und Fritz Förderer zwei Spieler. Um alle Landesverbände zufriedenzustellen, ist die Nationalelf nach der Niederlage gegen Österreich nahezu komplett ausgetauscht worden. Dennoch hat die neu formierte deutsche Nationalelf mit den Russen keine Probleme, das muntere Scheibenschießen geht unvermindert weiter. Zwischen der 28. und 55. Minute trifft Fuchs weitere fünf Mal.

---

**Sepp Herberger** »Gottfried Fuchs war der Beckenbauer meiner Jugend.«

---

**A**m Ende heißt es 16:0 für Deutschland gegen zunehmend demotivierte Russen. Gottfried Fuchs hat allein zehn Tore erzielt. Der letzte Treffer fällt bereits in der 69. Minute, dann lassen es die deutschen Stürmer gut sein.

43 Jahre später, am 21. August 1955, spielen Deutschland und Russland wieder gegeneinander. Es ist auf dem Papier nur ein Freundschaftsspiel, in Wirklichkeit ist es eine der wichtigsten Partien in der deutschen Fußballgeschichte. Erstmals spielen die Gegner des Zweiten Weltkriegs wieder gegeneinander Fußball, vor 80 000 Zuschauern in Moskau.

Während des Spiels verfasst Bundestrainer Sepp Herberger eine Postkarte an den Juden Gottfried Fuchs, der vor den Nazis nach Kanada geflohen ist. Obwohl er nie mehr nach Deutschland zurückkehren wird, bleibt er Rekordtorschütze der deutschen Nationalelf.

# DAS SPIEL

18.03.1993, UEFA-Cup, Viertelfinale

## Paris Saint-Germain FC – Real Madrid CF

**4:1**
(1:0)

| | | |
|---|---|---|
| Weah (33.) | 1:0 | |
| Ginola (81.) | 2:0 | |
| Valdo (89.) | 3:0 | |
| | 3:1 | Zamorano (90. + 4) |
| Kombouaré (90. + 6) | 4:1 | |

**Stadion**
Prinzenparkstadion, Paris

**Zuschauer**
46 000

**Paris Saint-Germain FC**
Lama, Sassus (Germain, 77.), Kombouaré, Ricardo, Colleter, Le Guen, Guérin, Valdo, Simba (Bravo, 72.), Weah, Ginola

**Real Madrid CF**
Buyo, Nando, Ramis, Ricardo Rocha, Lasa, Hierro, Luis Enrique (Alfonso, 80.), Prosinečki, Míchel, Butragueño, (Villaroya, 63.), Zamorano

18.03.1993     **PLATZ 89**

## Paris Saint-Germain FC – Real Madrid CF 4:1

# IN ALLERLETZTER MINUTE

Luis Enrique konsterniert: Als hoher Favorit verliert Real Madrid das Viertelfinale gegen Paris Saint-Germain.

**378    PLATZ 89**

Tore in letzter Minute haben in der Regel entscheidenden Charakter: Mal verpassen sie einer ohnehin schon am Boden liegenden Mannschaft den Todesstoß, mal stellen sie den Spielverlauf auf den Kopf. In jedem Fall sind sie – und das macht sie so besonders – nicht mehr zu korrigieren. Außer manchmal. Denn ganz selten folgen auf Tore in letzter Minute noch Tore in allerletzter Minute, wie an diesem denkwürdigen Abend des Jahres 1993 im Pariser Prinzenparkstadion.

Die Partie ist seit Langem ausverkauft, weil im Viertelfinale des UEFA-Cups das legendäre Real Madrid vorbeischaut und sich der Gastgeber Paris Saint-Germain, kurz PSG, berechtigte Hoffnungen macht, trotz einer 1:3-Niederlage im Hinspiel doch noch ins Halbfinale einzuziehen. Aber das Real des Jahres 1993 ist nicht das Starensemble späterer Jahre. Die Hybris, mit dem Scheckbuch in der Hand durch Europa zu ziehen und talentierte Fußballer mit Rekordsummen zu ködern, ist noch nicht Geschäftsprinzip. Noch kauft kein größenwahnsinniger Präsident die Weltfußballer en gros, noch führt das Urgestein Emilio Butragueño bei Real die Regie und stürmt der langmähnige Chilene Iván Zamorano in vorderster Front. Eine tolle Mannschaft, aber sie ist nicht von einem anderen Stern.

Angefeuert von wild entschlossenen 46 000 Zuschauern stürmt PSG mitreißend von der ersten Minute an. Real weiß dem französischen Druck überraschenderweise nicht allzu viel entgegenzusetzen. Nur mit Mühe verteidigen die Spanier eine halbe Stunde lang das torlose Unentschieden. In der 33. Minute schließlich schraubt sich der Liberianer George Weah, den sie im Jahr zuvor mit großen Hoffnungen vom AS Monaco geholt haben, nach einer Flanke hoch und ist schneller am Ball als der herausstürzende Keeper Buyo. Ein Treffer, der Zuschauer und Spieler gleichermaßen beflügelt. Nun ist das Weiterkommen greifbar nah, wegen des zusätzlich erzielten Auswärtstors genügt bereits ein 2:0. Angriff auf Angriff rollt nun auf das Real-Tor zu. Und es ist eine der großen Qualitäten dieser Pariser Mannschaft, dass sie warten kann und nicht nervös wird, obwohl langsam die Zeit verrinnt. Schon sind sechzig, siebzig Minuten vorbei, ein zweites Tor will zunächst nicht gelingen. Dann aber wird Paris Saint-Germain doch noch für die Geduld belohnt. Das 2:0 durch den linken Flügelspieler und Publikumsliebling David Ginola ist eines der schönsten Tore der Fußballgeschichte. Traumwandlerisch sicher wandert der Ball durch die Pariser Reihen, berührt auf den letzten Stationen nicht einmal mehr den Boden. Ginola hämmert ihn schließlich wuchtig in die Maschen. Buyo ist ohne Chance. Und nicht genug der Pariser Partystimmung. Als der brasilianische Nationalspieler Valdo erst einen Real-Spieler im Strafraum aussteigen lässt und schließlich trocken zum 3:0 erhöht, wähnt sich das Team bereits im Halbfinale.

**David Ginola** »Es war eines der aufregendsten Spiele meiner Karriere.«

**D**och dann naht die letzte Minute und eine Tafel am Spielfeldrand zeigt unerbittlich an: sechs Minuten Nachspielzeit, gewährt durch Referee Sándor Puhl. Real drängt nun, will mit einem Tor zumindest eine Verlängerung erzielen. Die Spanier bekommen einen Freistoß halb links zugesprochen, dreißig Meter vor dem Tor. Die mitlaufende Uhr des französischen Fernsehens zeigt bereits 48:26, drei Minuten sind schon nachgespielt.

Saint-Germains Torwart Bernard Lama in seinem farbenfrohen Sweater ahnt jetzt das Unheil und gestikuliert wild. Vergeblich, weiß er Sekunden später, weil Iván Zamorano trifft. Es wäre dies, naturgemäß, der letzte Akt der regulären Spielzeit. Aber Puhl, der Schiedsrichter, macht immer noch keine Anstalten abzupfeifen. Noch einmal ein Freistoß an der rechten Strafraumkante für PSG, nachdem Zamorano Ginola gelegt hat. Getümmel im Strafraum und Antoine Kombouaré köpft das unglaubliche 4:1. Die Entscheidung, endlich. Paris ist weiter, in allerletzter Minute.

# Das Spiel

09.04.2013, Champions League, Viertelfinale

## Borussia Dortmund – FC Malaga

 **3:2**
(1:1)

|                  |      |                |
|------------------|------|----------------|
|                  | 0:1  | Joaquin (25.)  |
| Lewandowski (40.)| 1:1  |                |
|                  | 1:2  | Eliseu (82.)   |
| Reus (90.+1)     | 2:2  |                |
| Santana (90.+2)  | 3:2  |                |

**Stadion**
Signal-Iduna-Park, Dortmund

**Zuschauer**
65 800 (ausverkauft)

**Borussia Dortmund**
Weidenfeller, Piszczek, Subotic, Santana, Schmelzer, Gündogan (86. Hummels), Bender (72. Sahin), Blaszczykowski (72. Schieber), Götze, Reus, Lewandowski

**FC Malaga**
Caballero, Jesus Gamez, Demichelis, Sanchez, Antunes, Toulalan, Camacho, Duda (74. Eliseu), Isco, Joaquin (87. Portillo) , Julio Baptista (83. Santa Cruz)

09.04.2013                      **PLATZ 90**

## Borussia Dortmund – FC Malaga 3:2

# EIN BVB-SPIEL HAT VIER MINUTEN

Retter in der Not: Die Nachspielzeit ist fast abgelaufen, da drückt Felipe Santana den Ball doch noch zum 3:2 über die Linie.

## Platz 90

Ein Spiel dauert neunzig Minuten, sprach der alte Herberger. Wer sich jedoch an das Viertelfinal-Rückspiel zwischen Borussia Dortmund und dem FC Malaga erinnert, wird immer von vier Minuten sprechen – vier Minuten, in denen die Gesetze der Fußballwelt außer Kraft gesetzt wurden.

Dabei deutet zunächst wenig darauf hin, dass dieser Abend so außergewöhnlich wird. Ein torloses Unentschieden im Hinspiel, in dem die Dortmunder klarste Chancen liegen ließen, hat die Voraussetzungen geschaffen: Schon ein knapper Sieg würde zum Einzug ins Halbfinale reichen. Im Bewusstsein, nicht allzu viel riskieren zu müssen, zieht der BVB dann auch sein typisch laufintensives Spiel auf. Alsbald erweist sich jedoch, dass Malaga weitaus sortierter steht als im Hinspiel, deutlich entschlossener in die Zweikämpfe geht, effektiver als im Hinspiel seine Konter fährt – und in der 25. Minute plötzlich durch Joaquin in Führung geht. Der Dortmunder Ausgleich durch Robert Lewandowski fünfzehn Minuten später ist zwar temporeich herausgespielt, gleichwohl verbreitet sich eine Unruhe im Stadion, die auch nach dem Seitenwechsel nicht weicht, weil Malaga, anstatt das Remis über die Zeit zu bringen, weiter fröhlich angreift. Das Spiel wird zu einem Tanz auf der Rasierklinge. Einen wuchtigen Kopfball von Joaquin pariert Roman Weidenfeller kurz nach der Pause ebenso wie einen brachialen Gewaltschuss von Toulalan in der 70. Minute. Auf der anderen Seite rettet Gästetorwart Willy gleich zweimal bravourös gegen Reus und Götze. Dann passiert das, was die Dortmunder so gefürchtet haben. Baptista und Isco kombinieren sich durch das Spalier der Borussen und der frisch eingewechselte Eliseu vollendet kaltschnäuzig zum 1:2. Dass der Stürmer dabei deutlich im Abseits steht, sorgt für Proteste. Aber Referee Thompson aus Schottland lässt sich nicht umstimmen. Es wird nicht das letzte Mal an diesem Abend sein, dass er irrt.

Nun verlegt sich Borussia Dortmund auf das Allheilmittel aller Mannschaften, die hinten liegen und es eilig haben. Der Ball wird unorthodox nach vorne gedroschen, was die Spanier so nachhaltig verwirrt, dass sie ihre bis dahin exzellente taktische Grundordnung aufgeben. Viele der 65 800 Zuschauer glauben gleichwohl nicht mehr an eine Wende. In Scharen verlassen sie das Stadion und haben es dann ganz plötzlich sehr eilig, wieder auf ihre Plätze zu kommen. Denn als der Vierte Offizielle auf einer großen Tafel vier Minuten Nachspielzeit anzeigt, steht es bereits 2:2.

---

**Hans-Joachim Watzke** »Wir waren tot. Aber auf einmal sind wir im Halbfinale – das ist ja total verrückt. Wir genießen diesen Moment«

---

**N**ach einem Tumult im Strafraum und einem umherirrenden Keeper Willy trifft Stürmer Marco Reus mit einem Flachschuss ins leere Tor. Kein schöner Treffer, aber einer, der das Stadion in einen Hexenkessel verwandelt. Abermals brandet nun eine Angriffswelle gegen den spanischen Strafraum, Gestocher, verzweifelte Grätschen, missglückte Befreiungsschläge. Dann wird der Ball noch einmal in den Strafraum gespielt, wieder Tumulte, Willy ist geschlagen und Felipe Santana drückt den Ball über die Linie. Auch er steht klar im Abseits, was Schiedsrichter Thompson erneut großzügig übersieht. Das Stadion explodiert, und Santana wird unter seinen fassungslosen Mitspielern begraben. In nur vier Minuten hat die Borussia ein bereits verlorenes Spiel gedreht, wofür Trainer Jürgen Klopp anschließend nur bedingt Worte findet: »Ich kann das nicht erklären. Wir haben alles auf eine Karte gesetzt, wir haben Willy ein paar Mal angeschossen. Als wir die Brechstange rausgeholt haben, haben wir das Ding gedreht. Diesen Abend werde ich nie vergessen.« Und jeder normale Fußballfan auch nicht.

# DAS SPIEL

**17.06.2001, Primera División, 38. Spieltag**

## FC Barcelona – Valencia CF

 **3:2**
**(2:1)**

| | | |
|---|---|---|
| Rivaldo (3.) | 1:0 | |
| | 1:1 | Baraja (17.) |
| Rivaldo (45.) | 2:1 | |
| | 2:2 | Baraja (46.) |
| Rivaldo (89.) | 3:2 | |

### Stadion
Camp Nou, Barcelona

### Zuschauer
101 000

### FC Barcelona
Dutruel, F. De Boer, Sergi, Puyol, Guardiola (Petit, 65.), Cocu, Gabri, Kluivert (Zenden, 77.), Rivaldo, Overmars, Simão (Xavi, 45.)

### Valencia CF
Cañizares, Pellegrino, Ayala, Angloma, Aurélio, Angulo, González (Vicente, 65.), Baraja, Aimar (Đukić, 85.), Albelda, Carew (Ilie, 85.)

17.06.2001  **PLATZ 91**

## FC Barcelona – Valencia CF 3:2

# RIVALDO STEIGT AUFS FAHRRAD

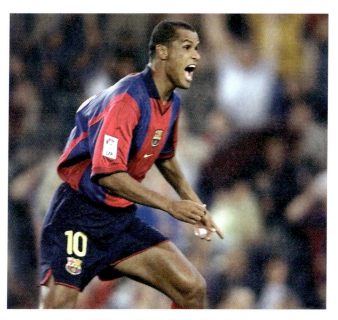

Freistoß, Distanzschuss, Fallrückzieher: Rivaldo löst
mit drei Toren Barças Ticket in die Champions League.

## PLATZ 91

Es ist der letzte Spieltag der Primera División in der Saison 2000/01 und für den FC Barcelona heißt es wider Erwarten: alles oder nichts! Dabei geht es nicht um den Meistertitel, der wie jedes Jahr vom katalanischen Renommierklub angepeilt worden ist. Die Saison ist vielmehr so miserabel gelaufen, dass vor dem abschließenden Heimspiel gegen den FC Valencia nicht einmal sicher ist, dass der FC Barcelona sich überhaupt für die Champions League qualifiziert. Die Katalanen müssen als Tabellenfünfter gewinnen, um sich zumindest Platz 4 zu sichern. Valencia, das kurz darauf gegen den FC Bayern München im Finale der Champions League antreten wird, ist da deutlich besser dran. Der Klub von der spanischen Mittelmeerküste benötigt seinerseits als Tabellenvierter nur ein Unentschieden.

Und Barça tut sich von Beginn an schwer gegen defensive Gäste. Die Erwartungen im restlos ausverkauften Camp Nou beflügeln den Gastgeber nicht, sondern lähmen die Beine. Nur selten scheint jener Spielwitz durch, der Barcelona über die Jahrzehnte zu einem besonderen Klub gemacht hat. Allein Rivaldo, der brasilianische Weltfußballer des Jahres 1999, reißt seine Kollegen ein ums andere Mal mit. Er, der Fußball eigentlich nur als perfekt harmonierendes Kollektiv kennt, zeigt in diesen neunzig Minuten, dass es auch im modernen Fußball immer wieder einzelne Spieler gibt, die den Unterschied machen. Zum ersten Mal demonstriert Rivaldo seine spezielle Klasse bereits in der dritten Minute, als er einen Freistoß aus gut dreißig Metern Entfernung über die Mauer ins linke Eck zirkelt. Valencias blondierter Keeper Cañizares macht sich lang und länger, aber er fliegt vergeblich. Rivaldo jubelt zunächst und wedelt dann mit den Armen, um so das oft zurückhaltende Publikum im Camp Nou um Unterstützung zu bitten – und die bekommt er prompt.

Valencia hält trotzdem unerschrocken dagegen, kommt durch Regisseur Rubén Baraja per Flugkopfball zum Ausgleich. Doch kurz vor der Pause ist es wieder Rivaldo, der ein sensationelles Schauspiel liefert. Er zieht weit vor dem Tor ab und gibt dem Ball einen solch unwiderstehlichen Dreh, dass Cañizares erst spät, viel zu spät seine Richtung erkennt und so nur noch die Finger ans Leder bekommt, bevor es im Netz einschlägt. Die Wucht des Schusses reißt Rivaldo selbst von den Beinen. Nur eine Minute nach Beginn der zweiten Halbzeit gleicht abermals Baraja aus. Und bei diesem 2:2, das Barça mit leeren Händen dastehen lassen würde, bleibt es – bis zur 89. Minute.

---

**Joan Gaspart** »Das war ein Tor im Wert von 23 Millionen Mark.«

---

Während draußen am Spielfeldrand Interimscoach Carlos Rexach zittert und bangt, wird noch einmal kurz vor dem Strafraum eine Flanke auf Rivaldo geschlagen. Der Brasilianer nimmt den Ball mit der Brust an. Doch anstatt ihn unter Kontrolle zu bringen, lässt er ihn höher als gewöhnlich abtropfen. Dann hebt er ab zu dem, was die Deutschen einen Fallrückzieher und die Briten einen »Bicycle Kick«, einen »Fahrradschuss«, nennen. Der Ball saust wie ein Strich aufs Tor zu und schlägt direkt neben dem linken Pfosten ein. Cañizares ist wie bei den beiden Toren zuvor machtlos.

Oben auf den teuren Plätzen herzt sich die Vorstandsetage um Präsident Joan Gaspart erfreut, denn alle wissen, wie wichtig die Champions-League-Qualifikation für den Klub ist. Unten auf dem Rasen hat sich Rivaldo seines Trikots entledigt und lässt sich im weißen Unterhemd von seinen Mannschaftskollegen feiern. Ganz so, als wäre das Spiel bereits zu Ende. Am Tag danach überschlagen sich die Gazetten, die Sportgazette »El Mundo Deportivo« dichtet gar das Vaterunser auf Rivaldo um und untertreibt damit, rein fußballerisch, sogar noch ein wenig.

# DAS SPIEL

27.03.1999, EM-Qualifikation

## Spanien – Österreich

   **9:0**
(5:0)

| | |
|---|---|
| Raúl (6.) | 1:0 |
| Raúl (17.) | 2:0 |
| Urzaiz (29.) | 3:0 |
| Hierro (35., FE) | 4:0 |
| Urzaiz (45.) | 5:0 |
| Raúl (48.) | 6:0 |
| Raúl (74.) | 7:0 |
| Schöttel (76., ET) | 8:0 |
| Fran (85.) | 9:0 |

### Stadion
Estadio de Mestalla, Valencia

### Zuschauer
46 000

### Spanien
Cañizares, Salgado, Hierro, Marcelino, Sergi, Guardiola, Echeberría (Dani, 85.), Valerón (Mendieta, 71.), Fran, Urzaiz (Munitis, 59.), Raúl

### Österreich
Wohlfahrt, Schöttel, Feiersinger (Kögler, 52.), Pfeffer, Cerny, Mahlich, Stöger, Prosenik (Reinmayr, 56.), Herzog, Wetl, Haas (Mayrleb, 70.)

27.03.1999  **PLATZ 92**

## Spanien – Österreich 9:0

# HOCH GEWINNEN WIR NICHT MEHR

Beinahe zweistellig: Das desolate Österreich lässt sich kampflos von Spanien abfertigen.

**PLATZ 92**

Es gibt keine Kleinen mehr. Mit diesem Satz warnen Nationaltrainer großer Fußballländer gern davor, kleinere Gegner wie San Marino oder Liechtenstein zu unterschätzen und dann böse Überraschungen zu erleben. Vor dem EM-Qualifikationsspiel gegen Österreich hat sich Spaniens Coach José Antonio Camacho solche mahnenden Worte gespart. Schließlich ist Österreich kein Fußballzwerg, sondern mehrfacher WM-Teilnehmer.

Mehr Gedanken hat sich Camacho hingegen um die eigene Aufstellung gemacht. Er hat die spanische Mannschaft um die erfahrenen Hierro, Guardiola und Sergi neu gruppiert und verjüngt, vor allem aber hat er Stürmer Raúl von Real Madrid neue Freiheiten verschafft. Auf der anderen Seite wäre Österreichs Coach Herbert »Schneckerl« Prohaska nicht unfroh über nur einen dieser ausgewiesenen Klassespieler in seinen Reihen. Er weiß um die spielerischen Grenzen seiner Mannschaft. Über den kauzigen Altinternationalen kursiert die Anekdote, er habe auf den sachten Hinweis seiner Spieler, ob man nicht auch einmal Torschüsse trainieren sollte, geantwortet, die Mannschaft käme doch eh nie vor das gegnerische Tor, also könne man sich das auch sparen.

Das ist immerhin logisch gedacht und, zumindest was das Spiel gegen Spanien angeht, beinahe hellsichtig. Denn in Valencia kommt Österreich nicht ein einziges Mal wirklich aussichtsreich vor das spanische Tor und kassiert eine historische Niederlage. Es ist die höchste Schlappe seit 91 Jahren: 1908 verlor das Team 1:11 gegen England.

Diesmal machen die Spanier beim Stand von 9:0 in der 85. Minute gnädig Schluss, wobei die Niederlage schon zuvor hätte zweistellig ausfallen können. Die Spanier kombinieren auf höchstem Niveau, der Ball wandert oftmals über neun oder zehn Stationen, ohne dass ein Österreicher auch nur in die Nähe des Leders kommt.

Die Spielstatistik vermerkt hinterher einen Pfostenschuss, einen unrechtmäßig wegen angeblicher Abseitsstellung abgepfiffenen Seitfallzieher von Raúl, zahllose Paraden des österreichischen Keepers Franz

Wohlfahrt und schon zur Halbzeit fünf Tore, jeweils zwei haben Raúl und Ismael Urzaiz geschossen.

Das desolate Auftreten von Prohaskas Truppe macht zudem wenig Hoffnung auf Besserung. Zur Legende wird das galgenhumorige Interview mit Austria Wiens Verteidiger Toni Pfeffer. Der wird in der Halbzeit zunächst vom gnadenlosen ORF-Reporter mit Fragen gelöchert, warum denn nicht wie von Herbert Prohaska vorgesehen die spanische Flügelzange neutralisiert worden sei, und antwortet dann auf die Frage nach den Aussichten für die zweite Halbzeit trocken: »Hoch werden wir nicht mehr gewinnen!«

---

**Franz Wohlfahrt** »Mit mir in absoluter Hochform hätte es ein 0:8 gegeben.«

---

Damit wird er recht behalten. Denn in der Tat geht in der zweiten Hälfte das muntere Scheibenschießen weiter. Noch zwei weitere Male trifft Raúl, der an diesem Tag nicht zu stoppen ist, außerdem der unglückselige Schöttel per Eigentor und Fran zum Schlusspunkt in der 85. Minute.

Keeper Wohlfahrt verbarrikadiert sich nach dem Spiel eine Stunde lang stinksauer auf der Toilette und erklärt später die lange Meditation: »Ich hab darüber nachgedacht, was passiert ist.« Nationaltrainer Herbert Prohaska dagegen ist sich schnell im Klaren und schafft Tatsachen: Er tritt nach der Niederlage zurück und überlässt das Feld seinem Nachfolger Otto Barić. Der stabilisiert das Team zwar, muss aber mit ansehen, wie Österreich die Schlappe in Valencia teuer bezahlt. Am Ende der EM-Qualifikation ist das Team punktgleich mit Konkurrent Israel, das deutlich schlechtere Torverhältnis der Österreicher gibt jedoch den Ausschlag.

# DAS SPIEL

15.05.1974, Europapokal der Landesmeister, Finale

## FC Bayern München – Atlético Madrid

**1:1**
(n. V.)
(0:0, 0:0)

|  |  |  |
|---|---|---|
|  | 0:1 | Aragonés (114.) |
| Schwarzenbeck (119.) | 1:1 |  |

### Stadion
Heysel-Stadion, Brüssel

### Zuschauer
55 000

### FC Bayern München
Maier, Hansen, Schwarzenbeck, Beckenbauer, Breitner, Roth, Zobel, U. Hoeneß, Torstensson (Dürnberger, 75.), Müller, Kapellmann

### Atlético Madrid
Reina, Melo, Capón, Adelardo, Heredia, Aragonés, Bejarano, Irureta, Ufarte (Becerra, 69.), Gárate, Salcedo (Fernández, 90.)

**15.05.1974**  **PLATZ 93**

## FC Bayern München – Atlético Madrid 1:1

# KATSCHES GROSSER AUFTRITT

Spielentscheidender Wasserträger: Katsche Schwarzenbeck zieht in letzter Minute ab und trifft zum 1:1-Ausgleich für die Bayern.

## PLATZ 93

Diesmal soll es endlich klappen. Vergeblich hat sich der FC Bayern bislang bemüht, nach den vielen Erfolgen auf nationaler Ebene auch international einen Pokal zu gewinnen. Vor allem die klare 0:4-Niederlage in der dritten Runde gegen den späteren Titelträger Ajax Amsterdam im Jahr zuvor hängt den Bayern noch in den Kleidern.

Doch in der Saison 1973/74 marschiert der FC Bayern souverän durch die Runden: Dynamo Dresden, ZSKA Moskau und Újpest Budapest werden geschlagen. Und so trifft man Mitte Mai in Brüssel auf den spanischen Meister Atlético Madrid. Der Bayern-Präsident hat die Geldschatulle geöffnet und verspricht der Mannschaft satte 30 000 D-Mark Siegprämie.

»Im Heysel-Stadion war der Teufel los, als wir einliefen. Fast nur Spanier auf den Rängen. Das Gebrüll klingt mir heute noch in den Ohren«, erinnert sich Torwart Sepp Maier später und fügt hinzu: »Aber, wie gesagt, so was mag ich!« Zumal er sich gleich erfolgreich in einen Schuss von Gárate wirft, der nicht fassen kann, dass der Keeper noch an den Ball gekommen ist. So spektakulär es losgegangen ist, so aufregend gestalten sich dann auch die kompletten neunzig Minuten. Doch es will partout kein Tor fallen, weil Franz Beckenbauer die Münchner Abwehr umsichtig dirigiert, während Atlético einen dichten Abwehrriegel vor dem eigenen Tor aufgezogen hat.

In der Verlängerung rückt ein Mann ins Rampenlicht, der bislang stets darauf geachtet hat, möglichst unauffällig seine Arbeit zu verrichten. Hans-Georg Schwarzenbeck ist der Wasserträger des Kaisers. Er sichert nach hinten ab, wenn Franz Beckenbauer sich in den Angriff einschaltet, und ist bei allem wenig zimperlich. Das hat einen holländischen Journalisten nach den Duellen gegen Ajax Amsterdam zu einer schmeichelhaften Charakterisierung inspiriert: Schwarzenbeck sei »half mens, half stier«, halb Mensch, halb Stier. An diesem Abend jedoch ist er, den sie alle nur »Katsche« nennen, die Hauptperson. Zunächst in tragischer Hinsicht, denn Schwarzenbeck hat den Freistoß verursacht, den Madrids Luis Aragonés durch eine Lücke in der Mauer ins Münchner Tor tritt. Das 1:0 in der 114. Minute wirkt wie eine Entscheidung.

»Umarmungen auf der spanischen Trainerbank, Glückwünsche. Die warten nur auf den Abpfiff«, beobachtet Sepp Maier. Währenddessen hält es Bayerns Manager Robert Schwan nicht mehr auf der Trainerbank, er steht auf und flucht: »So ein Scheißdreck!« Doch Schwans Laune steigt wenige Minuten später wieder, denn er wird Zeuge einer unerhörten Tat. Eine Minute ist noch zu spielen, da schnappt sich Schwarzenbeck den Ball und zieht etwa dreißig Meter vor dem Atlético-Tor ab. Das Geschoss schlägt neben Atlético-Keeper Reina ein. Das 1:1 bedeutet Rettung und Spielwiederholung, denn das Elfmeterschießen als Sofortentscheid muss erst noch eingeführt werden. Im Gefühl des Triumphs wagt sich Schwarzenbeck an kühne Vergleiche: »So hätte nicht einmal der Pelé treffen können«, befindet er freudestrahlend, will dann aber seinen Gewaltschuss nicht überhöhen. »Der Ball ist zwischen allen durch, dann war er drin«, erzählt er und will mehr gar nicht sagen: »Geh, fragt's halt den Franz.«

---

Sepp Maier »Der Katsche ist am Ball. Keiner da, den er anspielen könnte. Da haut er einfach drauf!«

---

**D**as späte Tor Schwarzenbecks beschert dem FC Bayern jedenfalls seinen ersten großen internationalen Titel, denn zwei Tage später besiegen die Münchner die müden Spanier nach einem berauschenden Spiel mit 4:0. Star des Spiels ist der junge Uli Hoeneß – und Schwarzenbeck sichert nach hinten ab.

# DAS SPIEL

22.04.1987, Europapokal der Pokalsieger, Halbfinale

## 1. FC Lokomotive Leipzig – FC Girondins de Bordeaux

**6:5**

(n. V., i. E.) (0:1, 0:1, 0:1)

|  |  |  |
|---|---|---|
|  | 0:1 | Zl. Vujović (3.) |
|  | 0:1 | Touré (ES) |
| Lindner (ES) | 1:1 |  |
|  | -:- | Vercruysse (ES) |
| Liebers (ES) | -:- |  |
|  | 1:2 | Rohr (ES) |
| Marschall (ES) | 2:2 |  |
|  | 2:3 | Girard (ES) |
| Zötzsche (ES) | 3:3 |  |
|  | 3:4 | Roche (ES) |
| Kühn (ES) | 4:4 |  |
|  | 4:5 | Tigana (ES) |
| Altmann (ES) | 5:5 |  |
|  | -:- | Zo. Vujović (ES) |
| Müller (ES) | 6:5 |  |

**Stadion**  Zentralstadion, Leipzig

**Zuschauer**  100 000

### 1. FC Lokomotive Leipzig
Müller, Baum, Lindner, Kreer, Liebers, Scholz (Altmann, 94.), Bredow, Zötzsche, Leitzke (Kühn, 66.), Richter, Marschall

### FC Girondins de Bordeaux
Dropsy, Thouvenel, Zo. Vujović, Rohr, Roche, Girard, Zl. Vujović, Tigana, Fargeon, Ferreri (Vercruysse, 80.), Touré

22.04.1987 **PLATZ 94**

## 1. FC Lokomotive Leipzig – FC Girondins de Bordeaux 6:5 (n. V., i. E.)

# DER SIEBTE SCHÜTZE

Selbst ist der Torwart: Leipzigs René Müller verwandelt den letzten Elfmeter im Krimi gegen Girondins de Bordeaux selbst.

## PLATZ 94

Es wird wahrscheinlich nicht mehr zu klären sein, wie viele Zuschauer tatsächlich dabei gewesen sind, als der 1. FC Lokomotive Leipzig gegen den französischen Klub Girondins de Bordeaux im Zentralstadion um den Einzug ins Finale des Europapokals der Pokalsieger kämpft. Der Klub hat 79 000 Tickets drucken lassen, doch es sind rund 100 000 Menschen, die sich an diesem Abend im mächtigen Oval im Elsterbecken drängeln. Die Ordner haben irgendwann resigniert, gegen einen geringen Obolus von zehn D-Mark dürfen alle Wartenden passieren. »Die Menschen quetschen sich auf Sitzbänke und Treppen. Junge Männer mit Schnurrbärten nehmen ihre Freundinnen auf den Schoß«, schreiben Debski, Kraske und Rackwitz in einer Chronik des Zentralstadions.

Die Aussichten auf die erste Endspielteilnahme sind gut. Das Hinspiel in Bordeaux hat Lok überraschend mit 1:0 durch ein Tor des Leipziger Urgesteins Uwe Bredow gewonnen. Doch die Planspiele von Trainer Uli Thomale sind schnell Makulatur, weil nach drei Minuten Zlatko Vujović und Leipzigs Verteidiger Matthias Lindner gemeinsam den Ball über die Torlinie bugsieren und so der mühsam errungene 1:0-Vorsprung schon wieder dahin ist.

Die nächsten 87 Minuten und die weiteren dreißig Minuten der Verlängerung sind nichts für schwache Nerven. Das Spiel wogt hin und her, trotz bester Chancen auf beiden Seiten bleibt es beim 0:1 – bis zur 108. Minute. Da verhängt Schiedsrichter Courtney unter dem ohrenbetäubenden Jubel der 100 000 einen Strafstoß für Lok Leipzig. Uwe Zötzsche entscheidet sich für die linke Ecke. Der französische Keeper Dropsy ahnt jedoch die Richtung und wehrt den Ball ab. Olaf Marschall spritzt heran, sein Nachschuss knallt gegen die Latte.

Dann ist Schluss. Nach 120 Minuten muss ein Elfmeterschießen den Finalisten ermitteln. Die ersten beiden Schützen treffen souverän, im Anschluss verschießen der eingewechselte Vercruysse für Bordeaux und Liebers für Leipzig. Und so geht es weiter, selbst Uwe Zötzsche, der im regulären Spiel seinen Elfmeter nicht verwandeln konnte, tritt abermals an und trifft. Jetzt ist Zoran Vujović dran. »Seine Körpersprache verriet mir, dass er unsicher wurde, dass er – salopp gesagt – Schiss hatte«, erinnert sich Müller später in seiner Autobiografie. Und in der Tat versagen dem Stürmer angesichts des ohrenbetäubenden Pfeifkonzerts die Nerven. Sein Schuss beinahe in die Mitte des Tores wird eine leichte Beute für Leipzigs Keeper René Müller.

---

**Aimé Jacquet** »Wir wollten als erste französische Mannschaft einen Europapokal gewinnen. Das Schicksal war nicht auf unserer Seite.«

---

»Ein Teufelskerl, dieser René Müller!«, brüllt der Reporter Joachim Schröter vom DDR-Fernsehen, um im nächsten Moment seiner Begeisterung kaum noch Herr zu werden, denn Müller tritt zum siebten Leipziger Strafstoß selbst als Schütze an. »Er kann es perfekt machen, das gibt es nicht«, jubiliert Schröter. Dann hämmert Müller den Ball, nicht sonderlich platziert, aber mit großer Wucht, in die Maschen. »Nach dem Schuss riss ich triumphierend und grüßend die Faust hoch und spurtete an den unglaublich jubelnden Massen schnurstracks vorbei in die Kabine«, erinnert sich Müller später. Draußen tosen und feiern die Menschen noch lange. Es ist der vielleicht bewegendste Moment in der kurzen Geschichte des DDR-Fußballs.

# DAS SPIEL

21.06.1970, Weltmeisterschaft, Finale

## Brasilien – Italien

 **4:1**
**(1:1)**

| | | |
|---|---|---|
| Pelé (18.) | 1:0 | |
| | 1:1 | Boninsegna (37.) |
| Gérson (66.) | 2:1 | |
| Jairzinho (71.) | 3:1 | |
| Carlos Alberto (87.) | 4:1 | |

### Stadion
Aztekenstadion, Mexiko-Stadt

### Zuschauer
108 000

### Brasilien
Felix, Carlos Alberto, Brito, Piazza, Everaldo, Clodoaldo, Gérson, Rivelino, Jairzinho, Tostão, Pelé

### Italien
Albertosi, Burgnich, Cera, Rosato, Facchetti, Bertini (Juliano, 75.), Mazzola, De Sisti, Domenghini, Boninsegna (Rivera, 84.), Riva

21.06.1970　　　　　　　　　　**PLATZ 95**

## Brasilien – Italien 4:1

# SCHÖNHEIT IN VOLLENDUNG

Wunderschöne Seleção: Niemand zelebriert den Fußball so kunstvoll wie die brasilianische Elf von 1970.

## PLATZ 95

Die Weltmeisterschaft 1970 gilt nicht zu Unrecht als das wohl unterhaltsamste, rassigste und packendste Turnier der Fußballgeschichte. Allein die Dramen der deutschen Mannschaft, zunächst die Aufholjagd gegen England, dann gegen Italien waren schon mit dem Schlusspfiff unvergessliche Klassiker der WM-Historie. Zum vielleicht nicht spannendsten, aber spielerisch beeindruckendsten Spiel wird sich hingegen das Finale zwischen Italien und Brasilien entwickeln.

Hier die italienischen Minimalisten von Coach Ferruccio Valcareggi, die sich mit einem einzigen Tor als Vorrundenerster für das Viertelfinale qualifiziert haben. Dort die brasilianischen Artisten von Trainer Mário Zagallo, der neben einem gereiften Pelé weitere Ballkünstler wie Tostão und Jairzinho angreifen lässt.

Eines ist schon vor dem Anpfiff im abermals restlos ausverkauften Aztekenstadion von Mexiko-Stadt klar: Der Coupe Jules Rimet, der nach dem früheren FIFA-Präsident benannte Weltmeisterpokal, wird zum letzten Mal vergeben. Denn beide Endspielgegner haben den Titel jeweils schon zweimal geholt, wer nun zum dritten Mal Weltmeister wird, darf den Pokal behalten.

Wer das sein wird, scheint schnell klar zu sein. Zwar hat Valcareggi mehrfache Manndeckung für Pelé befohlen, zu stoppen ist der weltbeste Fußballer dadurch aber dennoch nicht. Tostão wirft ein, Rivelino flankt, Pelé schraubt sich in die Höhe. Und weil sein italienischer Bewacher Burgnich vergisst, es ihm gleichzutun, steht es nach achtzehn Minuten 1:0 für den Favoriten.

Dann aber werden die Brasilianer leichtsinnig, decken nur noch fakultativ, leisten sich unerklärliche Schnitzer in der Abwehr und kassieren prompt den Ausgleich durch Roberto Boninsegna. Der hat einen überheblichen Hackentrick von Clodoaldo erahnt und lässt schließlich auch noch den perplexen Carlos Alberto stehen. Der zurückgeeilte Brito und Keeper Albertosi behindern sich gegenseitig, und Boninsegna kann lässig von der Strafraumgrenze einschieben.

Doch in der zweiten Halbzeit merken die Italiener, wie viel Kraft das Halbfinale gegen die Deutschen gekostet hat. 120 Minuten bei vollem Einsatz und drückender Hitze machen nun die Beine schwer. Sie haben der Kombinationsfreude der Brasilianer nicht mehr viel entgegenzusetzen. Erst rettet die Latte, weil Pelé einen Schuss von Rivelino unglücklich ans Gebälk abfälscht, dann aber fällt das überfällige 2:1 nach 66 Minuten. Die träge gewordenen Italiener lassen Jairzinho an der Strafraumkante gewähren. Der sucht nicht den Zweikampf mit Facchetti, sondern legt umsichtig auf Gérson zurück, der wiederum abzieht. Doch Albertosi streckt sich vergeblich.

---

**Dettmar Cramer** »Egal auf welcher Position, sie hatten überall den besseren Spieler.«

---

Es ist rückblickend bereits die Entscheidung. Denn das 3:1 nur fünf Minuten später wäre wohl gegen eine ausgeruhte italienische Abwehr nicht gefallen. Bei einem Freistoß am Mittelkreis wird nicht mehr konzentriert verteidigt, Pelé kann mit dem Kopf auf Jairzinho zurücklegen, der kühl bis ans Herz vollendet. Zur Demonstration einzigartiger Spielfreude wird jedoch vor allem das 4:1, dem eine Ballstafette vorausgeht, die alle Spieler der brasilianischen Seleção einschließt und die ihre natürliche Vollkommenheit findet, indem Pelé seinem Kollegen Carlos Alberto gelassen auflegt – fußballerische Schönheit in Vollendung. Weitere drei Minuten später pfeift Schiedsrichter Rudi Glöckner aus der DDR ab. Brasilien ist zum dritten Mal Weltmeister. Pelé, der Superstar des Jahrzehnts, wird mit entblößtem Oberkörper von seinen Mannschaftskollegen über den Platz getragen. Trainer Mário Zagallo wird ebenfalls auf die Schultern gehoben. Auch er hat Geschichte geschrieben, denn er hat als Erster den Weltpokal als Spieler und Coach gewonnen. Brasiliens Kapitän Carlos Alberto bekommt den WM-Pokal überreicht. Er strahlt und weiß, er darf ihn behalten.

# DAS SPIEL

02.05.1962, Europapokal der Landesmeister, Finale

## Benfica Lissabon – Real Madrid CF

**5:3**
(2:2)

|  |  |  |
|---|---|---|
|  | 0:1 | Puskás (17.) |
|  | 0:2 | Puskás (23.) |
| Águas (25.) | 1:2 |  |
| Cavém (34.) | 2:2 |  |
|  | 2:3 | Puskás (51.) |
| Coluna (51.) | 3:3 |  |
| Eusébio (65., FE) | 4:3 |  |
| Eusébio (68.) | 5:3 |  |

### Stadion
Olympiastadion, Amsterdam

### Zuschauer
61 250

### Benfica Lissabon
Costa Pereira, João, Angelo, Cavém, Germano, Cruz, Augusto, Eusébio, Águas, Coluna, Simões

### Real Madrid CF
Araquistain, Casado, Miera, Felo, Santamaría, Pachín, Tejada, del Sol, Di Stéfano, Puskás, Gento

**02.05.1962**  **PLATZ 96**

## Benfica Lissabon – Real Madrid CF 5:3

# DIE WACHABLÖSUNG

Wachablösung: Eusébio trifft und Benfica Lissabon zerstört die spanische Vorherrschaft in Europa.

## PLATZ 96

Real Madrid hat in der zweiten Hälfte der 1950er-Jahre den europäischen Klubfußball auf eine Weise beherrscht, die die Gegner reihenweise in die Resignation trieb. Fünfmal ist der Europapokal der Landesmeister ausgespielt worden, fünfmal hat ihn Real gewonnen, und das nicht etwa glücklich, sondern in der Regel souverän und mit großer Geste: 2:0 gegen Florenz, 7:3 im unvergesslichen Glasgower Finale gegen Eintracht Frankfurt, schließlich 2:0 gegen Stade Reims.

Erst Benfica Lissabon zertrümmert die Hegemonie der Madrilenen. Zunächst 1961 auf Umwegen, als der portugiesische Meister mit dem FC Barcelona einen anderen spanischen Giganten im Finale schlägt. Dann 1962, als Benfica endlich das lang erwartete Duell mit Real serviert bekommt, und zwar im Endspiel des Landesmeisterpokals im Olympiastadion in Amsterdam.

Dass es gerade Benfica ist, das die spanische Dominanz bricht, ist das Werk des Trainers Béla Guttmann. Der ungarische Weltenbummler hat in den 1950er-Jahren als Coach des FC São Paulo das italienische 4-2-4 nach Brasilien gebracht und damit maßgeblich den brasilianischen WM-Titel von 1958 möglich gemacht. Und nun hat er aus Benfica einen beeindruckenden Hybrid generiert. »Guttmann konnte die brasilianischen Stilelemente, die er in São Paulo selbst mitentwickelt hatte, in den europäischen Fußball integrieren«, schreibt sein Biograf Detlev Claussen.

Wie groß die Anspannung vor dem großen Duell auf beiden Seiten ist, zeigen allerlei Spiegelfechtereien vor dem Anpfiff. Streit entsteht über die Trikotfarben. Zur besseren Unterscheidung muss schließlich Madrid statt im gewohnten Weiß in blauen Jerseys antreten. Mindestens ebenso viel Zwist gibt es um die Kabinen, weil beide Teams die Räume der holländischen Nationalelf für sich reklamieren. Am Ende muss auch hier das Los entscheiden, und Real gewinnt.

Die Formation, mit der Madrid in Amsterdam aufläuft, lässt große Erinnerungen aufblitzen, vor allem an das rauschhafte 7:3 gegen Eintracht Frankfurt. Viele der Veteranen sind noch dabei, Ferenc Puskás ebenso wie Alfredo Di Stéfano und Gento, dazu der Defensivmann Santamaría. Es ist in den ersten 25 Minuten so, als sei die Zeit stehen geblieben. Pass von Di Stéfano auf seinen kongenialen Kollegen Puskás, der zieht von der Strafraumgrenze ab – 1:0. Pass von del Sol auf Puskás, dessen Schuss fälscht Germano ab – schon steht es 2:0. Es sind gerade einmal 23 Minuten verstrichen. Doch Lissabon fügt sich nicht, wie zuvor Frankfurt und Reims, in die Rolle des staunenden Komparsen, sondern schlägt zurück, postwendend durch Águas und noch einmal neun Minuten später durch Cavém.

---

**Béla Guttmann** »Es war das größte Spiel meiner Karriere.«

---

**B**éla Guttmann nimmt in der Pause den wohl entscheidenden Wechsel dieses Spiels vor. Er kommandiert Cavém zur ständigen Sonderbewachung des Regisseurs Di Stéfano ab und durchtrennt so den »Blutkreislauf« des Madrider Kombinationsfußballs. Vorn wartet nun Puskás vergeblich auf Pässe, während in der Defensive Santamaría und seine Kollegen von einer Verlegenheit in die nächste stürzen. Mário Coluna hämmert aus dreißig Metern Entfernung aufs Tor, der Ball ist nicht zu erreichen für Araquistain. Und dann schlägt die Stunde des jungen Halbstürmers Eusébio da Silva Ferreira, kurz: Eusébio. Der reißt mit seinen Sololäufen und Tempodribblings auch das neutrale Publikum in Amsterdam zu Begeisterungsstürmen hin. In der 65. Minute lässt er den inzwischen müde gelaufenen Di Stéfano stehen, wird aber dann von Pachín ungeschickt im Strafraum gelegt. Den fälligen Strafstoß verwandelt er selbst. Auch den Schlusspunkt zum 5:3 setzt das Talent aus Portugiesisch-Ostafrika: einen gelupften Freistoß, abermals unhaltbar für Madrids Keeper. Es ist das Ende der spanischen Dominanz. Real Madrid gewinnt den Cup erst 1965/66 wieder. Benfica Lissabon, der Sieger des Jahres, wird ihn nie mehr gewinnen.

# DAS SPIEL

09.04.2002, Champions League, Viertelfinale, Rückspiel

## Bayer 04 Leverkusen – FC Liverpool

 **4:2**
(1:1)

| | | |
|---|---|---|
| Ballack (16.) | 1:0 | |
| | 1:1 | Xavier (42.) |
| Ballack (63.) | 2:1 | |
| Berbatov (68.) | 3:1 | |
| | 3:2 | Litmanen (79.) |
| Lucio (84.) | 4:2 | |

### Stadion
BayArena, Leverkusen

### Zuschauer
22 500

### Bayer 04 Leverkusen
Butt, Sebescen (Neuville, 46.), Lucio, Nowotny, Placente, Schneider, Ballack, Zé Roberto, Baştürk, Kirsten (Berbatov, 46.), Brdarić (Živković, 70.)

### FC Liverpool
Dudek, Xavier (Berger, 76.), Henchoz, Hyypiä, Carragher, Murphy, Gerrard, Hamann (Šmicer, 61.), Riise, Heskey (Litmanen, 41.), Owen

09.04.2002   **PLATZ 97**

## Bayer 04 Leverkusen – FC Liverpool 4:2

# WERKSELF IM RAUSCH

Harte Bandagen: Michael Ballack (l.) ist ein Garant
für den rauschhaften Sieg über den FC Liverpool.

**410    PLATZ 97**

Durch die Jahrzehnte gilt Bayer 04 aus der Industriestadt Leverkusen als farblose Betriebssportmannschaft. Alle Bemühungen, das Flair der großen Klubs in der Umgebung, des 1. FC Köln oder Fortuna Düsseldorf, für sich zu gewinnen, scheitern. Daran ändern viele Jahre in der Bundesliga und sogar der hochdramatische Sieg im UEFA-Cup 1987/88 wenig. Doch dann tritt Bayer 04 in der Saison 2001/02 als Vizemeister in der Champions League an und verzaubert ganz Europa mit technisch ausgereiftem Direktspiel und einer Spielfreude, die dem Klischee der grauen Maus aus der rheinischen Tiefebene so gar nicht entspricht. Leverkusen marschiert durch die Runden, führt Manchester United im Halbfinale in Old Trafford vor und hält im Finale sogar das große Real Madrid im Schwitzkasten, bis am Ende Madrids Regisseur Zinédine Zidane Leverkusen ins Herz trifft und einer großartigen Saison einen tragischen Abschluss gibt.

Zu einem Fest des modernen Fußballs gerät aber vor allem das Rückspiel des Viertelfinales gegen den englischen Renommierklub FC Liverpool. Das Hinspiel hat Leverkusen durch einen Treffer des Finnen Sami Hyypiä knapp mit 1:0 verloren.

Herz der Mannschaft ist die Mittelfeldreihe, in dem sich mit Bernd Schneider, Michael Ballack, dem Brasilianer Zé Roberto und Yıldıray Baştürk vier ungemein kreative, ballsichere Aufbauspieler versammeln. Sie sind der Garant für den Einzug ins Viertelfinale gewesen und sollen auch gegen den FC Liverpool das Spiel schnell machen. Weil Trainer Klaus Toppmöller aber die englischen Konter fürchtet, hat er hinter dieses Quartett eine weitere Abwehrkette gespannt. Davor lauern die Stürmer Ulf Kirsten und Thomas Brdarić.

Dass die Sorgen Toppmöllers, die Abwehr schnell zu entblößen, nicht unberechtigt sind, zeigt sich bereits in der ersten Minute. Die ist nämlich kaum verstrichen, schon hat die Abwehrreihe zum ersten Mal Emile Heskey aus den Augen gelassen. Der zieht sofort ab, der Ball geht nur knapp vorbei. Es ist ein Warnschuss, der Bayer aufweckt. Von nun

## Bayer 04 Leverkusen – FC Liverpool    411

an bestimmt Bayer das Spiel, schnürt mit Tempo und Leidenschaft Liverpool in der eigenen Hälfte ein. Zé Roberto knallt einen Freistoß auf Jerzy Dudeks Kasten, der Ball streicht über die Latte. Michael Ballack zielt genauer, sein Schuss aus zwanzig Metern Entfernung landet zur Führung im Kreuzeck.

---

**Sami Hyypiä** »Wenn ich an unser Spiel 2002 in Leverkusen denke, dann muss ich gestehen: Die Atmosphäre war schon großartig hier.«

---

**E**s scheint nur eine Frage der Zeit, wann Leverkusen die Führung ausbaut, denn dem FC Liverpool fällt nicht viel ein. Die meisten Angriffsbemühungen enden spätestens kurz nach der Mittellinie. Und doch gehen die Engländer zufrieden in die Halbzeit, weil aus heiterem Himmel Xavier nach Ecke von Danny Murphy getroffen hat. In der Pause setzt Toppmöller alles auf eine Karte, bringt mit Oliver Neuville und Dimitar Berbatov zwei Stürmer. Das Spiel wogt nun hin und her, beide Teams setzen voll auf Offensive.

Aber das Risiko, das Toppmöller mit drei Stürmern eingegangen ist, zahlt sich nun aus. Der überragende Ballack trifft per Kopf in der 63. Minute und Dimitar Berbatov legt nach. Sein 3:1 in der 68. Minute bedeutet erstmals: Einzug ins Halbfinale. Jari Litmanens Anschlusstreffer vertreibt nur kurz die Euphorie, weil Lucio sechs Minuten vor Schluss aus wenigen Metern Entfernung zum umjubelten 4:2 trifft. Es ist die Entscheidung und der Einzug ins Halbfinale für Bayer 04.

»Die Bayer-Fabriken beliefern Europa mit Aspirin, aber die Pille, die Liverpool schlucken musste, war viel bitterer«, verglich der »Independent« etwas windschief, und die Londoner »Times« reicht den Stab flugs weiter nach Manchester: »Liverpool überlässt es United, die englische Fahne zu schwenken.« Heute weiß man, dass die Hoffnung trog.

# Das Spiel

12.05.2013, Relegation zur Premier League,
Halbfinal-Rückspiel

## FC Watford – Leicester City FC

 **3:1** (1:1)

| | | |
|---|---|---|
| Vydra (15.) | 1:0 | |
| | 1:1 | (Nugent 19.) |
| Vydra (65.) | 2:1 | |
| Deeney (90.+7) | 3:1 | |

### Stadion
Vicarage Road Stadium, Watford

### Zuschauer
16 142

### Watford FC
Almunia, Doyley (64. Forestieri), Cassetti, Ekstrand, Briggs, Anya, Abdi, Battocchio (79. Hogg), Chalobah, Deeney, Vydra.

### Leicester FC
Schmeichel, De Laet, Morgan, Keane, Schlupp, King, Dyer (66. Drinkwater), James, Knockaert, Nugent, Wood (61.Kane)

12.05.2013  PLATZ 98

## FC Watford – Leicester City FC 3:1

# DIE ERLÖSUNG VON ALLEN SÜNDEN

You drive me crazy: Troy Deeney verwandelt durch seinen Treffer zum 3:1 die Vicarage Road in ein Irrenhaus.

**414     Platz 98**

In der 96. Minute ist alles vorbei für den FC Watford. Der Klub hat bereits zuvor im Spiel gegen Leeds United in letzter Minute den direkten Aufstieg verspielt, und nun schwimmen auch im Playoff-Halbfinale gegen Leicester City die Felle weg. Es läuft bereits die sechste Minute der Nachspielzeit und Watford ist beim Stand von 2:1 so gut wie aus dem Rennen. Denn Leicester hat das Hinspiel mit 1:0 gewonnen und profitiert nun vom einen geschossenen Auswärtstor. Und für Watford kommt es noch dicker: Verteidiger Cassetti berührt Gästestürmer Anthony Knockaert im Strafraum leicht an der Schulter – Schiedsrichter Michael Oliver aus Northumberland entscheidet auf Elfmeter. Allgemeines Entsetzen im ausverkauften Rund. Knockaert tritt selbst an, im Duell gegen Watfords Schlussmann Manuel Almunia. Die Entscheidung? »Ich hatte großes Vertrauen in Manu, unseren Kapitän, aber seien wir mal ehrlich: Neun von zehn Elfmetern gehen rein«, erinnert sich Stürmer Troy Deeney später. Dieser Elfer jedoch war der zehnte von zehn. Almunia pariert nicht nur den schwachen Strafstoß des erschöpft schnaufenden Knockaert, sondern auch den Nachschuss. Dann verfängt sich der Ball im Dickicht der herbeigeeilten Abwehrbeine. Sofort rennt die ganze Mannschaft in Erwartung des nahenden Abpfiffs nach vorne, unter ihnen und allen voran Troy Deeney, der Watford-Spieler mit der wohl bewegtesten Vergangenheit. Im Mai des Vorjahres, kurz nachdem sein Vater an Krebs gestorben war, prügelte er in einer Bar zwei Männer krankenhausreif und wurde dafür zu zehn Monaten Haft verurteilt. Nach drei Monaten wurde er wegen guter Führung vorzeitig als Freigänger eingestuft und von Watford-Coach Gianfranco Zola in Ehren wiederaufgenommen. Deeney wird ihm dieses Vertrauen nun zurückzahlen. Denn während Knockaert noch enttäuscht ins Leere starrt, schickt Watford den Ball blitzschnell über den rechten Flügel. Deeney: »Ich lief, ohne nachzudenken, nach vorne. Unterbewusst war bei uns allen der Gedanke: Eine Chance kriegen wir vielleicht noch. Plötzlich stand ich an der Strafraumkante, der Ball flog wunderschön rein auf den zweiten

Pfosten. Ich spekulierte auf einen Abpraller, und da kam er wirklich.« Zu diesem Zeitpunkt hält es im Stadion an der Vicarage Road längst niemanden mehr auf den Sitzen. Ohrenbetäubender Lärm begleitet den Ball auf seinem Flug durch den Strafraum zu Deeney, der halbvolley aus der Luft draufhält. »Der Torwart war aus seinem Kasten, deswegen war klar: Wenn ich den Ball irgendwie aufs Tor bringe, ist er drin. Kein Annehmen, kein Passen, direkt drauf.«

---

**Nigel Pearson, Trainer Leicester City** »Es ist ein grausames Spiel. Und ich kann schwer beschreiben, wie sich die Spieler, Trainer und Fans gerade fühlen!«

---

Deeney schießt und trifft, und das Stadion rastet aus. Binnen Sekunden ist der Platz überfüllt mit jubelnden, schreienden, feiernden Menschen. Coach Zola spurtet aufs Feld und rutscht vor lauter Begeisterung aus. Deeney selbst reißt sich blitzschnell das Trikot vom Körper und wirft sich freudestrahlend in die Arme seiner Familie, die auf den unteren Plätzen der Haupttribüne sitzt. Der Torschütze verschwindet in einer Menschentraube, während die BBC-Kameras groß das Konterfei des Elfmeterschützen Knockaert zeigen. Elend und Triumph liegen an diesem Nachmittag sehr eng beieinander. Auch für Deeney hat die Geschichte kein Happy End. Im Finale der Play-offs verliert Watford mit 0:1 gegen Crystal Palace, durch ein Elfmetertor von Kevin Phillips in der 105. Minute. Auch Fußballmärchen dauern nicht ewig.

# DAS SPIEL

13.09.2000, Champions League, Gruppenphase

## Hamburger SV – Juventus Turin

  **4:4** (1:2)

|  |  |  |
|---|---|---|
|  | 0:1 | Tudor (7.) |
| Yeboah (16.) | 1:1 |  |
|  | 1:2 | Inzaghi (36.) |
|  | 1:3 | Inzaghi (52.) |
| Mahdavikia (65.) | 2:3 |  |
| Butt (69., FE) | 3:3 |  |
| Kovač (82.) | 4:3 |  |
|  | 4:4 | Inzaghi (88., FE) |

### Stadion
Volksparkstadion, Hamburg

### Zuschauer
48 500

### Hamburger SV
Butt, Panadić, Hoogma, Hertzsch, Kovač, Groth (Tøfting, 27.), Hollerbach (Ketelaer, 46.), Cardoso, (Präger, 67.), Mahdavikia, Barbarez, Yeboah

### Juventus Turin
Van der Sar, Tudor, Ferrara, Iuliano (Birindelli, 59.), O'Neill (Bachini, 71.), Tacchinardi, Davids, Pessotto, Zidane, Inzaghi, Del Piero (Kovačević, 59.)

13.09.2000 **PLATZ 99**

## Hamburger SV – Juventus Turin 4:4

# FLIEGENDE SITZKISSEN

Mahdavikia im Sitzen: Der Iraner läutet mit seinem kuriosen Anschlusstreffer die Aufholjagd des Hamburger SV gegen Juventus Turin ein.

## PLATZ 99

Seit 1983 ist der ruhmreiche Hamburger SV nicht mehr Deutscher Meister geworden. Seit 1987 hat er nicht mehr den DFB-Pokal gewonnen. Da ist die Qualifikation für die Champions League, den ehemaligen Landesmeisterpokal, ein großes Ereignis für die Hansestadt.

Das gerade neu errichtete Volksparkstadion ist mit 48 500 Zuschauern restlos ausverkauft, als sich gleich zum ersten Spiel in der Gruppe E der italienische Großklub Juventus Turin mit Weltstars wie Zinédine Zidane und Alessandro Del Piero ansagt. Und sofort ist auch die Erinnerung da an die legendäre Nacht von Athen, als der HSV Juventus 1983 im Finale des Landesmeisterpokals geschlagen hat.

Den Hamburgern ist von Beginn an anzumerken, wie sehr sie nach all den Jahren die Rückkehr in die Königsklasse beflügelt. Sie stürmen munter drauflos, wollen Juve überrumpeln – und kassieren sofort das erste Gegentor. Denn nach einer Ecke von Del Piero erzielt Igor Tudor per Kopf die 1:0-Führung für die Gäste, weil sich niemand für ihn zuständig fühlt und Keeper Hans-Jörg Butt sich ziemlich behäbig in die Ecke bewegt. Doch der Hamburger SV lässt sich nicht beirren. Seine Angriffsbemühungen gewinnen schnell die nötige Präzision, um die Turiner Defensive ernsthaft in Bedrängnis zu bringen.

In der 16. Minute steht plötzlich Anthony Yeboah rätselhaft frei im Juventus-Strafraum. Er steigt in leichter Rücklage hoch und bekommt doch genügend Druck hinter den Ball. Der Ausgleich wird im Volkspark frenetisch bejubelt, gerade weil Yeboah getroffen hat, der seit Februar unter Ladehemmungen gelitten hatte.

In den folgenden dreißig Minuten zeigt sich die ganze Klasse des italienischen Ensembles. Zwar drückt nun der Hamburger SV und Juventus zieht sich weit in die eigene Hälfte zurück, doch allmählich lässt Turin die Luft aus den deutschen Angriffsbemühungen und inszeniert kühl bis ans Herz seine spezielle, sehr italienische Form von Offensive. In der 36. Minute lupft Regisseur Zidane den Ball aus dem Fußgelenk über die Hamburger Abwehrkette, Pippo Inzaghi schießt ein zum 1:2. Als sich der HSV nach der Pause gerade daranmacht, den Rückstand zu egalisieren, nutzt Inzaghi abermals eine Unachtsamkeit der Abwehr: 1:3 nach 52 Minuten.

Nach menschlichem Ermessen ist diese Partie für den Hamburger SV verloren. Doch dann beginnt eine Aufholjagd der Extraklasse. Zunächst spielt Mehdi Mahdavikia eine spezielle Form des Sitzfußballs und bugsiert den Ball mit dem gesamten Rumpf in die Maschen. Im Strafraum wird Mahdavikia jedoch gelegt, und Keeper Hans-Jörg Butt, der beim Hamburger SV für die Elfmeter zuständig ist, verwandelt den fälligen Strafstoß mit beeindruckender Kaltschnäuzigkeit. Das Volksparkstadion kocht: Die Zuschauer jubeln und singen nicht nur, sondern schleudern auch noch massenweise ihre Sitzkissen aufs Spielfeld. Die Stadionordner haben alle Hände voll zu tun, um die Kissen wieder vom Rasen zu räumen, müssen aber gleich wieder von vorn anfangen, weil jetzt Nico Kovač nach einem Abwehrfehler der Italiener trifft.

**Frank Pagelsdorf** »Es war ein hochdramatisches Spiel. Gegen Juventus ein 1:3 aufzuholen, ist eine Riesenleistung.«

Das 4:3 in der 82. Minute ist der Sieg für den HSV – und ist es doch nicht. Denn in der 88. Minute, als das Stadion bereits ausgelassen den Sensationssieger feiert, zupft Barbarez Inzaghi ungeschickt im Strafraum am Trikot. Der fällt dankbar und bekommt einen Elfmeter zugesprochen. 4:4 ist der Endstand in einem Spiel, das jedem Vergleich standhält – auch dem zum Landesmeisterfinale einst in Athen.

# Das Spiel

**12.09.1990, EM-Qualifikation, Hinspiel**

## Färöer – Österreich

 **1:0**
**(0:0)**

Nielsen (62.)    1:0

### Stadion
Landskrona IP, Landskrona

### Zuschauer
1230

### Färöer
Knudsen, Hansen, Danielsen, Jakobsen, Hansen, Mørkøre, Hansen, Reynheim, Dam, Nielsen, Mørkøre,

### Österreich
Konsel, Pecl, Streiter, Hartmann, Russ, Peischl, Linzmauer, Herzog (62. Pacult), Rodax, Polster, Reisinger (62. Willfurth)

12.09.1990  **PLATZ 100**

## Färöer – Österreich 1:0

# DER MANN MIT DER MÜTZE

Weiße Mütze und weiße Weste: Die Färöer Inseln bleiben im ersten Pflichtspiel ihrer Geschichte ohne Gegentor

**Platz 100**

Die Anzeigetafel im Stadion von Landskrona verkündet die Sensation: »Fororyar 1 Eysturiki 0«. Im ersten Pflichtspiel der Färöer, einer kleinen Inselgruppe im Nordmeer, hat eine Mannschaft aus Bauern und Hafenarbeitern die Profis aus Österreich geschlagen – eine Sensation, die ihre Schockwellen über den Kontinent wirft. Erst zwei Jahre zuvor sind die Färöer Mitglied des Weltverbandes FIFA geworden und erst 1990 Mitglied der UEFA. Damit ist die Inselgruppe auch für die Qualifikation zur Fußball-Europameisterschaft 1992 zugelassen. Nicht alle Insulaner finden das gut, die mit den Spielen verbundenen Kosten und organisatorischen Anforderungen schrecken ab. In Torshavn, der Hauptstadt, gibt es damals nur Plätze aus Kunstrasen oder Sand, beide sind für die Qualifikationsspiele nicht zugelassen. Also findet das Spiel gegen Österreich im schwedischen Landskrona statt, 1300 Kilometer entfernt. Allzu viel rechnen sich die Färinger im Duell mit dem WM-Teilnehmer Österreich nicht aus. Namen wie Polster, Ogris und Herzog haben schließlich auch im Norden Klang. Jens Martin Knudsen, Keeper der Färöer-Auswahl, überlegt vor dem Spiel, dass bereits ein 0:5 ein sehr achtbares Ergebnis wäre. Toni Polster prognostiziert einen 10:0-Sieg. Doch zur allgemeinen Überraschung unternimmt die österreichische Mannschaft herzlich wenig, um im Landskrona-Stadion zum Torerfolg zu kommen.

---

**Nationaltrainer Páll Guðlaugsson** »Wenn wir die Chance jetzt nicht ergriffen hätten, ja, dann wäre sie vielleicht nie wiedergekommen!«

---

»Es passierte fast nichts. Ein extrem ruhiges, dahinplätscherndes Spiel. Kaum Chancen. Wenig zu halten«, erinnert sich Knudsen später. Der Torwart hat sich extra für das Spiel eine weiße Bommelmütze gekauft, die er das ganze Spiel über trägt und die später zum Symbol des Triumphs werden wird. Im Stadion ist die Stimmung natürlich alsbald prächtig angesichts des lustlosen Kicks der Gäste, deren Trainer Josef Hickersberger sich vergeblich müht, seine Mannen zu etwas mehr Engagement zu treiben. Der Coach ahnt noch nicht, dass es sein vorletzter Arbeitstag als österreichischer Nationaltrainer ist. Schon machen sich die Zuschauer den Spaß, jeweils die letzten Sekunden jeder Viertelstunde herunterzuzählen, in denen die Amateure ohne Gegentreffer bleiben: Und kaum sind sie mit dem Countdown zur 60. Minute fertig, trifft Torkil Nielsen nach einem Dribbling an drei Abwehrspielern vorbei von der Strafraumgrenze mit links ins Netz. Auf dem Feld bildet sich eine Jubeltraube fassungsloser Spieler, und auch die färöischen Radioreporter Jógvan und Magni Arge, zwei nüchterne Zeitgenossen, gehen an die Grenzen ihres Temperaments. Wer glaubt, nun würden die Österreicher engagierter zu Werke gehen, sieht sich getäuscht. Knudsen: »Sie schienen nicht zu kapieren, welche katastrophalen Folgen ein solches Ergebnis haben würde.« Kaum ist der Schlusspfiff ertönt, begann ein Scherbengericht in der Alpenrepublik. Hickersberger erklärt seine Demission, die Spieler müssen sich noch monatelang den Spott der Anhänger gefallen lassen. Toni Polster erinnert sich später mit Grausen: »Man ist sich natürlich bewusst, dass das eine Blamage internationalen Ausmaßes wird. Aber es war nichts zu wollen. Dieser Torwart! Ich weiß nicht, wie oft ich den angeköpfelt hab'!« Die Spieler der Färöer begreifen erst langsam, was sie da erreicht haben. In der Kabine bleibt es ruhig, und die meisten Spieler legen sich früh schlafen, weil am nächsten Morgen bereits das Flugzeug zurück auf die Inseln geht. Dort allerdings, in Torshavn, wartet eine riesige Menschenmenge auf die Spieler. Bis zu 20 000 Menschen sollen auf den Beinen gewesen sein, um die Helden von Landskrona in Empfang zu nehmen. Später dichten sie sogar ein Lied auf den Triumph: »Die Berge und das Volk, stolz stehen sie da, David stürzte Goliath, vorwärts, vorwärts, Färöer!«

# ÜBERBLICK PLATZ 1 BIS 100

| Platz | Begegnung | Ergebnis | Seite |
|---:|---|---|---:|
| 1 | FC Bayer 05 Uerdingen – Dynamo Dresden | 7:3 | 24 |
| 2 | Ungarn – Deutschland | 2:3 | 28 |
| 3 | FC Liverpool – AC Mailand | 6:5 | 32 |
| 4 | England – Deutschland | 4:2 | 36 |
| 5 | Italien – Deutschland | 4:3 | 40 |
| 6 | FC Liverpool – Deportivo Alavés | 5:4 | 44 |
| 7 | Borussia Mönchengladbach – Inter Mailand | 7:1 | 48 |
| 8 | FC Schalke 04 – FC Bayern München | 6:6 | 52 |
| 9 | 1. FC Nürnberg – Hamburger SV | 2:2 | 56 |
| 10 | Manchester United FC – FC Bayern München | 2:1 | 60 |
| 11 | SG Eintracht Frankfurt – Real Madrid CF | 3:7 | 64 |
| 12 | England – Ungarn | 3:6 | 68 |
| 13 | Brasilien – Deutschland | 1:7 | 72 |
| 14 | Niederlande – Tschechien | 2:3 | 76 |
| 15 | VfL Borussia Mönchengladbach – SV Werder Bremen | 5:4 | 80 |
| 16 | 1. FC Kaiserslautern – FC Bayern München | 7:4 | 84 |
| 17 | Deutschland – Frankreich | 8:7 | 88 |
| 18 | Charlton Athletic FC – Huddersfield Town AFC | 7:6 | 92 |
| 19 | FC Barcelona – Fortuna Düsseldorf | 4:3 | 96 |
| 20 | Deutschland – England | 4:1 | 100 |
| 21 | AFC Sunderland – Leeds United AFC | 1:0 | 104 |
| 22 | VfL Borussia Mönchengladbach – 1. FC Köln | 2:1 | 108 |
| 23 | Italien – Nordkorea | 0:1 | 112 |
| 24 | Schweden – Brasilien | 2:5 | 116 |
| 25 | FC Bayern München – Borussia Dortmund | 2:1 | 120 |
| 26 | FC Porto – FC Bayern München | 2:1 | 124 |
| 27 | Spanien – Italien | 4:0 | 128 |
| 28 | FC Everton – FC Liverpool | 4:4 | 132 |
| 29 | FC Bayern München – Hamburger SV | 3:4 | 136 |
| 30 | Deutschland – Schweden | 4:4 | 140 |
| 31 | SG Eintracht Frankfurt – Kickers Offenbach | 5:3 | 144 |
| 32 | Brasilien – Uruguay | 1:2 | 148 |
| 33 | SV Werder Bremen – RSC Anderlecht | 5:3 | 152 |
| 34 | England – Deutschland | 2:3 | 156 |

## Überblick Platz 1 bis 100        425

| Platz | Begegnung | Ergebnis | Seite |
|---|---|---|---|
| 35 | VfB Stuttgart – Fortuna Düsseldorf | 4:3 | 160 |
| 36 | Niederlande – Sowjetunion | 2:0 | 164 |
| 37 | FC Reading – FC Arsenal | 5:7 | 168 |
| 38 | Celtic Glasgow – Inter Mailand | 2:1 | 172 |
| 39 | Argentinien – England | 2:1 | 176 |
| 40 | FC Liverpool – FC Arsenal | 0:2 | 180 |
| 41 | Borussia Dortmund – DSC Arminia Bielefeld | 11:1 | 184 |
| 42 | Deutschland – Niederlande | 2:1 | 188 |
| 43 | Real Madrid CF – FC Barcelona | 0:5 | 192 |
| 44 | Karlsruher SC – Valencia CF | 7:0 | 196 |
| 45 | FC Bayern München – 1. FC Nürnberg | 4:2 | 200 |
| 46 | Elfenbeinküste – Ghana | 11:10 | 204 |
| 47 | VfL Borussia Mönchengladbach – Borussia Dortmund | 12:0 | 208 |
| 48 | FC Arsenal – Manchester United FC | 1:2 | 212 |
| 49 | VfB Stuttgart – SV Werder Bremen | 4:4 | 216 |
| 50 | England – Kamerun | 3:2 | 220 |
| 51 | VfL Wolfsburg – FSV Mainz 05 | 5:4 | 224 |
| 52 | Deutschland – Argentinien | 1:0 | 228 |
| 53 | 1. FC Kaiserslautern – FC Barcelona | 3:1 | 232 |
| 54 | Deutschland – Niederlande | 2:1 | 236 |
| 55 | SSC Neapel – AC Mailand | 2:3 | 240 |
| 56 | USA – England | 1:0 | 244 |
| 57 | FC Bayern München – FC Schalke 04 | 5:1 | 248 |
| 58 | FC Barcelona – Real Madrid CF | 5:0 | 252 |
| 59 | SG Eisenhüttenwerk Thale – BSG KWU Erfurt | 4:0 | 256 |
| 60 | Hamburger SV – FC Bayern München | 1:1 | 260 |
| 61 | Jugoslawien – Spanien | 3:4 | 264 |
| 62 | AC Mailand – 1. FC Saarbrücken | 3:4 | 268 |
| 63 | VfL Bochum – FC Bayern München | 5:6 | 272 |
| 64 | Hannover 96 – 1. FC Kaiserslautern | 5:1 | 276 |
| 65 | AS Monaco FC – RC Deportivo La Coruna | 8:3 | 280 |
| 66 | VfB Eppingen – Hamburger SV | 2:1 | 284 |
| 67 | Nigeria – Argentinien | 3:2 | 288 |
| 68 | Olympique Lyon – Olympique Marseille | 5:5 | 292 |
| 69 | Dänemark – Niederlande | 7:6 | 296 |
| 70 | FC St. Pauli – Hertha BSC Berlin | 4:3 | 300 |
| 71 | Rumänien – Kolumbien | 3:1 | 304 |
| 72 | DSC Arminia Bielefeld – TSV 1860 München | 3:2 | 308 |

**426    Überblick Platz 1 bis 100**

| Platz | Begegnung | Ergebnis | Seite |
|---|---|---|---|
| 73 | Juventus Turin – AS Rom | 2:2 | 312 |
| 74 | Spanien – Sowjetunion | 2:1 | 316 |
| 75 | FC Liverpool – Borussia Dortmund | 1:2 | 320 |
| 76 | FC Bayer 05 Uerdingen – FC Bayern München | 2:1 | 324 |
| 77 | FC Memmingen – Kickers Offenbach | 3:2 | 328 |
| 78 | Blackpool FC – Bolton Wanderers | 4:3 | 332 |
| 79 | Manchester United FC – Benfica Lissabon | 4:1 | 336 |
| 80 | Österreich – Deutschland | 3:2 | 340 |
| 81 | DSC Arminia Bielefeld – SV Darmstadt 98 | 2:4 | 344 |
| 82 | Dynamo Dresden – Bayer 04 Leverkusen | 4:3 | 348 |
| 83 | Borussia Dortmund – 1. FC Köln | 3:1 | 352 |
| 84 | 1. FC Magdeburg – AC Mailand | 2:0 | 356 |
| 85 | Manchester United FC – Sheffield Wednesday FC | 3:0 | 360 |
| 86 | Dänemark – Jugoslawien | 5:0 | 364 |
| 87 | Frankreich – Brasilien | 5:4 | 368 |
| 88 | Deutschland – Russland | 16:0 | 372 |
| 89 | Paris Saint-Germain FC –Real Madrid CF | 4:1 | 376 |
| 90 | Borussia Dortmund – FC Malaga | 3:2 | 380 |
| 91 | FC Barcelona – Valencia CF | 3:2 | 384 |
| 92 | Spanien – Österreich | 9:0 | 388 |
| 93 | FC Bayern München – Atlético Madrid | 1:1 | 392 |
| 94 | 1. FC Lokomotive Leipzig – FC Girondins de Bordeaux | 6:5 | 396 |
| 95 | Brasilien – Italien | 4:1 | 400 |
| 96 | Benfica Lissabon – Real Madrid CF | 5:3 | 404 |
| 97 | Bayer 04 Leverkusen – FC Liverpool | 4:2 | 408 |
| 98 | FC Watford – Leicester City FC | 3:1 | 412 |
| 99 | Hamburger SV – Juventus Turin | 4:4 | 416 |
| 100 | Färöer – Österreich | 1:0 | 420 |

# BILDNACHWEISE

Vorwort/Seite 7: imago/MIS

Nach Plätzen:

Bulls Press/Mirror: 26;

ddp-images: 3 (AP);

Getty Images: 2, 44, 85, 89; 11, 23, 80 (Popperfoto); 12, 22, 75 (Hulton Archive); 20, 67 (Bob Thomas); 68, 79, 91 (AFP);

Horstmüller: 72;

imago: Vorwort (Werek, Sven Simon); 1, 21, 55, 65 (Kicker/Eissner); 2, 15 (Ferdi Hartung); 4, 34, 83, 95 (Kicker/Metelmann); 5, 8, 10, 19, 31, 35, 49, 50, 69 (Sven Simon); 6, 97, 100 (Ulmer); 7 (Werner Otto); 13 (Moritz Müller); 14, 24, 41 (Kicker/Liedel); 16, 45, 62, 66, 84, 86, 93, 98 (WEREK); 18, 43, 77 (Kicker/Eissner/Liedel); 25 (Camera 4); 27 (Xinhua); 30 (Contrast); 36, 46, 87 (Colorsport); 37 (BPI); 48 (Rust); 51, 56, 64, 74 (PanoramiC); 52 (Lazy Perényi); 53 (buzzi); 58 (Uwe Kraft); 59 (Kolvenbach); 60 (Oliver Behrendt); 70 (Thorge Huter); 73 (Werner Schulze); 76 (VI Images); 78 (Alfred Harder), 81 Schwörer Pressefoto); 82 (Robert Michael); 90 (photoarena/Eisenhut); 99 (Team 2); 94 (ND Archiv);

picture-alliance: 33 (Sven Simon); 39, 71 (dpa); 40 (Augenklick/ GES-Sportfoto);

pixathlon: 98, 100

Sportfoto Perényi: 12;

SV Stahl Thale: 57;

ullstein bild: 54; 9 (SZ-Photo); 17 (united archives); 28, 32, 61, 63 (ullstein bild); 38, 96 (dpa); 47 (AP); 92 (Reuters);

Witters Sport-Presse Foto: 29, 42

# 11FREUNDE BILDERWELT

**Dein Onlineshop für Fußballfotos als Wandbilder. Über 500 Motive in bis zu 7 Größen zur Auswahl**

ab 59 €*

## www.11freunde.de/bilderwelt

 PixoPrint.de

*Preis für die günstigste Konfiguration (FineArt-Print in der kleinsten Größe und ohne Rahmung). Alle Preise inkl. MwSt. und Versandkosten. Es gelten die AGB, zu finden unter www.11freunde.de/bilderwelt/agb

# 11 FREUNDE

»Der Ball ist ein Sauhund« –
Erstaunliche Fakten von Deutschlands
Fußballmagazin Nr.1

978-3-453-67590-2

978-3-453-67629-9

Leseprobe unter: **www.heyne-hardcore.de**

HEYNE ‹